Pädagogik der Liebe von Papst Franziskus

Vademecum einer Kirche im Aufbruch

von Holger Dörnemann

Bibliografische Information der Deutschen Nationalbibliothek:
Die Deutsche Nationalbibliothek verzeichnet diese Publikation in
der Deutschen Nationalbibliografie; detaillierte bibliografische
Daten sind im Internet unter http://dnb.dnb.de abrufbar.

© 2017 Holger Dörnemann
Umschlagbild: © Andrea Göppel
Herstellung und Verlag:
BoD – Books on Demand, Norderstedt

ISBN: 978-3-7431-9135-8

Inhalt

Vorwort 8

I. Synodentagebuch: Die III. Außerordentliche Bischofssynode zu den ‚Pastoralen Herausforderungen im Hinblick auf die Familie im Kontext der Evangelisierung' vom 5.-19.10. 2014

Sa., 4. Oktober 2014 9
So., 5. Oktober 2014 13
Mo., 6. Oktober 2014 17
Di., 7. Oktober 2014 22
Mi., 8. Oktober 2014 25
Do., 9. Oktober 2014 29
Fr., 10. Oktober 2014 34
Sa., 11. Oktober 2014 38
So., 12. Oktober 2014 42
Mo., 13. Oktober 2014 44
Di., 14. Oktober 2014 49
Mi., 15. Oktober 2014 53
Do., 16. Oktober 2014 57
Fr., 17. Oktober 2014 60
Sa., 18. Oktober 2014 63
So., 19. Oktober 2014 71

II. Tagebuch zum synodalen Prozess bis zur XIV. Ordentlichen Bischofssynode

Mi., 19. November 2014 ... 75
Fr., 19. Dezember 2014 ... 83
Mo., 19. Januar 2015 ... 90
Sa., 14. Februar 2015 ... 98
Do., 19. März 2015 ... 116
So., 19. April 2015 ... 122
Di., 19. Mai 2015 ... 130
Fr., 19. Juni 2015 ... 138
So., 19. Juli 2015 ... 147
Mi., 19. August 2015 ... 155
Di., 1. September 2015 ... 166
Di., 29. September 2015 ... 173

III. Die XIV. Ordentliche Bischofssynode ‚Die Berufung und Mission der Familie in der Kirche in der modernen Welt' vom 4.-25.10.2015

So., 4. Oktober 2015 ... 176
Mo., 5. Oktober 2015 ... 182
Di., 6. Oktober 2015 ... 187
Mi., 7. Oktober 2015 ... 192
Do., 8. Oktober 2015 ... 196
Fr., 9. Oktober 2015 ... 202
Sa., 10. Oktober 2015 ... 207
So., 11. Oktober 2015 ... 212
Mo., 12. Oktober 2015 ... 218
Di., 13. Oktober 2015 ... 225

Mi., 14. Oktober 2015	230
Do., 15. Oktober 2015	241
Fr., 16. Oktober 2015	246
Sa., 17. Oktober 2015	253
So., 18. Oktober 2015	258
Mo., 19. Oktober 2015	265
Di., 20. Oktober 2015	270
Mi., 21. Oktober 2015	277
Do., 22. Oktober 2015	293
Fr., 23. Oktober 2015	298
Sa., 24. Oktober 2015	305
So., 25. Oktober 2015	314

IV. Tagebuch vor und nach der Veröffentlichung des nachsynodalen Apostolischen Schreibens *Amoris laetitia* (8.04.2016)

Di., 8. Dezember 2015	321
Mo., 8. Februar 2016	325
Di., 1. März 2016	335
Fr., 8. April 2016	344
Do., 8. Dezember 2016	354
Sa., 17. Dezember 2016	358
So., 8. Januar 2017	363
Mi., 1. Februar 2017	368
So., 19. März 2017	383
Sa., 08. April 2017	389
Personenverzeichnis	399
Stichwortverzeichnis	407
Abkürzungsverzeichnis	457

Vorwort

‚Reformation aus Rom' lautete kurz nach dem Ende des II. Vatikanischen Konzils ein Buchtitel namhafter Theologen. Dieselben darin genannten Themenkreise stehen nach dem von Papst Franziskus angestoßenen, synodalen Prozess und den wichtigen Wegmarken, die die Familiensynoden der Jahre 2014/2015 und das nachsynodale Schreiben ‚Amoris laetitia' bedeuteten, wieder ganz oben auf der kirchlichen Tagesordnung und führen die Programmatik des Konzils fort: das ‚synodale Prinzip', die ‚pastorale Wende' einer Kirche ‚im Aufbruch' (EG 20, 24, 46) und eine lebensnahe Anthropologie und Schöpfungslehre.

Das in der Erstauflage kurz vor der Familiensynode 2015 unter dem Titel ‚Revolution der zärtlichen Liebe' erschienene Synodentagebuch nimmt nach der Zweitauflage ‚Reformation im Geist der Synodalität' in der erweiterten und überarbeiteten 3. Auflage die göttliche Pädagogik der Liebe (AL 78, 211) erneut im Titel auf. ‚Barmherzige Liebe', ein ‚Zustand permanenter Mission' und Synodalität werden als Kennzeichen und Weg der Kirche im 3. Jahrtausend deutlich.

Verfolgen Sie in einem für die Gegenwart bedeutungsvollen Rückblick – geleitet durch die Themenregister (ab S. 399) und die Quellenbelege des Internet-Blogs www.familiensynode.blogspot.de – die wohl spannendste Zeit seit dem II. Vatikanischen Konzil!

Köln/Bonn, am 8. April 2017   Holger Dörnemann

Samstag, 4. Oktober 2014
Die Synode ist eine Sensation – oder um was es geht....

Diese Synode ist eine Sensation. Denn die Fragen, um die es geht, sind ja im Grunde gar keine offenen, sondern längst entschiedene – an prominenter Stelle nachzulesen –, verbindliche Lehre. Ein bekannter, theologisch nicht so zart besaiteter und handwerklich denkender Freund sagte mir, dass sie 'mit Zement angerührt seien, denn auf alle offenen Fragen gebe es doch eindeutige Antworten'. Und er hat – von dem mehr unangemessenen Wortspiel abgesehen – insofern recht, als die kirchliche Lehre doch eindeutig formuliert ist:

Nichteheliche Verhältnisse verstoßen gegen das moralische Gesetz, sind schwere Sünde und die in ihnen lebenden Menschen ebenso vom Empfang der Kommunion ausgeschlossen (vgl. KKK 2390) wie in homosexueller Partnerschaft lebende Menschen, die gegen das natürliche Gesetz verstoßen, wenn sie wider die ihnen auferlegte Keuschheit miteinander verkehren (vgl. KKK 2357). Und auch wiederverheiratet Geschiedene sind ihr Leben lang vom Empfang der Sakramente ausgeschlossen, insofern sie dauerhaft in einer Todsünde verharren (vgl. CIC Can. 915). Dass diese und andere schwierige Themen – wie der Umgang mit Methoden der Empfängnisregelung – zur Diskussion gestellt werden könnten, ist von der reinen Sachlage eigentlich unmöglich. Und die Frage wird sein, wie ich es in dem gestern veröffentlichten Interview der Kölner Kirchenzeitung versuchte auf den Punkt zu bringen:

"Mit dem Thema der wiederverheirateten Geschiedenen ist das Thema von nichtehelichen Lebensgemeinschaften angesprochen und dort die Frage, ob wir den Menschen in irgendeiner Weise eine Anerkennung zusprechen können, ohne zu sagen, was sie jeweils nicht sind. Einige Überlegungen gehen sogar dahin, dass gegebenenfalls eine sakramentale Kongruenz, eine beschreibbare Form sakramentaler Entsprechung, bestehen kann, um wiederverheiratete Geschiedene auch zu den Sakramenten zuzulassen. Die anderen Fragen sind ganz ähnlich: Ob wir wertschätzend etwas zu neuen Familienformen, zu homosexuellen Partnerschaften und anderen Lebensgemeinschaften sagen können und wie wir das Thema Sexualität, verantwortete Elternschaft und die Bedeutung des Gewissens neu ansprechen."
(Kirchenzeitung, Erzbistum Köln, 40-41 vom 3.10.14)

Die Fragen waren und sind eigentlich längst entschieden und auch hinreichend – das hat die Umfrage ja auch deutlich gemacht – bekannt, dass deren Nichtrezeption nicht einfach als ein Vermittlungsproblem erklärt und abgetan werden könnte. Und sie sind mit an Deutlichkeit nicht zu überbietender und auch jugendgemäß weiterentwickelter Weise – wie etwa im Youcat-Katechismus – didaktisch aufbereitet, selbst wenn das Thema in der Praxis des Gemeindealltags (vielfach sagen mir bekannte Seelsorger, sie hätten noch nie und bewusst nicht über Themen der Sexualität gepredigt) leider Gottes keine Rolle mehr spielt. Die Erwartungshaltung, dass sich den Themen in anderer Weise genähert wird, ist also eine Sensation, aber zugleich auch ein selbstgewähltes Dilemma der Synode. Und die Frage wird sein, wie in Rom und der nachfolgenden Zeit der ja weitergehenden synodalen Beratung über diese Themen – über die lange geschwiegen wurde und beinahe die Sprache fehlt – neu und offen gesprochen werden wird und kann.

Warum sich dabei alles an dem Thema der „in absoluten Ausnahmefällen möglichen Kommunion für wiederverheiratet Geschiedene" festmacht (in einschlägigen Medien wird sich oft gewundert über dieses "katholische Insiderproblem"), berührt dabei – wie in einem Brennglas verdichtet – den nämlichen, oben angesprochenen Begründungszusammenhang.

Und das eigentlich von der Lehre her Ausgeschlossene und Unmögliche, dass die neue Beziehung eines in zweiter, ziviler Ehe lebenden Menschen nicht ausschließlich als ‚schwere Sünde' oder ‚Todsünde' angesehen wird, sondern als etwas, das in einer bestimmten Weise eine Form sakramentaler Entsprechung, die Zulassung zum Kommunionempfang und den Sakramenten möglich machen kann, ist die Argumentation, der sich die Mehrheit der deutschen Bischöfe nach Aussage von Kardinal Reinhard Marx angeschlossen haben und von deutscher Seite auf der Synode in Rom vortragen wird (vgl. Pressemeldung Nr. 165 der DBK vom 26.9.2014). Dass in dieser Argumentation eine Weise der Barmherzigkeit und der Gerechtigkeit miteinander verbunden sind, wird aus der Begründung deutlich, die sich der Argumentation – wie auf der abschließenden Pressekonferenz der Deutschen Bischofskonferenz am 26.9.2014 ins Wort gebracht (s. Ebd.) – und dem Gedankengang Kardinal Walter Kaspers und seiner Rede vor dem Konsistorium vom 20. Februar 2014 dieses Jahres anschließt.

Wie die Synode dieses und des nächsten Jahres dieses Thema und alle anderen aufgeworfenen 'heißen Eisen' und Lebensthemen neu ansprechen, reformulieren, vertiefen, vermitteln wird,... das wird die spannende Frage der nächsten Wochen, ja der gesamten nächsten 12 Monate sein. Wir dürfen gespannt sein – und sind schon bald beteiligt an dem synodalen Prozess, der alle Katholiken weltweit in zwei Wochen einbegreifen wird. Aufgerufen sind wir schon jetzt zum Mitdenken, nicht minder zum Gebet.

Sonntag, 5. Oktober 2014
Was alles neu ist bei der ersten Synode unter der Leitung von Papst Franziskus

Die kommende Synode ist in vielerlei Hinsicht eine Besonderheit. Direkt mit dem Beginn setzt Papst Franziskus bei der ersten Bischofssynode unter seiner Leitung Akzente:

Der öffentlich gefeierte Eröffnungsgottesdienst der Bischofssynode am heutigen Sonntag, den 5.10.2014 mit allen Synodalen im Petersdom ist der erste von insgesamt drei öffentlichen – auch in Deutschland live im Internet zu verfolgenden – Gottesdiensten, deren nächste am So., den 12.10. und zum Abschluss am So., den 19.10.2014 (mit Seligsprechung des Konzilspapstes Paul VI.) die Synode rahmen werden. Aber nicht nur diese Weise, das Volk Gottes über die weltweite Umfrage und Beteiligung aller Ortskirchen an dem Verlauf der Familiensynode einzubeziehen, ist neu. Auch das Verfahren, die Öffentlichkeitsarbeit und die Weise der Ergebnisdokumentation ist verändert, transparenter und dynamisiert, so dass jeder interessierte Beobachter sehr nah das Geschehen verfolgen, sich einbezogen fühlen kann.

Indem die Teilnehmenden bei dieser Synode gebeten waren, ihre Statements im Voraus einzuschicken, wird ihnen dieses Mal zugleich die Möglichkeit gegeben, ihre Gedanken mündlich vorzutragen. Sie sind bei der Versammlung, die am morgigen Montag, den 6.10. um 9:00 ihre Arbeit aufnimmt, aufgefordert - jeweils vier Minuten lang -frei zu sprechen und ihre Gedanken zur Debatte zu stellen. Bewusst wird mit dieser Änderung des Procederes eine Dynamisierung des Austausches angezielt, wie der Generalsekretär Kardinal Lorenzo Baldisseri am 29.9.2014 in einer Pressekonferenz auf den Punkt brachte:
„Es ist wichtig, sich klar und mutig zu äußern. Das eigene Denken mitzuteilen zeigt die Qualität des Menschen und macht ihn verantwortlich vor Gott und den Menschen. Innerhalb eines Klimas der Gelassenheit und der Ehrlichkeit sind die Teilnehmer dazu gerufen, nicht ihren eigenen Standpunkt als exklusiv darzustellen, sondern zusammen nach der Wahrheit zu suchen."

„Papst Franziskus will [...] die Möglichkeit geben, in völliger Freiheit sprechen zu dürfen. Da kann es ja sein, dass es einmal eine Idee gibt, die sich außerhalb des Bildes befindet. Würden wir uns an strikte Regelungen halten, dann wäre es nicht möglich, solche außerplanmäßigen Ideen einzubringen. Wir wollen aber Änderungen und Anpassungen ermöglichen!",

so der Generalsekretär Kardinal Lorenzo Baldisseri weiter in der Pressekonferenz am 3.10.2014.

Ebenfalls anders als bei den bisherigen Bischofssynoden sollen die schriftlichen Beiträge der Synoden-Teilnehmer nicht gesammelt dokumentiert werden, sondern unter Einbezug der mündlichen Statements tagesaktuell in einen Text des Vatikanischen Pressesaals fließen, der als Zusammenfassung der Arbeiten des jeweiligen Tages – gleich einem Ergebnisprotokoll – den Verlauf wie den Fortschritt der Bischofssynode dokumentiert. D.h. jeden Tag wird ein Stück weit mehr etwas von dem 'Bild' offenbar werden, von dem Kardinal Baldisseri am 29.9.2014 zum wiederholten Male sagte, dass es mit der diesjährigen Bischofssynode in neuer Weise die Neubelebung des synodalen Gedankens ausdrücken solle.

Und neu ist auch, dass im Zuge des Pressebriefings – täglich wechselnd – auch einige Synodenväter teilnehmen werden. Die darüber veröffentlichten Nachrichten und O-Töne werden jeden Tag mehr einen Einblick in das Geschehen in Rom geben, das sich thematisch an der Reihenfolge der im Arbeitspapier ‚Instrumentum laboris' aufgeführten Gliederung orientieren wird. Darüber hinaus wird man auch über Newsletter hinaus den Kurznachrichtendienst Twitter nutzen, um „in Echtzeit" Neuigkeiten zur Synode zu verbreiten.

In allem wird deutlich: Papst Franziskus ist es ein Anliegen, die besten Möglichkeiten zu bieten, die Synode vom Heiligen Geist leiten und das gesamte Volk Gottes daran Anteil nehmen zu lassen. Daraufhin ermutigte Papst Franziskus die Synodalen in seiner Predigt zur Eröffnung gleich in zweifacher Weise:

„Der Geist schenkt uns die Weisheit, die über das Wissen hinausgeht, um großherzig in wahrer Freiheit und demütiger Kreativität zu arbeiten."

Eindringlich hatte Papst Franziskus bereits am Vorabend der Eröffnung der Bischofssynode – in einer Vigilfeier – die Synoden-Teilnehmer aufgefordert, den „Schrei des Volkes" und den „Herzschlag der Zeit" wahrzunehmen:

„Vom Heiligen Geist erbitten wir für die Synodenväter vor allem die Gabe des Zuhörens. [...] Daneben erbitten wir die Bereitschaft für eine ehrliche Auseinandersetzung, offen und brüderlich, die uns die Fragen angehen lässt, die sich in dieser Zeit des Wandels stellen."

Montag, 6. Oktober 2014
Im Geist der Synodalität –
oder wie die Bischofssynode begann

'Welch ein Papst', dachte ich bereits heute Vormittag in ferner Erinnerung an das II. Vatikanische Konzil, nachdem Papst Franziskus zu Beginn der Synode für alle Synodalen einen „Geist der Synodalität" beschwor und nochmals eindringlich zu einer offenen, freien Rede aufrief:

"Eine Grundbedingung dafür ist es, offen zu sprechen. Keiner soll sagen:‚Das kann man nicht sagen, sonst könnte ja jemand von mir so oder so denken...' Alles muss ausgesprochen werden, was jemand sich zu sagen gedrängt fühlt! [...] Man muss alles sagen, was man sich im Herrn zu sagen gedrängt fühlt: ohne menschliche Rücksichten, ohne Zögern!" (Pressemeldung von Radio Vatikan vom 6.10.2014)

Diese Ermutigung gilt den Synoden-Teilnehmern in erster Linie, aber – das erinnerte ich direkt im Anschluss an diese Meldung – auch jedem Einzelnen von uns. Kardinal Marx sagte in einem am gestrigen 5.10.2014 im Deutschlandradio Kultur veröffentlichten Interview, dass „auch die Wissenschaftler und Theologen und die Bischöfe, die nicht an der Synode beteiligt sind, weiter zu diskutieren, öffentlich zu diskutieren" aufgefordert sind, damit die vom Papst gewünschte Dynamik des synodalen Prozesses auch

Wirklichkeit werden kann. Der Erfolg der Synode hängt auch an uns.

Für die Kirche in Deutschland gilt das insofern besonders, als wir ja nicht nur mit Geldwerten Transparenz zeigen müssen. Wir müssen es auch und gerade mit den wirklichen 'Werten' tun, die ja unser eigentliches, wirkliches Kapital bedeuten. Und wir müssen deutlich machen, woher wir sie nehmen, und vor allem, wie wir sie begründen; indem wir sie kommunizieren, wenn wir sie nicht verraten oder über Sprachlosigkeit gar schon aufgegeben haben.

In den vergangenen Tagen habe ich es auch persönlich so erlebt, dass erst über die Auseinandersetzung mit den Themen, sich die Sprache findet und auch eine Klärung einsetzt. Etwa auf die Gretchenfrage, ob sich die Lehre der Kirche am Ende der Synode geändert haben werde. Genau diese Frage wurde ich heute in einem Interview für die Aktuelle Stunde des WDR tatsächlich gefragt. Mal abgesehen davon, dass man es sich leicht machen kann dahingehend, dass man sagt, dass man den Ergebnissen der Synode natürlich nicht vorweggreifen kann, kann doch aus einer Kölner „Fernsichtbrille" etwas viel Weitergehendes gesagt werden, womit der synodale Gedanke im Sinne des Papstes tatsächlich weitergetragen ist:
Gekommen war das Filmteam aus Anlass der Synode und aufgrund der Freischaltung einer eigenen The-

menseite zur Familiensynode und wegen des in der Pressemeldung des Presseamtes des Erzbistums Köln vom 2.10.2014 angezeigten, transparenten Umgangs in Hinblick auf den weiteren Fortgang der von Köln nach Rom getragenen Umfrage-Ergebnisse. Die festgestellte Differenz – zugleich der Ansatzpunkt der Synode –, markiert nun aber genau den springenden Punkt, dass die Lehre wieder die Gläubigen erreichen muss, damit sich die Menschen mit ihr und der Kirche identifizieren. Weit jenseits einer richtungslosen Veränderung – oftmals „Anpassung an den Zeitgeist oder den Mainstream" genannt – muss es um eine Vertiefung der Lehre gehen, in der die Gläubigen sich und ihren Glauben wiedererkennen; die nicht abgehoben, sondern mit ihnen verbunden wahrgenommen werden muss, in der der gestern angesprochene 'Herzschlag der Zeit' wahrnehmbar wird, nach- und widerhallt.

Und genau das zeigte der vom vorbereitenden synodalen Rat als 'Relator' gewählte Kardinal Erdö an, indem er zunächst den breiten Konsens der Rückmeldungen im Blick auf die mit Ehe und Familie zusammenhängenden Themen in einer insgesamt einstündigen Einführung (ein Originalvideo aus der Synodenaula ist auf Youtube eingestellt), einer ersten Zusammenstellung ('relatio') der schriftlichen Rückmeldungen (noch vor den mit dem heutigen Tag einsetzenden Diskussionen), ins Wort brachte: nämlich dass Ehe und Familie als etwas grundlegend Gutes wahrgenommen werden; auch dass die Unauflöslichkeit der Ehe von den Katholiken in der Regel nicht als solche in Frage gestellt ist. Der Ausgangspunkt ist für ihn deshalb zunächst einmal ein rundweg positiver:

„Es gibt [...] im Innern der Kirche keinen Grund zu einer Katastrophen- oder Resignations-Stimmung. Es gibt ein klares und von der Mehrheit mitgetragenes Glaubenserbe, von dem die Synodenversammlung ausgehen kann." (Pressemeldung von Radio Vatikan vom 6.10.2014)

Aber der ungarische Kardinal deutet auch die Richtung an, in der der synodale Weg die nächsten Tage fortschreiten wird: die Gefährdungen der Familie seien anzusprechen, die der Familie feindlich gesonnen sind, in einer Welt der Ungleichheit und der sozialen Ungerechtigkeit. Auch der Ehevorbereitung und der Weise der Begleitung von Menschen in Trennung / Scheidung, die nicht nur auf den Empfang der Sakramente reduziert werden dürfe, müsse ein besonderes Augenmerk gelten. Ein Ausrufezeichen setzte der Relator der Bischofssynode als er im Blick auf die ‚Ehen ohne Trauschein' darauf hinwies, dass die Kirche die „Gelegenheit nicht verstreichen lassen könne, auch in Konstellationen, die weit von den Kriterien des Evangeliums entfernt sind, den Menschen nahe zu sein", so Radio Vatikan in derselben Pressemeldung. Und dass selbst über homosexuelle Partnerschaften gesprochen werde, deutete Kardinal Marx am Abend gegenüber Radio Vatikan an.

Mehr als eine Reminiszenz auch der Ausblick, dass über die Fragen zur Verfahrensvereinfachung von Annullierungen ungültig geschlossener Ehen hinaus auch die Praxis orthodoxer Kirchen, eine „zweite oder dritte Ehe mit Buß-Charakter zu erlauben", genauer studiert werden solle, wie es Radio Vatikan in der schon genannten Pressemeldung zusammenfasst. Aufmerken lässt schließlich auch ein Satz hinsichtlich der Fragen rund um Sexualität und verantworteter Elternschaft, dass der Papst im Hinblick auf die Aussagen der Enzyklika „Humanae vitae" von Papst Paul VI. auf eine „positive Neuformulierung der Botschaft" setze.

Die Erwartungen sind erfüllt, wenn nicht übertroffen. Der Mut und die Entschlossenheit, die großen Themenbereiche anzugehen, sind dem ersten Pressebericht und den Stellungnahmen als Reflex auf den ersten Synodentag anzumerken – und die Ausführungen atmen den zu Anfang dieses Posts von Papst Franziskus angesprochenen ‚Geist der Synodalität', den er für die Synode geradezu personifizieren will:

"Sprecht mit Freimut und hört mit Demut! Und tut dies in aller Ruhe und in Frieden, denn die Synode entwickelt sich immer cum Petro et sub Petro. Die Anwesenheit des Papstes ist eine Garantie für alle."
(Pressemeldung von Radio Vatikan vom 6.10.2014)

Dienstag, 7. Oktober 2014
Von Analogie und Gradualität – oder erste Schlüsselbegriffe für Lösungsansätze

Vielleicht wird man rückblickend von diesem Tag sagen – der die Auseinandersetzung mit dem naturrechtlichen Denkansatz wie mit der Berufung des Menschen zu Christus in Bezug auf die Familie (also die Kapitel III und IV des I. Teiles des *'Instrumentum laboris'*) vorsah –, dass an eben diesem Dienstagvormittag bereits die Schlüsselgedanken bewegt wurden, die für die offenen, pastoralen Fragen der Familiensynode richtungsweisend werden sollten.

Denn am zweiten Sitzungstag der Synode wurde – gemäß Sitzungsprotokoll – in Anwesenheit von 184 Synodalen mit dem Papst ein breiter Bogen geschlagen, der von der Bedeutung der Sexualität als besonderem Kennzeichen ehelicher Spiritualität (ein australisches Ehepaar brachte diese Lebenswirklichkeit in die Synode ein) bis hin zur Auseinandersetzung mit eheähnlichen und anderen Lebensgemeinschaften reichte. Und auf Letztere bezogen, wurde über das 'Prinzip der Gradualität' eine Möglichkeit angesprochen, auch eine breite Vielfalt partnerschaftlich gelebter Familienformen wertschätzend und zugleich in Bezug auf die hohen normativen Ideale von Ehe und Familie in den Blick zu nehmen. Betonte das Apostolische Schreiben *'Familiaris consortio'* das 'Gesetz der Gradualität' (FC 34) noch im Sinne des moralischen Wachsens ehelichen Lebens, wird dieser Begriff der 'Gradualität' nunmehr zur wertschätzenden Verhältnisbestimmung der pluralisierten Partnerschaftsformen in Bezug auf die Ehe verwendet. Deutlich wird darin die Überzeugung zum Ausdruck gebracht, dass das Leitbild der auf Ehe bezogenen Familie nur dann glaubhaft seine orientierende Kraft entfalten kann, wenn es auch bezogen auf weitere gesellschaftlich entstandene Familienformen gedacht wird. Am Ideal der Ehe gemessen 'unvollkommene' Lebensgemeinschaften sollen mit dem Respekt betrachtet werden, 'dass in ihnen Treue und Liebe und Elemente der Heiligung und Wahrheit vorhanden' seien. (vgl. Zusammenfassung der Generaldebatte des Montagnachmittags unter dem Datum des 7.10.2014)

Der Generalsekretär der Synode, Kardinal Lorenzo Baldisseri, ergänzte im Pressegespräch am Mittag mündlich, dass dieses Prinzip der Gradualität auch mit dem auf dem II. Vatikanischen Konzil gewonnenen Selbstverständnis der Katholischen Kirche begründet worden sei. Wie in der Konstitution über die Kirche (und ebenso auch im Ökumenismusdekret) festgehalten wurde, dass auch außerhalb des Gefüges der Kirche „Elemente der Heiligung und der Wahrheit zu finden seien" (LG 8), so könne in einer Analogie auch von eheähnlichen Gemeinschaftsformen wertschätzend gesagt werden, dass in ihnen – in derselben Begrifflichkeit im Protokoll der Debatte des Montagnachmittag ausgedrückt – 'Elemente der Heiligung und Wahrheit enthalten seien', die sie positiv auf die Ehe bzw. die in der Ehe begründeten Familie bezogen sehen lassen. Ein weitgehender Gedanke, der ebenfalls auf der Linie der Aussagen Kardinal Marx' liegt, der in seinem Statement in der Synodenaula nach eigenen Aussagen sich auch für die Anerkennung der in homosexuellen Partnerschaft über Jahre gelebten Liebe und Treue ausgesprochen habe, die ja nicht "alles nichts" seien.

Die Argumentation für die Generaldebatte des dritten Synodentages zu den 'Pastoralen Herausforderungen und den kritischen Situationen in der Familie', um welche Themen im Vorfeld der Synode die größten Auseinandersetzungen erfolgt waren, scheinen mit diesen Gedanken schon vorbereitet, mit denen die Synode in die entscheidende Phase übergeht, das Leben in allen Facetten und auch den Brüchen wahrzunehmen. Die Predigt Papst Franziskus' in der heutigen Frühmesse im Gästehaus Santa Marta bringt diese Geschichten, die das Leben schreibt, bereits warmherzig ins Wort, in denen Gottes Liebe uns barmherzig suchend entgegenkommt:

"Each one of us has a story: a story of grace, a story of sin, a story of journey, many things [...]. And it's good to pray with our story," to recognize our failures and how, despite our sin and infidelity, God continues to seek us out, call us back and offer his grace."(www.catholicreview.org, dt. Übersetzung bei Radio Vatikan)

Mittwoch, 8. Oktober 2014
'Hinhorchen', 'Hinschauen', die 'Kunst der Begleitung' und die 'Medizin der Barmherzigkeit'

"Wir brauchen einen wertschätzenden Umgang mit Situationen, die nicht der vollen Realität der sakramentalen christlichen Ehe entsprechen", sagte Kardinal Schönborn der Wiener Zeitung bereits am 29.9.2014 – und ebenso, dass er diesen Gedanken in seinem Redebeitrag bei der Synode hervorheben und im Zusammenhang des Umgangs mit Situationen des Scheiterns thematisieren werde.

Auch ohne mich auf den Blog zur Familiensynode vorzubereiten, hätte ich diese Nachricht des Wiener Kardinals wahrscheinlich aufgemerkt, schon weil er mich während meiner theologischen Freisemester in Fribourg als damaliger Professor für Dogmatik in seinem weißen Dominikanerhabit auf eben die Fragestellung hingewiesen hat, die seiner Meinung nach im Mittelpunkt der Summa Theologiae des Thomas von Aquin steht und mein Leben seitdem geprägt hat: der Freundschaftsgedanke.

Er gehört dem die Familiensynode vorbereitenden Synodenrat an, hat als Redaktionssekretär an dem im Jahr 1992 erschienenen Weltkatechismus mitgewirkt und kennzeichnete seine Devise im Hinblick auf diese Bischofssynode mit den Worten „Hinschauen" und durch „ein bisher in dieser Form nicht übliches „Hinhorchen". (Wiener Zeitung vom am 29.9.2014) Kardinal Schönborn war es auch heute in einem Interview gegenüber Radio Vatikan, der nach seinen bis dato zwei Redebeiträgen auf der Synode das 'Prinzip der Gradualität' ausführte und dabei auch ein Stück weit mehr Einblick in das Denken von Papst Franziskus gab:
„Papst Franziskus hat uns erst bei dem Besuch der österreichischen Bischöfe im Jänner im Gespräch gefragt: ‚Wie ist das bei euch, ist das ähnlich wie in Argentinien, dass viele junge Menschen zuerst einmal zusammenleben?' [...] „Der Papst hat uns gesagt, dass wir diese Menschen begleiten müssen, Schritt für Schritt in diese Gradualität, damit sie entdecken, was die volle Gestalt des Sakramentes ist. Was die Ehe im Plan Gottes ist. Natürlich gibt es, Gott sei Dank, mehr und mehr junge Leute, die diesen Weg

bereits in frühen Jahren durch den Glauben, vielleicht auch durch das Vorbild ihrer eigenen Familien entdecken, und ihn mit ganzem Herzen und mit ganzer Bereitschaft gehen. Viele andere lernen das erst allmählich kennen. Wichtig ist, dass wir sie begleiten - und das meint, so glaube ich, die Rede von der Gradualität, nicht des Gebotes Gottes, sondern der Erfüllung des Gebotes Gottes." (Artikel von Radio Vatikan vom 8.10.2014)

Die 'Kunst der Begleitung' war dann auch die Redewendung, die einer der drei Synodenpräsidenten, der Erzbischof von Aparecida in Brasilien, Kardinal Raymundo Assis zu Beginn der nachmittäglichen Beratung über die 'pastoral schwierigen Situationen' ins Wort brachte und sich dabei auf Papst Franziskus und sein Lehrschreiben „Evangelii gaudium" bezog:

„Die Kirche wird ihre Glieder – Priester, Ordensleute und Laien – in diese „Kunst der Begleitung" einführen müssen, damit alle stets lernen, vor dem heiligen Boden des anderen sich die Sandalen von den Füßen zu streifen (vgl. Ex 3,5). Wir müssen unserem Wandel den heilsamen Rhythmus der Zuwendung geben, mit einem achtungsvollen Blick voll des Mitleids, der aber zugleich heilt, befreit und zum Reifen im christlichen Leben ermuntert." (EG 169)

Dass darin nicht nur ein westeuropäisches Thema berührt ist, brachte Kardinal Assis ins Wort, als er auf die wiederverheiratet Geschiedenen zu sprechen kam. Diese erleben „ihre Erfahrungen als tiefe Wunde in ihrem eigenen Menschsein, in ihrer Beziehung zu anderen und zu Gott". Ein südafrikanisches Ehepaar wies außerdem auf folgende Situation hin: Durch den Ausschluss von den Sakramenten fühlen sie sich wegen ihrer vergangenen Beziehungen oder Fehler ständig neu für schuldig erklärt. (Vgl. press.vatican.va und dt. Übertragung von Radio Vatikan vom 8.10.2014)

Bereits in der mittäglichen Pressekonferenz deutete der Pressesprecher Fr. Thomas Rosica in seiner Zusammenfassung die Hauptpunkte der zuvor geführten Debatte am Mittwoch an. Gekennzeichnet sei die Diskussion durch eine größere Wertschätzung biblischer Sprache gegenüber naturrechtlichem Denken gewesen, und bezog sich insbesondere auf eine 'language of mercy' und die durch einige Beiträge ins Wort gebrachte Rede zur Eröffnung des Zweiten Vatikanischen Konzils von Papst Johannes XXIII. In der 'Medizin der Barmherzigkeit' ('medicine of mercy') werde das Heilmittel nicht nur als 'springboard' für die Wertschätzung nichtehelicher Lebensgemeinschaften, sondern auch für den Einbezug wiederverheiratet Geschiedener in die Gemeinschaft und Kommunion der Kirche wie auch für die Evangelisierung der Welt gesehen. Dieser Gedanke des 'Heilmittels der Barmherzigkeit', den Papst Franziskus bezogen auf die Eucharistie schon in seinem Lehrschreiben 'Evangelii gaudium' angesprochen hatte, markierte dann – wie in einem untergründigen roten Faden – auch seine Ansprache auf der Generalaudienz am heutigen Mittwochmittag in Hinblick auf den zur Gemeinschaft führenden Weg und die Zielrichtung der Ökumene:

"Liebe Freunde, lasst uns zur vollen Einheit voranschreiten! Die Geschichte hat uns getrennt, aber wir sind auf dem Weg in Richtung Wiedervereinigung und die Kommunion! Und das müssen wir verteidigen! Wir sind alle auf dem Weg zur Kommunion." (priv. dt. Übertragung)

Donnerstag, 9. Oktober 2014
Dass Papst Franziskus den Friedensnobelpreis verdiente....

Papst Franziskus hätte den Friedensnobelpreis auch verdient gehabt, der am heutigen Tag an die pakistanische Schülerin Malala Yousafzai und an Kailash Satyarthi vergeben wurde. Frieden hat nach alter Lehre die Eigenschaft Gemeinschaft zu bewirken: Gemeinschaft durch Ausgleich verschiedener Interessen, aber vor allem durch eine Einung vermittelnde Haltung, die in der Liebe gründet und sie ausdrückt. (vgl. STh II-II 29)

Wer auf das Pressebulletin der Papst Franziskus betreffenden Termine schaut, findet die auf Ausgleich und Einung zielenden Aspekte auf allen Ebenen selbst in dieser Synodenwoche: Im vermittelnden Gespräch mit Verantwortlichen verschiedener Krisenregionen (und ich erinnere nah das Friedensgebet am Pfingstsonntag diesen Jahres in Folge der Nahostreise oder in der Syrienkrise des letzten Jahres, das ich selbst auf dem Petersplatz erlebte), in dem leidenschaftlichen Appell für die Einung der getrennten christlichen Kirchen wie auf der Generalaudienz am Mittwoch (und lässt mich gerade an das bewegende Grußvideo von Papst Franziskus an die American Pentecostal Conference denken) und in dem ausgleichenden Zulassen und Fördern der engagierten Suche nach den Wegen der Kirche angesichts der heutigen 'Pastoralen Herausforderungen der Familie'. Für alle diese auf Eintracht und Einvernehmen zielenden Felder braucht es – wie oben gesagt – einer einenden Friedenskraft, die bei Franziskus in der Botschaft von der barmherzigen, den Menschen bedingungslos suchenden Liebe Gottes besteht, die auch den Armen, Unterdrückten und mundtot Gemachten eine Stimme verleiht.

Diese Gedanken mit Rückblick auf den vierten Synodentag zu schreiben, an dem die hochsensiblen Themen von Ehe und Familie in schwierigen Lebenssituationen und der Fragen von (Homo)Sexualität bis hin zur Empfängnisregelung anstanden (auch wenn die Tagesordnung etwas im Verzug ist) macht schon deshalb Sinn, weil nichts von einem 'Krieg der Theologen' mehr wahrzunehmen und alles einer konstruktiven Atmosphäre gewichen ist, in der unter den Synodalen „kontrovers debattiert, ohne Polemik und respektvoll, aber durchaus klar und deutlich" miteinander gesprochen wird. Die zum Teil konträren bis sich widersprechenden Positionen sind in den Austausch gebracht, für den man – um den Wortsinn der Synode zu bemühen – unbedingt "zusammenkommen" und frei sprechen muss (und nicht nur vorbereitete Redetexte zur Kenntnis gibt). Um das – wie sich zeigte weltweit unter den Nägeln brennende – Thema der Zulassung zu den Sakramenten unter einigen anderen hervorzuheben:

"Es habe [hierzu] in der Debatte zwei Linien gegeben, erläuterte Lombardi vor Journalisten. Die eine habe mit großem Nachdruck darauf hingewiesen, dass ‚mit Rücksicht auf die Lehre und in Treue zum Wort Gottes' eine Zulassung von wiederverheirateten Geschiedenen zur Kommunion nicht möglich sei. Eine andere Linie habe – ‚ohne die Unauflöslichkeit der Ehe' infrage zu stellen – dafür plädiert, mit Barmherzigkeit und unter Berücksichtigung des konkreten Einzelfalls vorzugehen."

Und dennoch sind viele Änderungen schon deutlich herauszulesen und zu hören, die vielleicht in der Fixierung auf eine in dieser vorbereitenden Synode gar nicht endgültig zu klären anstehenden Frage nicht richtig aufgemerkt werden. Etwa, dass der Begriff der 'irregulären Beziehungen', an dem sich bei der Kölner Umfrage beinahe alle Befragten gestoßen haben, zwar noch im 'Instrumentum laboris' aufgeführt wird, aber in der noch nicht endgültigen, aber doch einzigen Zusammenfassung des entsprechenden Nachmittags jetzt fehlt. Statt dessen wird – anders als ich in meinem Beitrag vom 4.10.2014 als geltende Lehrmeinung beschrieben habe –, darauf Wert gelegt, dass es im Blick auf wiederverheiratet Geschiedene „wichtig ist, mit höchster Aufmerksamkeit zu vermeiden, kein moralisches Urteil oder von einem 'Verharren in einer Sünde' zu sprechen..." (priv. Übersetzung). Die neue Sprache, die mehr ist als nur ein Ton, macht die Musik, ja lässt eine völlige Neukomposition erahnen, die sich nicht einfach an einem Nachmittag schreiben, komponieren oder auch schon konzertieren könnte.

Ein weiteres Beispiel für eine veränderte Sicht auf die Sexualität – ohne der gestern durch die vorgenannten Themen etwas in Verzug geratenen Diskussion und Zusammenfassung der Ergebnisse zu den Themen Empfängnisregelung (über das Einführungsreferat des Pariser Kardinals Vingt-Trois hinaus) vorweg zu greifen – kann gelten, dass der Begriff Sexualität schon unter die 'Top 5' der ersten Synodentage gebracht hat, wie es ein Video über die fünf Hauptthemen zeigt. Das mag dem zu nahe im

Geschehen wie dem Außenstehenden nicht so auffallen. Wenn man aber weiß und auf sich wirken lässt, dass der Begriff 'Sexualität' als solcher bislang in den kirchlichen Lehrschreiben fehlt – weder in der Pastoralkonstitution 'Gaudium et spes' noch in der doch das Thema wie keine zweite umkreisenden Enzyklika 'Humanae vitae' –, lässt dies doch auch hier eine neue Seite erkennen. Und was mit der am Dienstag angesprochenen 'Spiritualität der Sexualität' gemeint sein könnte, brachte das australische Ehepaar für die Konzilsaula ins Schwingen und möge über einen kurzen 'Spirituellen Moment' auf der Homepage 'Familienspiritualität.de' vom heutigen 9.10.2014 anklingen.

Was sich darin zeigt, was auf dieser Synode passiert ist, sagte in der heutigen Pressekonferenz der Synode Erzbischof Durocher, „dass wir einen mehr induktiven Weg der Reflexion wählen, beginnend bei den realen Situationen und darin entdeckend, dass in der gelebten Erfahrung auch schon eine theologische Quelle wahrnehmbar ist, ein Ort theologischer Reflexion." (Pressekonferenz vom 9.10.14, priv. Übersetzung)

Nicht ein Kampf zwischen den Menschen und Prinzipien, sagte er, sondern, dass die Bischöfe vielmehr lehren die Erfordernisse von Gerechtigkeit und Barmherzigkeit enger zueinander zu bringen in Bezug auf die 'im Himmel geschlossene Ehe'. Und mit einem feinen Wortspiel sprach der Vorsitzende der Kanadischen Bischofskonferenz "von einer Hochzeit von Gerechtigkeit und Barmherzigkeit, die in Gott vollkommen ist, aber für uns hart zu erreichen ist, sosehr wir danach streben müssen." (Ebd.)

"A marriage of justice and mercy - God is perfectly just and perfectly merciful, it's just hard for us to do the same, but we must strive to do that." (Ebd.)

Und diese bestmögliche Einung zu einem Frieden von und in Gerechtigkeit und Barmherzigkeit auf Erden wird – auf allen Seiten – in der Person von Papst Franziskus gesehen. Dass diese Frage "gestellt und offen ist" – und zu einem 'synodalen Prozess' in den nächsten 12 Monaten einlädt, "ist schon ein gutes Ergebnis", ist ein außerordentliches Ergebnis einer Außerordentlichen Bischofssynode, für das allein schon Papst Franziskus den Friedensnobelpreis verdient gehabt hätte.

Freitag, 10. Oktober 2014
Endlich Synodengeflüster: "Eine Synode, die die Fenster öffnet!"

Mit diesem Zitat verband der honduranische Kardinal Óscar Rodríguez Maradiaga, der als Vertreter Mittelamerikas den von Papst Franziskus zur Kurienreform einberufenen Kardinalsrat koordiniert, am Ende des fünften Synodentags die Erinnerung an dieselben Worte Papst Johannes XXIII. zu Beginn des Zweiten Vatikanischen Konzils. Wie dieses sei diese Bischofssynode „eine Synode der Hoffnung, des Glaubens und insbesondere für die pastoralen Haltungen, die notwendiger denn je sind." In gleicher Weise äußerten sich der Leiter der deutschsprachigen Abteilung bei Radio Vatikan, P. Bernd Hagenkord, und der Pressesprecher der Synode, P. Thomas Rosica: Eine „Atmosphäre der Freiheit" sei zu spüren und der „Leidenschaft, die die Kirche brauche". Ein Resümee, derer sich viele ergänzen ließen am Ende einer Woche, die mit über 180 Statements und 80 freien Debattenbeiträgen so ziemlich alle Themen und heißen Eisen angepackt hat, die sich hinter dem Synodentitel der 'Pastoralen Herausforderungen der Familien im Kontext der Evangelisierung' verbergen.

Dabei gehörte der fünfte Synodentag den Laienexperten, die den inneren und äußeren Druck ins Wort brachten, denen Partnerschaften, Ehen und Familien heute weltweit ausgesetzt sind. Zum äußeren Druck gehörten neben Krieg, Gewalt, Vertreibung und Migration nicht minder Armut und soziale Benachteiligung, wie es in der mittäglichen Pressekonferenz zusammengefasst wurde. Einen Schwerpunkt bildeten heute insbesondere die Fragen rund um die Empfängnisregelung:

"Ehepaare aus Brasilien und Frankreich haben den Teilnehmern der Bischofssynode zu Ehe und Familie im Vatikan über ihre Erfahrungen mit Empfängnisverhütung und Sexualität berichtet. Am Donnerstagvormittag erzählten zunächst Arturo und Hermelinda As Zamberline von der brasilianischen Laienorganisation „Equipe Notre-Dame" über ihre Zweifel am kirchlichen Verbot künstlicher Verhütungsmittel. Die kirchlich erlaubten natürlichen Methoden seien „gut, aber uns scheinen sie nicht praktikabel", heißt es in dem vom Vatikan veröffentlichten Redetext. Die große Mehrheit katholischer Paare lehne die Verwendung künstlicher Mittel nicht ab. Hier gebe es eine Kluft zwischen Morallehre und Praxis." (Radio Vatikan, 10.10.2014)

Die Anwesenheit der 14 Ehepaare und weiteren Experten für Ehe und Familie aus der ganzen Welt sind ein weiteres Kennzeichen für diese, an Neuerungen reichen Synode - und gerade sie waren bereits schon in den vergangenen Tagen dafür verantwortlich, dass auch ein Gutteil Praxis und Familienleben in das Synodenleben einzog. Für Kardinal Maradiaga hätten es sogar noch mehr Situationen mit Problemen sein können, da die anwesenden Paare doch in der Mehrheit „models and examples", idealtypische Ehepaare, waren und er sich Familien – auf jeden Fall für die folgende Synode in 2015 – "in the middle of the trouble" wünschen würde. Angedeutet wurde die darüber einzufangende Lebensrealität in der mittäglichen Pressekonferenz durch Federico Lombardi, der mit Hinweis auf das Statement unserer deutschen 'Auditrix' Ute Eberl auf die Nöte und Bedarfe alleinstehender und alleinerziehender Personen hinwies, wie sie in vielen großen Städten anzutreffen wären. Hier müsse die Kirche den Menschen offen und zugewandt begegnen, und dies unabhängig von deren Kirchenzugehörigkeit. Meine Berliner Kollegin – deren Arbeit heute auch in anderen Presseberichten ins Wort kam – beschrieb mir heute Abend genauer, was ihr Anliegen darstellt:

„Ich sitze hier mit meiner Berliner Realität im Hinterkopf: 9% der Berliner sind katholisch, über die Hälfte der Berliner sind Menschen ohne Religion. Mich treibt nicht als erstes die Frage um, wie wir möglichst vielen Paaren die natürliche Empfängnisregelung lernen, damit sie ‚katholisch' leben, sondern wie wir den Menschen das Evangelium (und zwar das Evangelium der Freude!) anbieten können – und zwar konkret: in dem die Freude und Hoffnung, die Traurigkeiten und Ängste von Paaren und Familien bei uns nicht nur einen Wiederhall finden, sondern wir auch reagieren. Ich denke: genau das machen wir in unserer konkreten Familienseelsorge und – was noch viel wichtiger ist – genau das machen Familien in ihrem Alltag: 'Das Evangelium verkünden – notfalls mit Worten!'"

Und ich bin berührt bei diesem Schlusszitat, das Papst Franziskus am 14.4.2013 und am 28.9.2014 in Predigten vom heiligen Franziskus zitierte – und auch etwas beschämt bei den vielen eigenen Blog-Worten der letzten Tage. Höre ich doch heute auch aus Rom, das Papst Franziskus über die ganze Zeit der Synode aufmerksam zuhört, sich Notizen und den entschlossenen Eindruck macht, dass der synodale Prozess über die nächsten Monate weiter in den Ortskirchen vorangetrieben wird, wie es Pater Hagenkord heute zum Ausdruck bringt. Dass kein endgültiges Beschlussdokument am Ende dieser vorbereitenden, Außerordentlichen Bischofssynode stehen muss, betrachtet er von daher als 'Gnade'. Und in derselben Zuversicht ist Kardinal Maradiaga davon überzeugt, 'dass die Synode die Kanäle für ein tieferes Verständnis öffnen wird, damit sich die Themen über tiefere Reflexionen setzen, damit sie im nächsten Jahr 'anlanden' können:

"We're prepraring the 'landing year' – it has to land in very concrete things too, that will orient the pastoral of the familiy in the next years." (Ebd.)

Samstag, 11. Oktober 2014
„Aus allen Poren zu spüren ist: Kirche geht nur mit Familien!"

Diesen Satz sagte mir gestern unsere Berliner Auditrix Ute Eberl, die ebenfalls am Freitag ihre deutsche Stimme in der Synodenaula in Anwesenheit des Papstes einbrachte. Wie sehr dieser Satz für die katholische Kirche stimmt und – im wahrsten Sinn – 'in guter Tradition' steht, wurde heute auf der Pressekonferenz deutlich:

Mit dem Erzbischof von Dublin, Diarmuid Martin, war nicht nur ein direkter Zeuge dieser Außerordentlichen Bischofssynode, sondern auch der 'V. Ordentlichen Bischofssynode' anwesend, die im Jahr 1980 ebenfalls zum Thema der Familie von Johannes Paul II. einberufen wurde. Dass nicht nur Johannes Paul I. in seiner nur wenige Wochen währenden Zeit als Papst ebenfalls schon eine Bischofssynode zur Familie geplant habe (und schon zuvor Papst Paul VI. kurz vor seinem Tod ebenfalls), verriet er und machte zugleich auch deutlich, dass der jetzige Papst 'vom anderen Ende der Welt' auch mit seinem polnischen Vorvorgänger 'da lontano' ebenfalls gemein habe, gleich die erste Synode des Pontifikats dem Thema der 'Familie' zu widmen. Und er vermutet, dass es daran wohl liege,

„dass beide Päpste bis zu ihrer Wahl Diözesanbischöfe gewesen seien und darüber um die zentrale Bedeutung der Familien für die Entwicklung der Kirche wie für die Stabilität der Gesellschaft wussten, wie sie sie in der jeweiligen Zeit herausgefordert sahen."(priv. Übersetzung der Pressekonferenz vom 11.10.2014).

Im Jahr 1980 lag der Akzent auf der 'Mission der Familie' (damals wurden die beiden diesmal von Kardinal Erdö erarbeiteten Ergebniszusammenfassungen vor und nach den Diskussionen, die so genannten 'Relationes', von Kardinal Ratzinger erstellt), während in diesem und dem nächsten Jahr die Herausforderungen der Familien in einer „gänzlich geänderten Gesellschaft" beschrieben und im Blick auf pastorale Konsequenzen bedacht werden, wie Erzbischof Martin weiter ausführte. Und es brauche eine „neue Weise des Dialoges mit den Familien und eine neue Sprache". (Ebd.) Das sei die Frage, die viele Synodale gerade bewege.

Gespannt richtet sich der Ausblick auf den Montagmittag, an dem die 'Relatio post disceptationem', die 'Zusammenfassung nach den Diskussionen', vorgestellt wird. Sie bietet das nächste Arbeitsinstrument für die gestern gebildeten 'circoli minori', in denen – nach Sprachgruppen getrennt – diese Ergebnisse unter der Leitung von Moderatoren gewissermaßen in Kleingruppenarbeit beratschlagt werden. Dass dies in bester, herzlicher und kollegialer Atmosphäre vonstatten geht, davon berichtete in der Pressekonferenz die der Baptistischen Kirche angehörige Professorin für Biblische Studien, Valérie Duval-Poujol, aus Paris. Zusammen mit sieben anderen Delegierten anderer christlicher Konfessionen ist sie auch ein Beispiel für den ökumenischen Horizont dieser Synode, der durch deren Statements am Freitagnachmittag ebenfalls in das synodale Geschehen einbezogen wurde.

Auch auf deren Zeugnisse ist gemünzt, was meine Berliner Kollegin Ute Eberl für das Ringen um die Fragen der pastoralen Herausforderungen auf alle Synodalen mir gegenüber gestern meinte:
„Das Evangelium wird ja nie, nie im keimfreien philosophischen Raum verkündet, sondern immer in eine konkrete Situation hinein. Deshalb ist auch das Herzblut der Synodalen zu spüren und zu hören, wenn sie von ihren pastoralen Wegen berichten. Der Prozess – Fragebögen – die außerordentliche Synode – ein Jahr Zeit für die Ortskirchen – die ordentliche Synode 2015 – ist wahrlich klug!"

Zu einer der Neuerungen dieser Synode zählen die öffentlichen Gottesdienste im Petersdom: am morgigen Sonntag anlässlich der Heiligsprechung zweier Kanadischer Missionare und bezogen auf das 'Thanksgiving'-Fest, das in Kanada dieses Jahr am 13. Oktober gefeiert wird. Die 'Ernte' ist schon – aus dem geeigneten Blickwinkel und rückblickend auf die vergangenen Tage – wahrlich erheblich, auch wenn das Ergebnis dieser Synode – das stand im Grunde ja schon zu Beginn der Synode fest – um des Ergebnisses in 2015 willen und vor allem wegen des synodalen Prozesses daraufhin offen bleiben wird und muss. Der Papst hat über die einzelnen Versammlungen, in denen er außer am Mittwochvormittag (wegen der Generalaudienz) beständig anwesend war, die ganze Zeit über geschwiegen, sich Notizen gemacht, um morgen gleich einem Trainer in der 'Halbzeit' die Moral des mittlerweile eingespielten Teams anzusprechen und auf das gemeinsame Ziel einzuschwören, das im 'Geist der Synodalität' seit Beginn der Synode alle vereint.

Sonntag, 12. Oktober 2014
Die Güte Gottes hat keine Grenzen und schließt niemanden aus...

Sowohl die Predigt der Sonntagsmesse im Petersdom im Gedenken an die Heiligsprechung zweier Kanadischer Missionare als auch die Ansprache zum Angelus am Mittag widmete Papst Franziskus der Auslegung des Evangeliums des heutigen 28. Sonntags im Jahreskreis aus dem Matthäusevangelium Kap. 22, 1-14. Aus der mittäglichen Ansprache möchte ich eine bewegende Passage herausheben, in der Papst Franziskus meines Erachtens auch die gestern angesprochene Zielrichtung dieser Bischofssynode pointiert und die Einladung an die Welt zum Gastmahl des Herrn ausspricht:

"Die Güte Gottes hat keine Grenzen und schließt niemanden aus: Deswegen ist das Gastmahl der Gaben Gottes universal, für alle. Allen wird die Möglichkeit geschenkt, seiner Einladung und seinem Ruf

zu folgen; keiner hat das Recht, sich privilegiert zu fühlen oder ein exklusives Vorrecht zu beanspruchen. All dies hält uns davon ab, uns gewohnheitsmäßig in der Mitte zu platzieren, wie es die Hohenpriester und Pharisäer taten. Das dürfen wir nicht tun: Wir müssen uns für die Peripherien öffnen und anerkennen, dass die am Rand stehen, ja sogar von der Gesellschaft ausgeschlossen und verachtet werden, Adressat der Großzügigkeit Gottes sind." (Übersetzung Radio Vatikan)

Und dann fährt er fort – und ich erlaube mir eine eigene Übersetzung in wenigen Akzenten etwas mehr an der italienischen Originalansprache zu orientieren:

"Wir alle sind dazu aufgerufen, das Reich Gottes nicht auf die Grenzen der 'kleinen Kirche' zu reduzieren – unseres 'klitzekleinen Kirchleins', sondern die Kirche auszuweiten auf die Dimensionen des Reiches Gottes. Dafür braucht es nur eine Bedingung: das Hochzeitsgewand anzuziehen, d.h. für die Liebe zu Gott und den Nächsten einzustehen."

"Tutti siamo chiamati a non ridurre il Regno di Dio nei confini della "chiesetta" – la nostra "chiesetta piccoletta" – ma a dilatare la Chiesa alle dimensioni del Regno di Dio. Soltanto c'è una condizione: indossare l'abito nuziale cioè testimoniare la carità verso Dio e verso il prossimo."

Meine Halbzeitbilanz „Der Herzschlag der Zeit wird jetzt wahrnehmbar" nach der ersten Synodenwoche können Sie als Interview des Kölner Domradios vom 12.10.2014 auf www.erzbistum-koeln.de/familiensynode nachhören.

Montag, 13. Oktober 2014
„Der Geist des II. Vatikanischen Konzils, der Geist von 'Gaudium et spes'"

So lauteten O-Töne und Eindrücke von Synoden-Teilnehmern, die vom Sekretär, Erzbischof Bruno Forte von Chieti-Vasto (Italien), und dem Synodenpräsidenten, Kardinal Luis Antonio Tagle aus Manila (Philippinen), auf der heutigen Pressekonferenz zitiert wurden. Sie bezogen sich auf die von Kardinal Péter Erdö am heutigen frühen Vormittag in 52 Minuten vorgetragene 'Zusammenfassung nach den Diskussionen' der ersten Synodenwoche. Als 'pastorales Erdbeben' wurde sie in reißerischen Überschriften schnell medial kommuniziert. Dabei konnte diese für heute mit Spannung erwartete 'relatio post disceptationem' eigentlich nur dann überraschen, wenn man die täglichen Pressekonferenzen der ersten Synodenwoche nicht mit verfolgt hat, da sich alle Gedanken über die Tage verstreut – aber wie an einer Perlenkette gereiht – schon genauso wiederfinden; und auch in diesem Blog-Kommentar aufgemerkt wurden.

Im Gegensatz zum Arbeitspapier vor Synodenbeginn, dem in unserem Dokumentenarchiv 49 Seiten umfassenden 'Instrumentum laboris' und der schon auf immerhin schon 13 Seiten verdichteten 'Zusammenfassung vor der Diskussion' findet sich in der heute von dem Vorsitzenden der ungarischen Bischofskonferenz vorgestellten 'Relatio' eine auf nur mehr 11 Seiten fokussierte, durchgehende Linie wieder, die eine deutliche Handschrift, einen roten Faden und zugleich an markanten Schlüsselstellen eine direkte Orientierung an den Lehrschreiben und -aussagen von Papst Franziskus aufweist.

Vorgetragen wurde die Ergebniszusammenfassung in Anwesenheit von 184 Synodenvätern und des Papstes, und von diesen mit lang anhaltendem Applaus bedacht. Mit Dankbarkeit sei von vielen dieser Zwischenbericht wie ein 'Spiegel' empfunden worden, in dem sie den Extrakt der Überlegungen der Diskussionen der vergangenen Woche wiederfanden, so Kardinal Tagle im heutigen Pressebriefing. Dass dieser Zwischenbericht zugleich Ausgangpunkt für die Diskussion der nächsten Tage sein wird, zeigten schon die 41 Interventionen, die sich – in freier Rede vorgetragen – anschlossen und mit dieser in der nun folgenden Kleingruppenarbeit in den Sprachzirkeln weiter beratschlagt werden. Deren Ergebnisse werden dann wiederum an den 'Relator' Kardinal Erdö zurückgeführt, der das Schlussdokument der Synode erstellt, das am Samstag vorgestellt und verabschiedet werden wird.

"Es wird aber kein klassisches Schlussdokument, sondern so etwas wie das 'Instrumentum laboris' (Arbeitspapier) für die nächste Familiensynode im Herbst 2015", verdeutlichte heute noch einmal der Leiter der deutschsprachigen Abteilung bei Radio Vatikan, Pater Hagenkord, in einem Interview. Es wird also, wie der heutige Tag, kein Abschluss, sondern ein weiterer Zwischenschritt eines synodalen Prozesses, der über die nächsten Monate gehen wird: ein bewusstes und im Grunde schon von Anfang an angezieltes und absehbares 'working in progress', ein synodaler Weg.

Der 'Geist des Konzils' wurde darin empfunden – und das ist die Handschrift, die der Zwischenbericht trägt –, in dem voller Sympathie auf die Welt von heute geschaut wird, in der Kirche nicht richtet, sondern die Menschen begleitet in ihren Freuden und Hoffnungen, Trauer und Leiden der Menschen von heute, wie auch die ersten Wörter der Pastoralkonstitution 'Gaudium et spes' lauten. Das Hören auf die Lebenswirklichkeit von Ehe und Familie, das Sehen derselben im Licht der Botschaft des Evangeliums und das daraufhin mögliche unterscheidende Deuten der pastoralen Herausforderungen der Familie in der heutigen Zeit kennzeichnen dann auch die drei Teile des heute veröffentlichten Zwischenberichts:
Im 'hörenden' I. Teil der 'Relatio post disceptationem' werden die vielen soziokulturellen Kennzeichen heu-

tiger familiärer Lebenswirklichkeit wahrgenommen – von Vereinzelung, über Polygamie bis hin zu Lebensgemeinschaften – mit mehr oder minder ausgeprägten oder begründeten Formen von Verbindlichkeit, die im systematisch reflektierenden und 'ausschauenden' II. Teil ausgehend von der Analogie der Verwirklichung der Kirche in dieser Welt nach der Lehre des II. Vatikanischen Konzils (vgl. unten bzw. LG 8) auch graduelle Verwirklichungen von Heil und Wahrheit sehen lassen, die im alleinigen Blicken auf das von der Kirche tradierte Ideal von Ehe und Familie verborgen bleiben.

Mit dieser Perspektive erscheinen die vielen unterschiedlichen Herausforderungen von gelebten Lebensentwürfen im III. Teil der Relatio in einem ganz anderen, neuen Licht, und lassen sich gegenüber wiederverheiratet Geschiedenen, gegenüber verhältnismäßig losen Beziehungen 'ad experimentum', ja selbst homosexuellen Partnerschaften gegenüber auf einmal wertschätzende Worte finden, als sie als graduelle Verwirklichungsformen familialen Lebens 'Heil und Wahrheit' enthalten.

Dieser grundlegende Perspektivwechsel ist sicher vor allem herauszuheben, bevor man auf die damit verbundenen, einzelnen, sich ergänzenden oder miteinander konkurrierenden Vorschläge in Hinblick auf die verstärkten Anstrengungen und Aufgaben in Ehevorbereitung und Ehebegleitung, die differierenden Optionen bezogen auf die Möglichkeiten der Zulassung wiederverheiratet Geschiedener zu den Sakramenten, hinsichtlich des 'Speeding-up' von Ehenichtigkeitsprozessen, der Reflexion auf die Bedeutung des Glaubens für das Zustandekommen einer sakramentalen Ehe, die Prüfung der Tradition der orthodoxen Kirche und auch den Ansatzpunkt der Kommunikation von Formen natürlicher Familienplanung und -regelung zu sprechen kommt, die allesamt weitere Diskussionen erfordern und ermöglichen.

Auch wenn der heute veröffentlichte Zwischenbericht der Bischofssynode nur ein Meilenstein auf einer noch bevorstehenden Strecke und eines Debattenmarathons (nicht nur in dieser Woche) ist, dokumentiert er doch als roten Faden das Selbstverständnis einer Kirche „auf dem Weg", wie Papst Franziskus heute Morgen in der Morgenmesse in Santa Marta sagte. Und: „Wenn man auf dem Weg ist, findet man immer neue Dinge, Dinge, die man vorher noch nicht kannte." Oder: 'The drama continues!', wie es zum Abschluss eines Statements auf der unbedingt sehenswerten Pressekonferenz Kardinal Tagle mit einem Lächeln sagte.

Dienstag, 14. Oktober 2014

Großes Interesse an Weltbischofssynode im Netz

Die Überschrift ist einer schon einen Tag alten Pressenotiz des Vatikanischen Presseamtes entnommen: Per Twitter verbreitete Links zu Dokumenten und Berichten über das Bischofstreffen seien 1,7 Millionen Mal angeklickt worden. Und dem Twitter-Dienst des vatikanischen Presseamts selbst folgten mittlerweile knapp 11.000 Nutzer. Wie am Sonntag vor Synodenbeginn gesagt, gehört auch dies zu einer neuen transparenten Kommunikationsstrategie des Vatikans während der Bischofssynode: Die Verfahren, die Öffentlichkeitsarbeit und die Weise der Ergebnisdokumentation ist verändert, transparenter und dynamisiert, so dass jeder interessierte Beobachter sehr nah das Geschehen verfolgen, sich direkt einbezogen fühlen kann. Eine Kirche, die sich transparent gibt und beinahe 'in Echtzeit' allen aufmerksamen Beobachtern alle Einblicke gewährt, um sich ein Bild zu machen von dem 'work in progress' einer „Kirche ‚im Aufbruch'" (EG 46).

Mit süffisantem Grinsen leitete Pressesprecher Federico Lombardi das Briefing mit den Worten ein: „Woran es wohl liegt, dass wir heute so zahlreich sind...?" Denn gekommen waren die vielen Journalisten wegen des großen Presseechos, das die gestrige Veröffentlichung des Zwischenberichtes nach einer im

Grunde sehr konzentrierten Woche Synodenarbeit, der nachfolgenden Pressekonferenz wie auch den einschlägigen Interviews einzelner Synodaler (auch dies ist ja bei dieser Bischofssynode das erste Mal überhaupt erlaubt und erwünscht, wie Federico Lombardi heute unterstrich) weltweit hervorriefen; und riefen alle auf den Plan – wie die Fragen zeigten, zum großen Teil ohne das Dokument gelesen zu haben – doch zumindest jetzt zur Stelle zu sein, die die Entwicklung der Themen der vergangenen Synodenwoche nicht wahrgenommen hatten.

Und als wenn das 'Erdbeben' nicht in Rom, sondern überall sonst in der Welt (und wohl vor allem der neuen Welt) geschehen wäre, waren die Erschütterungen heute erst in Rom zu spüren – etwa auch daran wahrzunehmen, dass am Nachmittag eine Agenturmeldung auf der deutschsprachigen Seite von Radio Vatikan zitiert wurde, in der eine etwaige 'Vatikanerklärung' zitiert wird, die mir zumindest verborgen geblieben ist. Den aufgeführten Inhalten zufolge ist es eine wohl ihrerseits übernommene Zusammenfassung der Pressekonferenz, bei der zwei der Moderatoren einer englischsprachigen und einer italienischen Kleingruppe, der südafrikanische Kardinal Wilfrid Fox Napier und Kurienkardinal Fernando Filoni eigentlich von der Arbeit und dem Fortgang des synodalen Prozessen in den 'circoli minori' berichten sollten.

Aber eigentlicher Gegenstand des Gesprächs der Pressekonferenz wurde stattdessen die Diskussion um den 'Status' der gestern von Kardinal Erdö vorgetragenen 'Relatio post disceptationem', die das Vatikanische Presseamt zu einer eigenen Pressenotiz zur Verbindlichkeit und dem Stellenwert des Dokumentes und der nochmaligen Erklärung ihres vorläufigen Charakters nötigte. Und jenseits des eigentlichen – gestern beschriebenen – Gesamtduktus des Arbeitspapiers, das ja gerade für die weitere Diskussion der zweiten Synodenwoche bestimmt war, wurden von außen die vermeintlichen Gretchenfragen, die Kardinal Napier mehrmals zitierte, in Hinblick auf die Beurteilung von Lebensgemeinschaften, den Umgang mit wiederverheiratet Geschiedenen und vor allem zur Bewertung homosexueller Partnerschaften gestellt, die die beiden beteiligten Synodalen wider die Verkürzung der Bischofssynode und des in Rede stehenden Dokumentes auf diese Themen Stellung beziehen ließen.

Als Aufgaben in diesen Tagen berichteten sie aus ihren Kleingruppen etwa von dem konstruktiven Vorschlag, die positive Botschaft und Wertschätzung der Familien für die nächste Stufe der Synoden-Dokumentation am Freitag dieser Woche deutlicher herauszuarbeiten (so vor allem Kardinal Napier) oder die Ehevorbereitung in die Hände verheirateter –

junger – Paare zu geben (Kardinal Filoni). Dass es über die am Montagvormittag vorgetragenen 41 Wortmeldungen viele weitergehende Beiträge gebe und darüber das Dokument vom Montag naturgemäß verändert werden wird, mussten alle Teilnehmenden der Pressekonferenz mehrmals unterstreichen.

Dass morgen noch einmal ein ähnliches Pressebriefing bevorsteht, wenn mit dem Präsidenten des Päpstlichen Rates zur Neuevangelisierung, Erzbischof Rino Fisichella, und dem Vorsitzenden der amerikanischen Bischofskonferenz, Erzbischof Joseph Edward Kurtz zwei weitere Synodenteilnehmer von ihren Eindrücken aus den Kleingruppen berichten, setzt die Kontinuität in der transparenten Kommunikation fort; obwohl eigentlich in aller konzentrierten Ruhe in den Sprachzirkeln gearbeitet wird und also auch morgen keine weitergehenden Aussagen präsentiert werden. Denn der Ertrag der Kleingruppenarbeit wird erst am Donnerstag zunächst dem Synodenplenum vorgestellt – und wie gewohnt transparent auch in einer summarischen Aufstellung veröffentlicht – und am Freitag wiederum von Kardinal Erdö in seiner abschließenden Dokumentation allen Synodalen vorgetragen.

An eben diesen beiden letzten Arbeitstagen erwarten uns zwei deutschsprachige Kardinäle in der Pressekonferenz mit Kardinal Schönborn am Donnerstag und Kardinal Marx am Freitag, wie Pressesprecher Lombardi gegen Ende der heutigen Pressekonferenz verriet – und damit auch zwei gewichtige Stimmen dieser Bischofssynode. Und um am Ende eines weltweiten Pressesturms auch mit einer deutschsprachigen und zuversichtlichen Stimme von Kardinal Marx zu enden, die heute die Deutsche Bischofskonferenz veröffentlicht hat, von einem, der wirklich auch dabei gewesen und dem Pressesturm in ebenso ruhiger wie gefasster Form die Stirn zu bieten gewohnt ist:

"Wir haben bisher eine offene und ehrliche und in den Themen breitgefächerte Diskussion erlebt. Ich bin dankbar, dass die unterschiedlichen Gesichtspunkte auf den Tisch gekommen sind. Papst Franziskus hat uns zu Beginn der Beratungen ermutigt, offen zu sprechen und zuzuhören. Das ist gelungen."

Mittwoch, 15. Oktober 2014
Die Konzentration in diesen Tagen ist fast mit Händen zu greifen...

Als wenn sich der Pressesturm von gestern über Nacht gelegt hätte, vermittelten die heute zur Pressekonferenz geladenen Moderatoren zweier Kleingruppen, der Erzbischof von Barcelona, Kardinal Lluís Martínez Sistach, und Erzbischof von Louisville, Joseph Edward Kurtz, sowie der als Relator einer italienischen Sprachgruppe die Ergebnisse zusammenfassende Präsident des Päpstlichen Rates zur Neuevangelisierung, Erzbischof Rino Fisichella, den Eindruck, dass der von Pressesprecher Federico Lombardi noch einmal als solcher titulierte 'Cammino sinodali' in guter Gemeinschaft und konzentrierter Auseinandersetzung voranschreitet.

Gefragt, ob das Presseecho und das Einwirken von Lobbygruppen die Arbeit der Synodalen beeinflusse, erinnerte Kardinal Sistach an den von Papst Franziskus zu Synodenbeginn allen Synodalen zugesprochenen Freiheitsraum. Und auf dieselbe Frage reagierend, verwies Erzbischof Fisichella auf die fruchtbare Arbeit, die sich gerade in der geschützten Kleingruppenarbeit zeige, weil hier die im Plenum auf vier Minuten begrenzte Redezeit sich zu der Freiheit öffne, sich ohne zeitliche Beschränkung auszudrücken. Die gestern vor allem in seinem Status für die weitere Synodenarbeit diskutierte Zusammenfassung der ersten Synodenwoche, die 'Relatio post disceptationem', wurde von Erzbischof Kurtz heute - ähnlich wie am Montag – noch einmal als 'wonderful working document' hervorgehoben, das in allen Kleingruppen Absatz für Absatz diskutiert und ergänzt wird.

"Man geht durch den Text – die Relatio –, diskutiert, macht Textvorschläge, bespricht diese und arbeitet sich so durch die einzelnen Teile hindurch. Wenn es

einen ausformulierten Änderungsvorschlag gibt, wird der in der Arbeitsgruppe abgestimmt und bei Mehrheit geht er an die Redaktionsgruppe weiter, die alle Vorschläge aus allen Gruppen einsammelt." (Radio Vatikan vom 15.10.2014)

Der Vorsitzende der amerikanischen Bischofskonferenz, Erzbischof Kurtz, erwartet, dass der missionarische Impetus bzw. "missionary outlook" der ersten Relatio, der nicht ausgrenzt, sondern einladend auf die Menschen der heutigen Zeit zugeht, auch in einem über die Kleingruppenarbeit vertieften und weiter verbesserten Schlussdokument enthalten sein werde, das den gesamten synodalen Prozess zusammenfasst – und hofft noch mehr, dass es mehr als nur ein Text sein werde und schon mit Ende der Synode in eine pastorale Praxis übergeht. Dieser in der gestrigen Pressekonferenz gar nicht ins Wort gekommene pastorale Hauptakzent der am Dienstag beinahe nur auf den Grad der Verbindlichkeit diskutierten Relatio ließ heute auch die gestern vor allem umkreisten Fragen hinsichtlich der Wertschätzung nichtehelicher Lebensgemeinschaften und des Umgangs mit wiederverheiratet Geschiedenen anklingen. Und hier drückte sich Erzbischof Kurtz in der Pressekonferenz in einer Formulierung aus, die hinsichtlich des pastoralen Ansatzes der bisherigen Synodenarbeit und der gewählten Offenheit der Formulierung wohl auch das Abschlussdokument kennzeichnen könnte:

„Meine Wahrnehmung aus unserer Gruppe ist die Haltung des Willkommen-Heißens. Das war die Tendenz. Was die Frage des Kommunionempfangs betrifft, da war die Tendenz die, dass mehr theologische Vertiefung verlangt wurde, um sicherzustellen, dass unsere Entscheidungen theologisch wohlbegründet sind. Aber das erste Wort ist wirklich der Begriff: Hinausgehen und willkommen heißen." (Radio Vatikan vom 15.10.2014)

Erzbischof Fisichella meinte auf die Frage nach Tendenzen hinsichtlich einer Neuakzentuierung der Lehre zu dem Themenkomplex Empfängnisregelung und Weitergabe des Lebens, dass dieses Thema in Hinblick auf das Gewissen wie den Einsatz zur Gewissensbildung diskutiert worden sei. Hier wie dort – und zu vielen anderen offen diskutierten Themen – werden Ansätze für den weiteren synodalen Prozess beschrieben, deren Entfaltung Aufgabe der nächsten Monate sein wird. Am morgigen Donnerstag werden Erzbischof Fisichella und die neun anderen Berichterstatter der Gruppen erst einmal in der Vollversammlung berichten. Und danach geht es für die Endredakteue um die Aufgabe, innerhalb von beinahe nur einem Tag einen Text zu formulieren, der im Anschluss den Bistümern und der Weltkirche zur Vorbereitung und Weiterarbeit gegeben wird´ – in Vorbereitung auf die kommende Synode 2015. Pater

Hagenkord fasst die positiv gespannte Atmosphäre heute wie folgt zusammen:

"Allen Teilnehmern hier ist klar, dass nach den öffentlichen Reaktionen auf die Relatio am Montag nun die Augen auf ihre Arbeit gerichtet ist. Es ist ein neues Gefühl, in der Vergangenheit war das Interesse an Synoden eher übersichtlich. Man arbeitet hier am Abschlusstext, aber auch daran, etwas für die Diskussionen und Arbeiten in der Weltkirche zu erstellen. Wie gesagt, man kann die Konzentration in diesen Tagen fast mit Händen greifen. (Radio Vatikan vom 15.10.2014)

Donnerstag, 16. Oktober 2014

Accompagnare – Accoglienza – un regard positif: oder hermeneutische Schlüssel der relatio sinodi

Es war der Tag der Zusammenfassungen der Arbeitsgruppen, die zunächst im Synodenplenum vorgetragen und nachfolgend veröffentlicht wurden. Einem der Moderatoren eines 'Circulus Gallicus' – einer francophonen Kleingruppe –, dem Wiener Erzbischof Christoph Kardinal Schönborn, fiel es in der heutigen Pressekonferenz zu, den Stand des synodalen Geschehens ins Wort zu bringen. Als Mitglied des vorbereitenden Synodenrates berichtet er, wie sehr es Papst Franziskus schon zu Beginn der Synodenplanungen ein Anliegen gewesen sei, sich der Bedeutung und der Herausforderung der Familie zuzuwenden und zu einem gemeinsamen synodalen Weg über mehrere Etappen einzuladen. Eines der von Papst Franziskus immer wieder gebrauchten Schlüsselwörter sei 'Accompagnare', das Kardinal Schönborn in verschiedensten Formulierungen immer wieder zitierte. Dazu gehörten die Begleitung der Familie in der Betonung ihrer Bedeutung und Schönheit für jede einzelne Person wie für die Gesellschaft insgesamt, die Unterstützung in ihren Gefährdungen, aber auch die Aufgabe für die Kirche, ihre gefasste Lehre mit der Botschaft der Barmherzigkeit immer wieder neu zu verbinden.

In allen vier Konzilssprachen gleichermaßen zuhause, führte Kardinal Schönborn den m.E. entscheidenden Gedanken in der Sprache der von ihm moderierten Kleingruppe aus. Unbeschadet der Eignung und der Aufnahme des Begriffes der 'Gradualität' (der von ihm in Analogie zum Kirchenverständnis des II. Vatikanischen Konzils vorgeschlagen wurde, um Elemente von Wahrheit und Heil auf den verschiedenen Stufen und Ausformungen familialen Lebens anzusprechen) sei doch eine breite Zustimmung in den Berichten der Kleingruppen darin zu spüren gewesen, den positiv-wertschätzenden Blick in der pastoralen Begleitung, in dem Zugehen auf den je konkreten Menschen in seinen Lebensverhältnissen als neuen Akzent einer veränderten Sichtweise in das Schlussdokument einzutragen. Als 'clé herméneutique', als Verständnisschlüssel, für die Erarbeitung wie die Erschließung des 'relatio sinodi' genannten Schlussdokumentes sieht Kardinal Schönborn folgende Frage (eigene Verschriftlichung aus der Pressekonferenz):

"Comment avoir un regard positif sur des situations qui ont des manques objektives?"

Vor genau dieser Frage, die mich in der Formulierung auch an die eigenen Erwartungen zu Beginn der Synode erinnern, steht das mittlerweile auf 11 Personen angewachsene, alle Kontinente und Sprachgruppen umfassende Redaktionsteam nach Einschätzung von Kardinal Schönborn. Diese Frage allein schon zu stellen würde die Aufmerksamkeit des 'Accompagnare non iudicare' schon offen halten. Dass sie auch weitergehend ausgeführt wird, macht schon die erste Zusammenfassung der Kleingruppenergebnisse deutlich, in der die Kirche als 'einladendes Haus für Menschen' in den verschiedensten familialen Lebensformen bereits in einigen Beispielen ausgeführt wird.

Das Ringen um die richtigen Worte, um die „Spannung zwischen denen, die die Lehre ins Zentrum stellen und denen, die vom Leben der Menschen ausgehen" – wie dies der morgige Gast der Pressekonferenz Kardinal Marx vorgestern ausgedrückt hat – zu einem von allen oder zumindest von der großen

Mehrheit mitgetragenen Schlussdokument zu führen, hat begonnen. Dass diese das 'Accompagnare', das Mitgehen, die 'Accoglienza' – den freundlichen Empfang bezogen auf den Menschen von heute – die 'Kunst der Begleitung' zum Ausdruck bringen wird, lässt sich als roter Faden aller Synodentage erkennen.

Freitag, 17. Oktober 2014
"Vielleicht werden wir in zehn Jahren sagen: Wir waren dabei!"

Dass Deutsch keine der offiziellen Synodensprachen ist, merkte jeder Beobachter auf, der sich über die vergangenen zwei Wochen mit dem Verlauf der III. Außerordentlichen Bischofssynode in Rom auseinandersetzte. Erst eine der letzten Pressekonferenzen ließ mit dem Vorsitzenden der Deutschen Bischofskonferenz und Präsidenten der Kommission der Bischofskonferenzen der Europäischen Gemeinschaft, Reinhard Kardinal Marx, auch deutsche O-Töne hören, die mit den Aussagen des Vorsitzenden der Französischen Bischofskonferenz und Erzbischof von Marseille, Georges Pontier, zu einem Rück- und Ausblick wurden.

Der Rückblick betraf in den Ausführungen von Kardinal Marx insbesondere die 'Zuspitzung', die die Veröffentlichung der hoch gelobten, wie in Teilen ebenso leidenschaftlich debattierten, 'Relatio post disceptationem' zu Wochenbeginn bedeutete, die die

Diskussion seiner Meinung nach vorangebracht habe. In gleicher Weise charakterisiert Erzbischof Georges Pontier die Entwicklung zwischen der Veröffentlichung dieses Dokumentes und der Ergebnisvorstellung der Kleingruppenarbeiten am Donnerstag ebenfalls zunächst als einen Schritt zurück, der nun aber dazu führe, die Balance zu suchen und zu finden zwischen einer Orientierung an tradierter Lehre und Optionen hin zu einem stärkeren Zugehen auf die individuellen Sorgen, Nöte und Herausforderungen der Menschen von heute. Das ist – wie gesagt – die Aufgabe der morgen im Synodenplenum vorgestellten, aber wahrscheinlich erst zu Beginn der nächsten Woche veröffentlichten 'Relatio sinodi', des Schlussdokumentes dieser Synode.

Für Kardinal Marx muss das Schlussdokument auch eine Antwort auf das von Papst Franziskus in seinem Lehrschreiben Evangelii gaudium eindringlich beschriebene Plädoyer für eine den einzelnen Menschen begleitende, barmherzige und offene Kirche sein.

"[E]r erwartet von uns Impulse, die weiterführend sind, die voranschreiten, die Türen öffnen, die Möglichkeiten aufzeigen, das Evangelium von der Familie noch deutlicher, noch intensiver zu verkünden, auch im Gespräch mit den Menschen. Nicht nur, indem wir uns selber zitieren, sondern indem wir im Gespräch sind mit dem, was Menschen bewegt und was in der

Welt so vielfältig da ist, wie wir das in diesen Tagen gehört haben."

Damit ist zugleich auch der Ausblick schon mehr als angedeutet, der über die morgen veröffentlichte 'Botschaft an das Volk Gottes' auch das zu erarbeitende Schlussdokument kennzeichnen wird. Bei beiden „geht es nicht um einen Abschluss, sondern darum, wie die Spannung gehalten wird bis zur nächsten Synode, wie die Diskussion in den Bistümern, in den jeweiligen Ländern weitergehen wird, wie also dann die Synode in einem synodalen Prozess im Oktober nächsten Jahres fortgeführt wird." Die Einladung, den bereits mit der Umfrage im vergangenen Jahr angestoßenen synodalen Prozess in derselben Freiheit und Offenheit weiterzuführen, sich den Fragen nun auch in den Ortskirchen ganz konkret zu stellen, das wird die Hausaufgabe sein, die bereits vor der Synode formal feststand. Konkret:

"Wie können wir die Lehre der Kirche und die pastorale Situation zusammen bringen? Wie können wir die Verantwortung der Weltkirche und der Ortskirchen in ein gutes Verhältnis bringen? Das werden Themen sein, die uns in nächsten Monaten weiter beschäftigen."

Diese Synode war eine Ermutigung, eine Sprachfindung und ein Lernprozess in Freiheit und Transparenz. Und morgen „geht es nicht um einen Abschluss, sondern darum, wie die Spannung gehalten wird bis zur nächsten Synode, wie die Diskussion in den Bistümern, in den jeweiligen Ländern, weitergehen wird, wie also dann die Synode in einem synodalen Prozess im Oktober nächsten Jahres fortgeführt wird." Am Ende der Pressekonferenz wollte Kardinal Marx – nach der Bedeutung der Außerordentlichen Bischofssynode im Vergleich mit dem II. Vatikanischen Konzil gefragt – nicht ausschließen:

"Vielleicht, wenn wir uns in zehn Jahren wieder treffen, können wir sagen: Wir waren dabei!"

Samstag, 18. Oktober 2014

Kirche: ein Haus mit offenen Türen, die willkommen heißt, ohne auszuschließen – oder was die eigentliche Botschaft am Ende der Bischofssynode darstellt

Wenn man allein auf die in Deutschland verbreiteten Agenturmeldungen zum Inhalt der 'Botschaft für das Volk Gottes' am Nachmittag wie zur Veröffentlichung der 'Relatio Synodi' am Abend zum Abschluss der III. Außerordentlichen Bischofssynode vertraute, würde man sich mehr als desinformiert fühlen, wenn man bei etwas tieferer Recherche gewahr wird, dass sie ohne Kenntnisnahme der heute um 13 Uhr bzw. 18:30 Uhr angesetzten Pressekonferenzen wie der vorzustellenden Dokumente publiziert wurden und den Synodenverlauf und den Gegenstand der Berichterstattung m.E. auf den Kopf stellen.

Zur Vorstellung der am Vormittag in der Synodenaula nach Angaben von Pressesprecher Fr. Federico Lombardi – mit der überwältigenden Mehrheit von 158 von 173 anwesenden Synodalen angenommen 'Abschlussbotschaft' erschienen in der mittäglichen Pressekonferenz die Kardinäle Raymundo Damasceno Assis, Erzbischof von Aparecida (Brasilien), der Präsident des Päpstlichen Rates für die Kultur, Kardinal Gianfranco Ravasi, und Kardinal Oswald Gracias, Erzbischof von Bombay (Indien). Dass der Publizierung der Abschlussbotschaft eine 'erste Lesung' gestern Nachmittag und die Einarbeitung von Ergänzungen und Verbesserungsvorschlägen vorausgegangen war, gehört ebenso zum Verständnis der 'relatio sinodi', des am Abend überraschender Weise ebenfalls schon veröffentlichten Abschlussdokumentes, wie die Berücksichtigung einiger formaler Aspekte, auf die Kardinal Ravasi zu Beginn der Pressekonferenz hinwies:

Zum Verständnis der 'Botschaft für das Volk Gottes' ist es wichtig zu wissen, dass sie in der Tradition aller Bischofssynoden steht und 'tröstende' (consolative) und 'ermutigende' (exhortative) Teile enthält, in der inkludierenden Wir-Form geschrieben, sich primär an die christlichen Familien richtet und ausgehend vom

Lehrschreiben Evangelii gaudium von Papst Franziskus die Botschaft in die Welt tragen will, dass 'Christus die Kirche als ein Haus mit offenen Türen will, die alle willkommen heißt und niemanden ausschließt'. Nicht von ungefähr begegnen die beiden vorgestern als hermeneutische Schlüssel zum Verständnis des Abschlussdokumentes angesprochenen Begriffe 'accompagnare' und 'accoglienza' in einem zentralen Absatz gegen Ende des ersten Teiles dieser bereits in der Endfassung vorgelegten Botschaft:

"Christo ha voluto che la sua Chiesa fosse una casa con la porta sempre aperta nell'accoglienza, senza escludere nessuno. Siamo perciò grati ai pastori, fedeli e comunità pronti ad accompagnare e a farsi carico delle lacerazioni interiori e sociali delle coppie e delle famiglie."

"Christus hat gewollt, dass seine Kirche ein Haus mit einer immer offenen Türe sei, indem sie herzlich willkommen heißt, ohne jemanden auszuschließen. Wir sind deshalb den Hirten, Gläubigen und Gemeinschaften dankbar, die bereit sind zu begleiten und sich um die inneren und äußeren sozialen Verwundungen von Paaren und Familien kümmern." (eigene Übersetzung)

Beispiele für die Wunden und deren Heilung werden auch gegeben, denen die überwältigende Mehrheit (weit oberhalb der bei 123 Stimmen liegenden Zweidrittelmehrheit) der anwesenden Synodalen zugestimmt hat. Und dazu gehört überraschender Weise auch der Hinweis auf die Reflexion der pastoralen Begleitung ('accompagnamento pastorale') hinsichtlich des Zugangs zu den Sakramenten für die wiederverheiratet Geschiedenen. Das über den konkreten Modus der Zulassung hingegen keine Zweidrittelmehrheit unter den Synodalen der III. Außerordentlichen Bischofssynode festzustellen gewesen ist, machte am Abend die Veröffentlichung der 'Relatio Synodi' mit Bekanntgabe der einzeln – Punkt für Punkt – dokumentierten Abstimmungsergebnisse deutlich.

Wie in der abendlichen Pressekonferenz zur Vorstellung der Abstimmung des Abschlussdokumentes, der 'Relatio Synodi', bekannt wurde, hat 'nur' die einfache Mehrheit von 104 Stimmen (bei 74 Gegenstimmen in Anwesenheit von insgesamt 183 anwesenden Synodalen) einem Vorschlag zur Zulassung von wiederverheiratet Geschiedenen zu den Sakramenten zugestimmt. Ebenfalls 'nur' eine qualifizierte Mehrheit von 118 Stimmen (bei 62 Gegenstimmen) erhielt der – seit der ersten Vorstellung noch einmal auf Mehrheitsfähigkeit hin überarbeitete – Passus, den pastoralen Umgang mit homosexuellen Personen in neuer Weise zu beschreiben. Diese – in der Umstrittenheit ja vor der Synode wie während des Synodenverlaufes bekannten – Punkte, die nun auch im Abschlussdokument festgestellt werden, können aber in der perspektivischen Verengung des Blicks auf diese zwei bzw. in Hinblick auf das Abstimmungsergebnis aller 62 Einzelziffern des Abschlussdokumentes das eigentliche 'Ergebnis' bzw. die eigentliche Botschaft der III. Außerordentlichen Bischofssynode nur verdecken, verdunkeln und verzerren.

Und so trifft auch die nächste abendliche Meldung derselben Nachrichtenagentur am Verlauf der Bischofssynode voll vorbei, wenn sie als 'Ergebnis' der Synode feststellt, dass 'keine Einigung bei strittigen Themen' erzielt worden sei (wenn es doch umgekehrt ist, dass 59 Punkte mit Zweidrittelmehrheit und nur drei mit qualifizierter Mehrheit angenommen wurden). Kann man den Synodenverlauf und die Ergebnisse mehr missverstehen und geradezu auf den Kopf stellen, frage ich mich. Statt die Transparenz der Öffentlichkeitsarbeit herauszustellen, die wesentlichen Punkte (eines dem Inhalt nach gar nicht zur Kenntnis genommenen Dokumentes) und Fortschritte, den neuen Ton, die neue Sprache, zu unterstreichen, wird das Verfehlen einer Zweidrittelmehrheit in wenigen Einzelpunkten einer noch nicht einmal auf konkrete Ergebnisse ausgerichteten, die nächsten synodalen Schritte vorbereitenden, Außerordentlichen Bischofssynode skandalisiert, wo sie doch – wie es in der abendlichen Pressekonferenz ausgeführt wurde – als Reflexionsbasis für die weitere Bearbeitung in den Ortskirchen dienen sollen. Der Schaden in der Öffentlichkeit durch die offensichtliche Fehlinformation oder – was nicht besser ist – Unkenntnis einer Katholischen Nachrichtenagentur, die doch die Botschaft der Kirche für die mediale Kommunikation übersetzen soll, könnte zum Abschluss dieser zentralen Bischofssynode kaum größer sein.

Die reißerische Botschaft erst einmal 'herausgehauen', wird es schwer sein, die – wie oben schon ausgeführt – mit den beiden Begriffen zusammenhängenden Begriffen, die den hermeneutischen Schlüssel, den Verständnisschlüssel, für das Abschlussdokument dieser III. Außerordentlichen Bischofssynode auch für die mit nur einfacher Mehrheit angenommenen Punkte deutlich zu machen. Achtzehn Mal wird das Wort 'Accompagnare' in den verschiedensten Wendungen in der 'relatio sinodi' aufgenommen, zehnmal der Wortstamm von Accogliere bzw. Accoglienza. Wie die am Montag vorgestellte 'relatio post disceptationem' ist auch das Abschlussdokument durch denselben Dreischritt gekennzeichnet: das Hören auf die Lebenswirklichkeit von Ehe und Familie, das Sehen derselben im Licht der Botschaft des Evangeliums und das daraufhin mögliche unterscheidende Deuten der pastoralen Herausforderungen der Familie in der heutigen Zeit.
Papst Franziskus hat am Abend durch eine bewegende und mit fünfminütigem Applaus bedachten Abschlussrede zum Ende der III. Außerordentlichen

Bischofssynode in der Synodenaula deutlich gemacht, wie sehr ihm daran gelegen ist, den synodalen Prozess, der diese Bischofssynode kennzeichnete, in die Welt und in jede Ortskirche hineinzutragen. Dass Papst Franziskus das Punkt für Punkt auf Mehrheitsfähigkeit abgestimmte Abschlussdokument als 'Lineamenta', als Arbeitsgrundlage, für den synodalen Prozess der nächsten zwölf Monate charakterisiert und in der heute vorgestellten Abschlussfassung zur Veröffentlichung freigegeben hat: das ist die eigentlich einer Pressemeldung würdige Nachricht. Eine – in dieser Transparenz und Offenheit – Überraschung sondergleichen und eine weise Entscheidung zugleich, weil darin die Arbeit der 11 Personen umfassenden Redaktionsgruppe aus allen fünf Kontinenten um Findung eines möglichst breiten Konsenses ebenso gewürdigt wurde – und auf den Punkt zum Synodenschluss gleich einem Blitzlicht festgehalten ist – wie der Grad der Zustimmung hinsichtlich des derzeit beschriebenen Sachstandes unter den anwesenden Synodalen. Und es heißt, diese Punkte – wie es in der Pressekonferenz ausgeführt wurde – vor Ort weiter zu diskutieren, zu entwickeln, zu vertiefen.

Papst Franziskus hat den Ungeist, der als Versuchung jedem Synodalen widerfahren kann und gerade auch aus ungenügenden Pressemeldungen spricht, in seiner Schlussansprache bloßgestellt, die in der deutschen Übersetzung vorliegt. Sie mögen seinen an jeden

Einzelnen von uns gerichteten Appell am Ende einer synodalen Etappe und vor Beginn eines weitergehenden synodalen Prozesses nicht verdecken.

"Liebe Schwestern und Brüder, wir haben jetzt noch ein Jahr, um die hier vorgeschlagenen Ideen in einer wirklichen, geistlichen Unterscheidung reifen zu lassen und konkrete Lösungen für alle Schwierigkeiten und die unzähligen Herausforderungen zu finden, welchen die Familien begegnen müssen; Antworten zu geben auf die vielen Entmutigungen, welche die Familien umgeben und einschnüren. Ein Jahr, um an der ‚Relatio Sinodi' zu arbeiten, welche die getreue und deutliche Wiedergabe dessen ist, was in dieser Aula und in den Arbeitskreisen gesagt und diskutiert wurde.

Der Herr begleite und leite uns auf diesem Weg".

Der synodale Prozess – wie P. Hagenkord heute Abend ebenfalls in seinem Abschlussbericht bei Radio Vatikan feststellte – ist noch nicht vorbei! Er fängt gerade erst an!

Sonntag, 19. Oktober 2014

Die Kirche als „liebevolle Mutter und Ausspenderin des Heils für alle Menschen" – oder die letzten Worte zum Abschluss der Familiensynode 2014

Den Abschluss der III. Außerordentlichen Bischofssynode, den die XIV. Ordentliche Bischofssynode des nächsten Jahres vorbereiten wollte, bildete heute der feierliche Gottesdienst auf dem Petersplatz in Rom, in dem auch der Konzilspapst Paul VI. seliggesprochen wurde. Papst Franziskus nahm in seiner auch in deutscher Übersetzung vorliegenden Predigt auf beides Bezug:

„Das ist das ewig Neue, das man täglich wiederentdecken muss, indem man die Furcht überwindet, die uns oft angesichts der Überraschungen Gottes überkommt.
Er hat keine Angst vor dem Neuen! Darum überrascht er uns ständig, indem er ungeahnte Wege vor uns auftut und uns zu ihnen hinführt. Er erneuert uns, das heißt, er lässt uns ständig „neu" werden. Ein Christ, der das Evangelium lebt, ist „die Neuheit Gottes" in der Kirche und in der Welt. Und Gott liebt diese „Neuheit" sehr!
„Gott geben, was Gott gehört", bedeutet, sich seinem Willen zu öffnen, ihm unser Leben zu widmen und an seinem Reich der Barmherzigkeit, der Liebe und des Friedens mitzuarbeiten.

Darin liegt unsere wahre Kraft, das Ferment, das sie treibt, und das Salz, das jedem menschlichen Bemühen gegen den vorherrschenden Pessimismus, den die Welt uns vorlegt, Geschmack verleiht. Darin liegt unsere Hoffnung, denn die Hoffnung auf Gott ist keine Realitätsflucht, sie ist kein Alibi: Sie bedeutet, Gott tatkräftig das zurückzugeben, was ihm gehört. Das ist der Grund, warum der Christ auf die zukünftige Wirklichkeit, auf die Wirklichkeit Gottes, schaut, um das Leben in Fülle zu leben – mit beiden Beinen auf der Erde – und mutig den unzähligen neuen Herausforderungen zu begegnen.

Das haben wir in diesen Tagen während der außerordentlichen Bischofssynode gesehen – „Synode" bedeutet „gemeinsam unterwegs sein". Und so haben Hirten und Laien aus aller Welt die Stimme ihrer Teilkirchen hier nach Rom gebracht, um den Familien von heute zu helfen, den Weg des Evangeliums zu gehen und dabei auf Jesus zu blicken. Es war eine bedeutende Erfahrung, in der wir die Synodalität und die Kollegialität gelebt und die Kraft des Heiligen Geistes gespürt haben, der die Kirche immer leitet und erneuert – diese Kirche, die berufen ist, sich ohne Zögern der blutenden Wunden anzunehmen und in vielen Menschen ohne Hoffnung die Hoffnung neu zu entfachen.

Angesichts des Geschenkes dieser Synode und des konstruktiven Geistes, den alle beigetragen haben, sage ich mit dem Apostel Paulus: »Wir danken Gott für euch alle, sooft wir in unseren Gebeten an euch denken« (1 Thess 1, 2). Und der Heilige Geist, der uns in diesen arbeitsreichen Tagen die Gabe verliehen hat, großherzig in wahrer Freiheit und demütiger Kreativität tätig zu sein, begleite weiterhin den Weg, der uns in den Kirchen der ganzen Erde auf die Ordentliche Bischofssynode im kommenden Oktober 2015 vorbereitet. Wir haben gesät und werden mit Geduld und Ausdauer weiter säen, in der Gewissheit, dass es der Herr ist, der wachsen lässt, was wir gesät haben (vgl. 1 Kor 3,6).

An diesem Tag der Seligsprechung von Papst Paul VI. kommen mir seine Worte in den Sinn, mit denen er die Bischofssynode errichtete: »Die Zeichen der Zeit aufmerksam durchforschend, [suchen wir,] die Wege und Methoden [...] den wachsenden Notwendigkeiten unserer Tage sowie den veränderten Verhältnissen der Gesellschaft anzupassen« (Apost. Schreiben Motu proprio Apostolica sollicitudo). [...]

In seinem persönlichen Tagebuch schrieb der große Steuermann des Konzils am Tag nach der Schließung der Konzilsversammlung: »Vielleicht hat der Herr mich in diesen Dienst gerufen und hält mich darin, nicht etwa weil ich eine Begabung dafür hätte oder damit ich die Kirche regiere und vor ihren gegenwärtigen Schwierigkeiten rette, sondern damit ich etwas für die Kirche leide und es deutlich wird, dass Er und kein anderer sie leitet und sie rettet«. (P. Macchi, Paolo VI nella sua parola, Brescia 2001, S. 120-121) In dieser Demut erstrahlt die Größe des seligen Pauls VI. Während sich eine säkularisierte und feindliche Gesellschaft abzeichnete, hat er es verstanden, weitblickend und weise – und manchmal einsam – das Schiff Petri zu steuern, ohne jemals die Freude am Herrn und das Vertrauen auf ihn zu verlieren.

Paul VI. hat es wirklich verstanden, Gott zu geben, was Gott gehört, indem er sein ganzes Leben der »heiligen, gewaltigen und äußerst gewichtigen Aufgabe« widmete, »die Sendung Christi in der Zeit fortzuführen und über die Erde auszudehnen« (Homilie zum Ritus der Papstkrönung: Insegnamenti I, (1963), 26). Er hat die Kirche geliebt und hat sie geleitet, damit sie »zugleich liebevolle Mutter und Ausspenderin des Heils für alle Menschen sei« (Enzyklika Ecclesiam Suam, Prolog)."

Mittwoch, 19. November 2014
Vielstimmiges Presseecho der Familiensynode und ihre eigentliche Botschaft

Vielstimmiger hätten die Reaktionen nach dem Ende der III. Außerordentlichen Bischofssynode zu den ‚Herausforderungen der Familie im Kontext der Evangelisierung' kaum ausfallen können. Und sie verteilen sich gleichmäßig in den vier Feldern eines Koordinatensystems entlang der Achse, die den Grad der wahrgenommenen Veränderungen beschreibt, und diese nun entweder begrüßen oder beklagen.

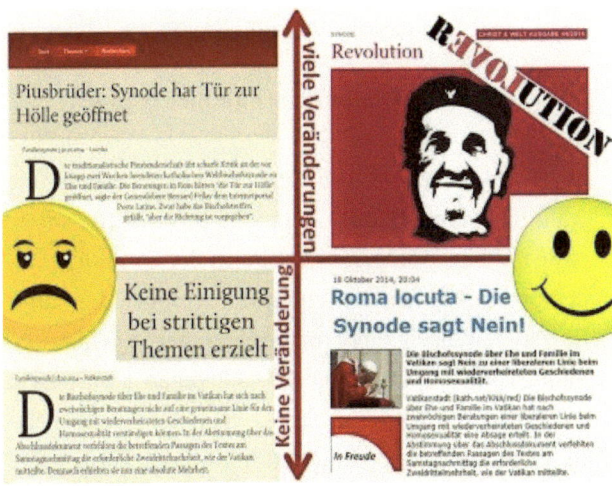

(Vielstimmiges Echo und konträre Bewertungen zum Abschluss der Familiensynode des Jahres 2014)

Da waren diejenigen, die in einer bewussten oder unbewussten Perspektivverengung keine Veränderung in zentralen Fragestellungen wahrgenommen haben und von unterschiedlichen Warten aus scheinbar Unverrücktes oder Unverrückbares (Keine Einigung bei strittigen Themen erzielt) beklagten oder positiv bekräftigt sahen (Roma locuta – Die Synode sagt Nein!). Dergleichen Positionen standen und stehen diejenigen gegenüber, die eine ganze Reihe von Veränderungen wahrnahmen und je nach dem die ‚Anpassung an den Zeitgeist' wirksam werden sahen (Synode hat Tür zur Hölle geöffnet) oder aber den Stil- und Perspektivwandel und den Wechsel der Denk- und Diskussionsform als ‚Revolution' feierten.

Die Veränderungen auf der Familiensynode

Unabhängig davon, ob und welche Veränderung wahrgenommen wurde oder nicht, beabsichtigt waren einige Veränderungen in der Form der Bischofssynode von Anfang an. Die ‚Herausforderungen der Familie' sollten nach einer nach einer neuen Wahrnehmung geradezu schreienden, weltweiten Umfrage in den Blick kommen und ‚im Kontext der Evangelisierung' diskutiert werden. Und rein in der Form sollte nach Aussagen des Generalsekretärs der Synode Kardinal Baldisseri eine „müde gewordene" Struktur der Bischofssynoden dynamisiert und transparenter gestaltet werden.

"Papst Franziskus wolle eine solche Belebung der Synode, sie solle Resonanzraum und Ort für echten Dialog sein, außerhalb der vatikanischen Kurie und nur dem Papst und den Bischöfen verantwortlich. Deswegen sei die Wiederentdeckung des Prozessgedankens einer Synode so wichtig gewesen, sie habe die gerade zu Ende gegangene Versammlung der Synode bestimmt. In der Synode gehe es nicht um Abstimmung über kirchliche Lehre, sondern darum, sich vom Herrn leiten zu lassen; sie sei ein geistlicher Prozess." (Radio Vatikan vom 30.10.2014)

Und dieser geistliche Prozess war für jeden, der wollte, ein durchaus öffentlich mitvollziehbarer: Erlebt haben wir eine aus meiner Sicht geradezu beispiellose Transparenz während der Synodentage, die es jedem Außenstehenden möglich gemacht hätte – via Twitter, SoundCloud oder Youtube beinahe in Echtzeit –, den Synodenverlauf mitzuerleben. Wenn man ein wenig vielsprachig veranlagt ist, kann man auch noch im Nachhinein, im Durchlesen, Nachhören und Anschauen der auf www.familiensynode.blogspot.de verlinkten Dateiformate die Weltkirche im O-Ton vor Augen sehen und in den vier Synodensprachen auch beinahe mehr hören, als es in einer immer auch nur ungefähren deutschen Simultanübersetzung möglich gewesen wäre.

Papst Franziskus als Garant des offenen Wortes

Am meisten beeindruckt hat mich das Verhalten von Papst Franziskus, der durch seine Einladung zum offenen Wort, seine den Synodenverlauf bestimmende stete Anwesenheit, sein vielzitiertes, zuhörendes Schweigen (wie ein ‚Fels in der Brandung'), durch die den Primat des Papstamtes über alle Positionen und Lagerbildungen hinweg unterstreichende Schlussansprache; schließlich durch die nach wie vor spektakuläre Entscheidung der unmittelbaren Veröffentlichung des Abschlussdokumentes der ‚Relatio Synodi' samt den Abstimmungsergebnissen. Damit wurde der Fortschritt und die Einigkeit in den allermeisten Fragen ebenso dokumentiert wie die – für Synoden gänzlich unüblich – noch bestehende Uneinigkeit zum Synodenende (obwohl gerade dies ja eigentlich auch ein von Anfang an erwartbares Ergebnis für eine von Anfang an als Zwischenetappe gekennzeichnete Synode war). Beinahe paradox mutet es an, dass Papst Franziskus das Pfund seines Primates dafür einsetzt, dass in Freiheit gesprochen werden konnte und auch in Zukunft um die Wahrheit und den weiteren Weg der Kirche in den zentralen Fragen – cum Petro et sub Petro – gerungen werden kann und soll.

Wie gesagt: Zu Beginn der Synode, indem Franziskus sich in seinem Papstamt als Garant für die freie

Rede erklärte, das offene Wort mit der Aufforderung dazu verband, nichts aus falschen Rücksichten zurückzuhalten, „was man sich im Herrn zu sagen gedrängt fühlt […]. Die Anwesenheit des Papstes ist eine Garantie für alle" (Radio Vatikan vom 6.10.2014). Zum Ende, dass er in seiner Abschlussansprache seine Überparteilichkeit durch die Skizzierung der Versuchungen der verschiedenen Parteiungen unter Beweis stellte. Dort warnte er gleichermaßen vor der "Versuchung der feindlichen Erstarrung" der Traditionalisten wie vor falscher Barmherzigkeit eines "zerstörerischen Gutmenschentums". (Vgl. Radio Vatikan vom 18.10.2014) Und bekräftigt wurde dadurch die eigentliche Botschaft der Synode, die das Thema selbst ist, nämlich sich intensiv mit dem Thema und den Herausforderungen der Familie zu beschäftigen, „Antworten zu geben auf die vielen Entmutigungen, welche die Familien umgeben und einschnüren" (Ebd.), in der Zeit nach der Synode 2014 einen synodalen Weg fortzusetzen oder aufzunehmen.

Sprachfähigkeit – oder die "Umkehr in der Sprache"

Was ich im Rückblick auf meine Erfahrungen während der Synodenbeobachtung im täglichen Blogkommentar seit dem 4.10.2014 und in einigen Interviews für Radio, Fernsehen und Zeitungen bei mir selbst beobachtet habe, ist, dass das Reden erst durch das Sprechen geschieht, dass Sprachfähigkeit erst möglich wird, wenn man sich der Sache annimmt, den Mut fasst, die Themen aufzunehmen und auszudrücken. Und hier sind es die vielen kleinen Schritte, die insgesamt einen synodalen Weg ergeben. Die Synodalen selbst drücken dies im Abschlussdokument in der Formulierung aus, dass es auch einer „Umkehr in der Sprache" [bedarf], damit sie wirklich an Bedeutungskraft gewinnt." (Relatio Synodi 33) Bei der Sprachfähigkeit handelt es sich nicht um ein Problem der Theorie, sondern um ein ganz praktisches, tieferliegendes Problem: nämlich ein Wahrnehmungs- und darin auch dann auch Kommunikationsproblem. Was wir nicht wahrnehmen, dafür haben wir keine Worte und ist dann auch außerhalb unseres Handelns. Und umgekehrt: wofür wir keine (wertschätzende) Sprache haben, das nehmen wir nicht wahr und grenzen es aus unserem Handlungsumfeld (beinahe ohne es zu bemerken) aus. Wenn wir zu einem durch die Familiensynode aufgefordert sind, dann dazu, den Blick für das Wertvolle in den verschiedenen familiären Kontexten und Lebensbezügen der Menschen von heute zu richten und mit der kirchlichen Lehre von Ehe und Familie zu verbinden, eine wertschätzende Sprache zu lernen. Dieser Leitgedanke lässt sich in dem Zwischenbericht zu Beginn der zweiten Synodenwoche, aber nicht minder auch im Abschlussdokument – wie am vorletzten Synodentag in diesem Blog beschrieben – nachvollziehen. Den Blick zu lenken auf das Positive in den familialen Lebens- und Beziehungsformen der Menschen von heute, d.i. „der von Papst Franziskus nahegelegte ‚positive Blick auf das, was da ist' und nicht nur auf das, was fehlt" (ORF.at vom 20.10.2014), wie Kardinal Schönborn es ausdrückt.

"Kunst der Begleitung" – oder Schlüssel der Familiensynode

Damit werden weder alle Beziehungsformen für gleichwertig erklärt noch das Ideal von Ehe und Familie zur Disposition gestellt, sondern im Gegenteil, von einer Warte aus – im Kontext der Evangelisierung –, in den Blick genommen. Und das ist dann auch die Botschaft, die von der Familiensynode ausgeht und in den Ortskirchen aufgenommen und weiterbehandelt werden soll. Die "vom Papst gewollte Haltung der liebevollen Begleitung von Familien und von Menschen auf ihrem Weg zu einer christlichen Ehe" (Kathpress vom 7.11.2014) hat sich bei der jüngsten Familiensynode im Vatikan durchgesetzt. Diese Einschätzung wurde von den österreichischen Bischöfen zum Abschluss ihrer Herbstvollversammlung ins Wort gebracht. Und neben der Hinführung zur christlichen Ehe brauche es auch „neue Wege, um zu zeigen, dass Gott auch für jene seine Arme ausbreitet, die nicht dieses Ideal von Ehe und Familie leben." (Kathpress vom 1.11.2014)

Um diese Wege, um Erfahrungen, Austausch und eine neue Sprache, in der die Frohe Botschaft des Evangeliums ihre originäre Kraft in die Lebenswirklichkeit von heute entfalten kann – von den „Semina verbi" der gültigen Elemente außerhalb der christlichen Ehe (Relatio Synodi 22) bis zu den Idealen in Ehe und Familie – darum geht es auf dem synodalen Weg der nächsten Zeit. Das ist im Fadenkreuz des oben skizzierten Koordinatensystems eigentlich eine Besinnung auf die Mitte der christlichen Botschaft. Eine revolutionäre Neuansicht – gerade im Blick auf die vielen 'heißen Eisen', um die nach wie vor gestritten wird (und gerade in den nächsten Monaten ja auch gerungen werden soll!) – und doch eigentlich nicht minder die Rückbesinnung auf das Zentrum des Evangeliums. Dies zu entfalten, dazu bleiben uns jetzt noch knapp 11 Monate; und den Dreischritt des Abschlussberichtes vor Ort durchzubuchstabieren: Hören, Maß nehmen an der Botschaft Christi und auf Handlungsoptionen beziehen. Ganz konkret muss dabei die „Kunst der Begleitung" eingeübt und vor Ort erprobt werden, „damit alle stets lernen, vor dem heiligen Boden des anderen sich die Sandalen von den Füßen zu streifen" (Relatio Synodi 46 bzw. Evangelii gaudium 169): Der wahre "Schlüssel der Familienseelsorge [...] von Angesicht zu Angesicht" (vgl. Radio Vatikan vom 27.10.2014).

Freitag, 19. Dezember 2014

Adventliche Verheißung und Ermahnung: Die 'Lineamenta' und ihre dringende Aufforderung „sich von der pastoralen Wende leiten zu lassen"!

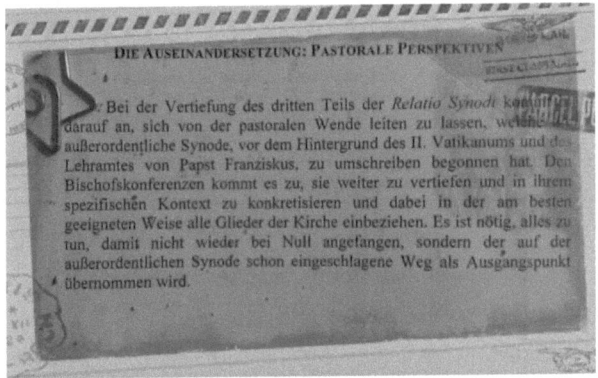

(Ein Auszug aus den 'Lineamenta' in deutscher Übersetzung)

Als habe man das diese Woche aus Rom in deutscher Sprache eingetroffene Vorbereitungsdokument zur Bischofssynode 2015 – die sogenannten ‚Lineamenta' mit ‚Relatio Synodi' und 46 vertiefenden Fragen – abwarten wollen, so zögerlich und verhalten nehmen sich die Reaktionen der deutschen Diözesen in der Rezeption der Synodenergebnisse und der Aufnahme eines synodalen Prozesses auf den ersten Blick aus. Tatsächlich ist aber an einigen Stellen schon viel passiert, in Bewegung und noch mehr auch in Vorbereitung.

Ohne Geheimnisse aus Gremien, Arbeitsgruppen und Gesprächsrunden zu verraten, an denen ich seit Ende

Oktober teilnehmen konnte, hat etwa das Zentralkomitee der Deutschen Katholiken auf seiner Vollversammlung vom 20.–21.11.2014 in Bonn zentrale Thesen zu Ehe und Familie offen zur Diskussion gestellt und darin auch den Verlauf der Weltbischofssynode diesen Jahres fortgesetzt. "Es ist von ganz besonderer Bedeutung, dass diese Offenheit in unserer Kirche Schule macht und zum Standard wird", so der ZDK-Vorsitzende Alois Glück in einer Pressemeldung vom 21.11.2014. Und er fügte hinzu und unterstrich damit den neuen Umgangsstil und die neue Haltung innerhalb der katholischen Kirche auch ganz formal als Synodenergebnis: "Es ist ein großer Fortschritt, ein Segen für unsere Kirche, wenn Meinungsverschiedenheiten nicht mehr verdrängt und verdeckt und auf nicht nachvollziehbaren Wegen geregelt werden, sondern offen zur Sprache kommen." (Ebd.) Für Papst Franziskus ist dies – so erklärte er am 10. Dezember im Rahmen einer Generalaudienz auch ein Zeichen dafür, dass ein 'normaler synodaler Weg' eingeschlagen ist. Denn:

„Das ist die Freiheit, die es in der Kirche gibt."
(Papst Franziskus, ebd.)

Und wenn man so will, kann man diese Offenheit, den Willen zur Unterscheidung der Geister und zur Transparenz, den ich selbst auch in Hinblick auf die sehr offene Diskussion Ende November innerhalb der

Kommission Ehe und Familie der Deutschen Bischofskonferenz bestätigen kann, auch in der Entscheidung des Ständigen Rates der deutschen Bischöfe manifestiert sehen, in einer in diesen Tage erschienenen Arbeitshilfe Nr. 273 unter dem Titel 'Texte und Dokumente der Bischofssynode 2014' die Veröffentlichung folgender zum Teil unveröffentlichter Beiträge vorzusehen: Neben den Predigten und Ansprachen von Papst Franziskus während und zum Abschluss der Synode, der ‚Relatio Synodi' und der Schlussbotschaft sollen auch die Zwischenrelatio, die Antworten der DBK auf den Fragebogen zur Vorbereitung der Synode und selbst die Positionsbestimmung der deutschen Bischöfe zum Thema ‚Theologisch verantwortbare und pastoral angemessene Wege der Begleitung wiederverheiratet Geschiedener' publiziert werden, wie Kardinal Marx am 18.12.2014 nochmals bekräftigte. Und das ist – erstmals veröffentlicht – eben jene Positionsbestimmung der deutschen Bischöfe, von welcher Kardinal Marx bereits Ende September ankündigte, dass er sie in Rom vortragen werde (s. den Blog-Beitrag vom 4.10.2014), und in der ersten Synodenwoche dann auch vorgetragen hat.

Nach der Synode ist vor der Synode?!

Nach der Synode ist vor der Synode, heißt es in der letzten Zeit oft. Und mit einem weiteren Fragebogen stellt sich auch sofort ein ‚Déjà-vu'-Eindruck ein. Doch so sehr es nun auch wieder um eine synodale Befragung und weltweite Einbeziehung aller Ortskirchen zur Vorbereitung der nächsten Bischofssynode geht, ist die Situation nicht nur in der bereits erwähnten, offeneren Weise der Kommunikation verändert. Denn es wird deutlich, dass es nicht mehr darum geht, wie vor der Außerordentlichen Bischofssynode des Jahres 2014 Einstellungen und Vorschläge zusammenzutragen, als wenn im nächsten Jahr eine Art Reinszenierung derselben Fragestellungen und -bearbeitungen nur mit z.T. neuen Synodalen geplant wäre. Vielmehr geht es nächstes Jahr um die Ausarbeitung, Vertiefung und Begründung der Synodenergebnisse der Abschlussrelatio – entlang des bereits die Zwischenrelatio zur Synodenhalbzeit kennzeichnenden Dreischrittes: Wahrnehmen der konkreten Umstände und Herausforderungen, der Blick auf Christus und die Behandlung der pastoralen Perspektive, wie Papst Franziskus die Gliederung am 10.12.2014 kurzfasste.

„...sich von der pastoralen Wende leiten zu lassen"

Diese auch das Abschlussdokument kennzeichnende Struktur soll nunmehr konturiert, vertieft und weiterentwickelt werden – ggf. auch wieder ergänzt, wenn etwa wichtige Themen zu kurz gekommen sind. Und indem der Fragenkatalog mit den 46 Einzelfragen sich eng auf die ‚Relatio Synodi' bezieht, soll zugleich verhindert werden, dass die Bischöfe – Zitat – „ihre eigenen Vorstellungen von einer Seelsorge als reiner Anwendung der Lehre" äußerten, die nicht die Folgerungen der Außerordentlichen Bischofssynode berücksichtigen. Der Fragenkatalog solle den „nötigen Realismus" fördern und das nächste Bischofstreffen von dieser Grundlage aus weiterarbeiten. Man dürfe „nicht wieder bei Null anfangen", heißt es ausdrücklich in den Leitlinien. Die Außerordentliche Synode vom Herbst 2014 müsse Ausgangspunkt für die künftigen Arbeiten sein und die von ihr begonnene „pastorale Wende", die „im Zweiten Vatikanischen Konzil (1962-1965) und dem Lehramt von Papst Franziskus" wurzele, müsse fortgesetzt werden. Klarer und unmissverständlicher kann man den Auftrag zur Vorbereitung der nächsten Bischofssynode eigentlich nicht aussprechen. Und alle – wirklich alle – Beiträge, Pressemeldungen und Kommentare zur Synode dieser und der kommenden Tage, Wochen und Monate, werden sich daran messen lassen müssen, ob sie dieser Perspektive der Vorbereitung entsprechen – oder sich selbst diskreditieren.

Aber worin besteht die ‚pastorale Wende' genau? Die einleitenden Sätze des Fragenkataloges führen es überdeutlich aus – und werden vielleicht deshalb auch so schnell überlesen und durch andere Schlagzeilen vergessen gemacht –, dass ein neues Selbstverständnis „in dieser Stunde der ‚Kirche, die aus sich herausgeht'", beschrieben und manifestiert wird.

„Der erneuerte, von der außerordentlichen Synode vorgezeichnete Weg gliedert sich in einen weiteren kirchlichen Zusammenhang ein, wie er von Papst Franziskus im Apostolischen Schreiben Evangelii gaudium dargelegt wurde, der nämlich von den ‚existentiellen Peripherien' ausgeht, einer von der ‚Kultur der Begegnung' gekennzeichneten Pastoral, welche in der Lage ist, das freie Handeln des Herrn auch außerhalb unserer gewohnten Schemata zu erkennen und, ohne Verlegenheit, jenen Charakter des ‚Feldlazaretts' zu übernehmen, welche der Verkündigung der Barmherzigkeit Gottes so förderlich ist."

Was das heißt, beschreibt Kardinal Schönborn in der Dezember-Ausgabe der Herder Korrespondenz als „ein noch offeneres Hinschauen auf die Lebenswirklichkeit", sowie als einen „stärkeren Blick auf die Geschichtlichkeit von Ehe und Familie". (Kathpress, 3.12.2014) „In der ersten Synode nämlich sei von Ehe und Familie oft so gesprochen worden, 'als handele es sich um etwas, das im interstellaren Raum stattfindet und nicht in einer bestimmten Geschichte, in einer bestimmten Gesellschaft, unter bestimmten Lebensbedingungen'". (Ebd.) Wie dieser theologische Brückenschlag gelingen kann, welche Ansätze es gibt, welche Modelle und Begriffe, davon wird das nächste Jahr voll und eine breite Beteiligung in den Ortskirchen um der Sache selber willen nötig, ja um der Akzeptanz willen auch gefordert sein. Dass und wie diese Perspektive gehalten, geschärft und weiterentwickelt wird, werde ich in diesem Blog Monat für Monat gewissenhaft beobachten.

Im Grundsatz ist es ja mutatis mutandis dieselbe Frage, die schon vor der Außerordentlichen Bischofssynode an das Bischofstreffen herangetragen wurde – mit dem feinen und entscheidenden Unterschied, dass nun Rom 'uns' in einer wirklichen Weihnachtspost eben diese Fragestellung in 46 Einzelziffern zurückgibt und zur gemeinsamen Exploration einlädt. Eine adventliche Verheißung und Ermutigung!

"Fürchtet Euch nicht..." (Lk 2,10)

Montag, 19. Januar 2015

Die richtigen Fragen gestellt?! – oder eine Anleitung zur Beschäftigung mit dem Fragebogen zur Vorbereitung der Familiensynode 2015

(Online-Fragebogen des Familienbundes der Katholiken für das Erzbistum Köln e.V.: www.fragebogen-familiensynode.de)

"Es kommt darauf an, die richtigen Fragen zu stellen!", sagte mir bei einem Professorentreffen der Katholisch-Theologischen Fakultät der LMU München der theologische Altmeister Karl-Wilhelm Korff im Sommersemester 2014. Und dieser Satz – von Korff ohne einen Anflug von Überheblichkeit in dem Sinne gemeint, dass zuallermeist in der theologischen Wissenschaft die falschen Fragen gestellt würden, wenn denn überhaupt gefragt wird – schoss mir wieder in den Sinn, als ich den neuerlichen Fragenkatalog zur Vorbereitung der Bischofssynode 2015 über die Jahreswende auf mich wirken ließ. Denn erst mit diesen neuen Fragen orientierte sich für mich der weitere Weg bis zur Bischofssynode im Oktober 2015. Reichten davor die Aufrufe zur je persönlichen, gemeindlichen oder verbandlichen Beteiligung von der Empfehlung der Auseinandersetzung mit dem gesamten Themenkomplex rund um Ehe und Familie bis hin zur Konzentration auf diejenigen Ziffern 52, 53 und 55 des Abschlussdokumentes (zu den Themen ‚Wiederverheiratet Geschiedene' und ‚Homosexualität'), die bei der Außerordentlichen Synode 2014 keine Zweidrittelmehrheit bekamen, ist mit dem neuen, in den 'Lineamenta' der 'Relatio Synodi' unmittelbar angehängten Fragenkatalog nicht nur eine gemeinsame Grundlage für die Vorbereitung weltweit gegeben, sondern aus meiner Sicht auch dieselbe und zielführende Fragerichtung wieder aufgenommen, die schon die III. Außerordentliche Synode des Jahres 2014 durchweg prägte.

Ausgehend von einer grundsätzlichen Fragerichtung

Die 46 vielleicht auch in der deutschen Übersetzung zunächst etwas sperrig zu lesenden (und sprachlich und inhaltlich z.T. mehr an Multiplikatoren gerichtet zu sein scheinenden) Frageabsätze beschreiben auf etwa zehn DIN A4-Seiten tatsächlich einen Mittelweg zwischen einer unkonkreten und allgemeinen

Beschäftigung mit dem gesamten Themenkomplex und einer alleinigen Fokussierung auf die oben genannten Gretchenfragen und muten jedem Leser/ jeder Leserin stattdessen eine sehr umfängliche Textarbeit des weitere zwanzig Seiten umfassenden Abschlussdokumentes der ‚Relatio Synodi' zu. Der – wie bereits in diesem Blog Ende November ausgeführt – die Abschlussrelatio kennzeichnende Dreischritt "Hören, Maß nehmen an der Botschaft Christi und Beziehen auf konkrete pastorale Felder" ist darüber ebenso mitzuvollziehen wie „der von der außerordentlichen Synode vorgezeichnete Weg […], der nämlich von den ‚existentiellen Peripherien' ausgeht, einer von der ‚Kultur der Begegnung' gekennzeichneten Pastoral, welche in der Lage ist, das freie Handeln des Herrn auch außerhalb unserer gewohnten Schemata zu erkennen". Und in diesem Sinn sind die Einzelfragen von den Einleitungen der Teile I.-III. (jeweils vor den Fragen 1-11, 12-22 und 23-46) her zu verstehen. Diese zielen darauf ab,

„den nötigen Realismus bei den Überlegungen […] zu erleichtern, um zu vermeiden, dass ihre Antworten von solchen Schemata und Perspektiven gegeben werden, die einer Pastoral eigen sind, welche lediglich die Lehre anwendet und auf diese Weise die Schlussfolgerungen der außerordentlichen Synodenversammlung nicht berücksichtigen und damit […] von dem schon vorgezeichneten Weg wegführen würde."

Die beiden allerersten Fragen – ohne eine eigene Ziffer und auf alle Teile des Abschlussdokumentes bezogen – lauten deshalb:

"Entspricht die Beschreibung der Realität der Familie, wie sie die Relatio Synodi vornimmt, dem, was heute in Kirche und Gesellschaft festgestellt werden kann? Welche fehlenden Aspekte können ergänzt werden?"

... zu den konkreten Einzelfragen: eine kurze Summary

Aus demselben Grund wird auch und gerade im ‚hörenden' I. Teil nach kulturellen Ansatzpunkten und gemeinsamen Elementen im gesellschaftlichen Pluralismus, nach Familien in Extremsituationen und den Fernstehenden gefragt (1-6). Im II. Teil wird die zu findende Pädagogik orientiert an der göttlichen Pädagogik Christi – und auch hier ausgegangen von den Ansatzpunkten von Ehe und Familie im Leben von Jugendlichen und Erwachsenen in Hinblick auf die Entfaltung des Heilsplanes Gottes (7-19) und die mit ihm zusammenhängende „Barmherzigkeit gegenüber den verletzten und schwachen Familien" (20-22). Erst vor diesem Fragehintergrund werden im III. Teil „Pastorale Perspektiven" der Verkündigung in unterschiedlichen Kontexten in den Blick genommen und die Wege zur Vorbereitung auf die Ehe und zu ihrer

Begleitung ebenso angesprochen wie die ‚Seelsorge für jene, die in einer Zivilehe oder ohne Trauschein zusammenleben' (23-34), die ‚verwundeten Familien' (Getrenntlebende, nicht wiederverheiratet Geschiedene, wiederverheiratet Geschiedene; 35-39) und Personen homosexueller Orientierung (40). Mit der Behandlung der Themenfelder ‚Weitergabe des Lebens und die Herausforderung des Geburtenrückgangs' (41-44) zur Erziehung und der Weitergabe des Glaubens schließt der Fragekreis.

... mit ‚theologischen Schlüsseln' für eine zeitgemäße Familienpastoral

Überdeutlich wird mit dem neuen Fragebogen das im Blog-Beitrag im November hervorgehobene Resümee unterstrichen, dass sich die "vom Papst gewollte Haltung der liebevollen Begleitung von Familien und von Menschen auf ihrem Weg zu einer christlichen Ehe" bei der jüngsten Familiensynode im Vatikan durchgesetzt hat und es neben der Hinführung zur christlichen Ehe auch „neue Wege [braucht], um zu zeigen, dass Gott auch für jene seine Arme ausbreitet, die nicht dieses Ideal von Ehe und Familie leben." M.a.W., gefragt und gesucht werden die Beschreibung familialer Wirklichkeit und die sich darauf beziehenden pastoralen Möglichkeiten wie die Reflexion theologischer Modelle und ‚theologischer

Schlüssel', um „semina verbi" (vgl. Relatio Synodi 22) bzw. „Spuren Christi" in familialen Beziehungsformen unterschiedlichster Art auch in Beziehungen abseits des katholischen Eheideals zu finden, die dennoch gleichermaßen ausgerichtet bleiben auf den ebenso deutlich zu akzentuierenden Heilsplan Gottes mit den Menschen.

... mithilfe des Prinzips der ‚Gradualität'

Einen dieser „theologischen Schlüssel" für die Berechtigung und Begründung für den von Papst Franziskus nahegelegten „positiven Blick auf das, was da ist und nicht nur auf das, was fehlt", hat die Synode 2014 mit dem Begriff der Gradualität – wie in diesem Blog-Beitrag am 7.10.2014 beschrieben – erprobt. Zu finden ist er in dem gerade erst mit dem Jahreswechsel Ende Dezember von der Deutschen Bischofskonferenz in einer Arbeitsübersetzung in deutscher Sprache veröffentlichten ‚Zwischenbericht' der III. Außerordentlichen Bischofssynode 2014 – und steht darüber auch für die deutschsprachige Diskussion zur Verfügung. Kardinal Schönborn favorisiert diesen theologischen Reflexionsbegriff weiterhin, obwohl er vor allem in der zweiten Synodenwoche der Familiensynode des Jahres 2014 kontrovers diskutiert wurde und im Abschlussdokument der Synode fehlt. Mithilfe des von Kardinal Schönborn nach der Synode in der November-Ausgabe der Herder Korrespondenz noch einmal präzisierten Prinzips der ‚Gradualität'

"können auch in Partnerschaftsformen, die der katholischen Lehre zuwiderlaufen, familiäre Werte und die Suche nach Wahrheit gelebt werden. Der Gedanke hatte bei der Bischofsversammlung große Debatten und Widerstand ausgelöst. Es habe ihn , gewundert, wie vielen dies Sorge bereitet hat", erklärte Schönborn nun. Er selbst aber *"bleibe dabei, dass diese Herangehensweise hilfreich ist"*, so der Kardinal: *"Sie bedeutet ja nicht, dass, wenn ich nur einen Teil verwirkliche, dann alles in Ordnung ist. [...] Aber wir erkennen die Suche, den Weg, das Prozesshafte an."(Kathpress, 3.12.2014)*

...und des Prinzips der ‚Analogie'

Ein weiterer theologischer Schlüsselbegriff wird von Seiten der deutschen Bischöfe in der gerade erschienenen DBK-Arbeitshilfe 273 veröffentlichten Stellungnahme über *"Theologisch verantwortbare und pastoral angemessene Wege zur Begleitung wiederverheiratet Geschiedener"* eingebracht. Unbeschadet ihres vorsichtigen Votums für eine 'unter bestimmten Voraussetzungen mögliche Zulassung von wiederverheiratet Geschiedenen zu den Sakramenten' möchte ich den dafür herangezogenen Begründungsansatz zitieren, der m.E. ebenfalls das Potential hat, den synodalen Prozess weiterzuführen. Die theologische Gedankenführung beschreibt – biblisch wie dogmatisch reflektiert –, „dass das Verhältnis zwischen dem Ehebund und dem Bund Gottes mit seinem Volk ein analoges ist. Neben den Ähnlichkeiten der beiden Bünde ist die größere Unähnlichkeit theologisch wie pastoral zu beachten [,...weshalb] auch die eheliche Liebe die göttliche Liebe immer nur unvollkommen und gebrochen abbilden" (Ebd., 63) kann.

Auf diesem Gedankengang fußend, fragt die große Mehrheit der deutschen Bischöfe, „ob dieses analoge Verhältnis zwischen dem Ehebund und dem Bund Gottes mit seinem Volk in der gegenwärtigen Verkündigung ausreichend bedacht wird" (Ebd., 64), um zum Schluss dieser Veröffentlichung die Möglichkeit der Zulassung von wiederverheiratet Geschiedenen zu erwägen. Das Prinzip der (Verhältnis-)Analogie wird an dieser Stelle – die ja eine der am meisten diskutierten Gretchenfragen betrifft – zitiert, so dass 'Analogie' auch ein Schlüsselbegriff für die dogmatisch vertiefte Diskussion des gesamten synodalen Prozesses und der eingeleiteten ‚pastoralen Wende' werden kann. Die Diskussion vertieft sich, die richtigen Fragen sind gestellt und werden nur im Mitgehen und -denken dieser Fragen – unbeschadet der Ergänzung ggf. hinunter gefallener oder übersehener Punkte (s. die oben angesprochen, einleitenden 'Fragen bezüglich aller Teile der Relatio Synodi') – weitergeführt. Auch ein Hinweis auf weitere Umfragen (wie der an die Vorbereitung der letztjährigen Synode erinnernde Fragenkatalog der Westfälischen Wilhelms-Universität Münster) darf diese prioritäre Aufgabe nicht vergessen lassen. Nehmen wir Papst Franziskus darin beim Wort und denken wir die Fragen des vorbereitenden Fragebogens mit, der auch als Online-Fragebogen (www.fragebogen-familiensynode.de) einzusehen ist!

Samstag, 14. Februar 2015

Freundschaft – ein weiterer Schlüsselbegriff für die Familiensynode

Papst Franziskus mutet seiner Kirche bei der Vorbereitung der kommenden Familiensynode im Oktober dieses Jahres viel zu. Wie im Blog vom 19.1.15 beschrieben, soll in einer ‚Kultur der Begegnung' von den ‚existentiellen Peripherien' aus die Lehre von Ehe und Familie erschlossen werden. Ein abermalig an alle Ortskirchen versandter Fragebogen dekliniert diesen Spannungsbogen in 46 Einzelfragen. Was hier systematisch, Punkt für Punkt, mit großem Ernst reflektiert wird, klingt rund um den Valentinstag in aller Leichtigkeit in den verschiedensten Liebesbeziehungen an.

(Valentinstag, Hohenzollernbrücke, Köln)

Ob mit Blumen, einem Schloss oder in einem Liebesgruß via Brief oder Snapchat ausgedrückt, wird in kleinen oder größeren Liebeszeichen spürbar, dass schon in der Liebe des Anfangs viel von dem enthalten ist, was in biblischer Zeit hinsichtlich der Liebe zwischen Mann und Frau als Analogie von göttlicher und menschlicher Liebe beschrieben wird (vgl. Eph 5,32). In der Liebe von Ehepartnern – so sagt es dann auch knapp anderthalb Jahrtausende später das Trienter Konzil – spiegelt sich die Liebe Christi zu den Menschen und seiner Kirche wieder. Der hier zugrunde liegende Gedanke lässt sich heute noch tiefer ausloten. Denn wenn man die durch Christus möglich gewordene Gottesbeziehung (im Einklang mit einer ganz breiten und doch nicht wirklich rezipierten Traditionslinie über Augustinus, Thomas von Aquin, Teresa von Avila etc.) als Gottesfreundschaft bezeichnet, kann man diese in unvollkommener Weise abbildende Partnerschaft zweier Eheleute ebenfalls mit der Kategorie der Freundschaft bezeichnen und sie – wie es etwa schon Thomas von Aquin tat – sogar als eine Art ‚größte Freundschaft' (Summa contra Gentiles III, 123 n.6) bezeichnen. Orientiert an der aristotelischen Freundschaftslehre wird dabei das Versprechen der Dauer, der Exklusivität wie der Intimität zur Qualifizierung einer besten Freundschaft von Ehepartnern angeführt. Aber auch neben dieser besonderen Art Freundschaft ehelicher Liebe vermag es der Freundschaftsgedanke, auch einen wertschätzenden Blick auf weitere eheähnliche Partnerschafts- und neue Familienformen zu ermöglichen, die in der gewählten Perspektive der Analogie der Liebe nun auch wahrnehmbar werden.

Die Ehe als besondere Art der Freundschaft. So mancher und manche wird fürchten, dass der religiöse Grundwasserspiegel sich mit dieser auf Facebook-Niveau beinahe zur Beliebigkeit verkommen zu sein scheinenden Kategorie noch einmal mehr senkt und verflacht. Aber tatsächlich ist das Gegenteil der Fall, wenn ernst genommen wird, dass biblisch gerade Gottes Selbsthingabe am Kreuz mit dem Freundschaftsgedanken erklärt wird (…weil es keine größere Liebe gibt, wie wenn jemand sein Leben für seine

Freunde hingibt; vgl. Joh 15,13) und seine Selbstmitteilung gerade darin gipfelt (insofern er uns Freunde genannt hat; vgl. Joh 15,15). Auch das II. Vatikanische Konzil erwähnte schon einmal die Bezeichnung ‚Freundschaft' (Gaudium et spes 49) innerhalb seines, das reine Vertragsdenken überwindenden Verständnisses der Ehe als ‚Bund'. Diese Entwicklung, die das bis vor fünfzig Jahre allein geltende ‚Vertragsdenken' in Hinblick auf die Ehe vertiefte, kann heute mit dem Freundschaftsverständnis in neuer Weise erschlossen werden. Wie sehr Freundschaft an der Zeit ist, unterstreichen die verschiedensten Jugend- und Wertestudien mit dem Hinweis auf die hohe Übereinstimmung der nachwachsenden Generation in der Sehnsucht nach ‚wahrer Freundschaft' und der ‚Liebe des Lebens' (deren Trend die Sozialen Netzwerke sensibel aufnehmen). Wenn am diesjährigen Valentinstag wieder zahllose Paare ein Schloss auf einer Brücke festschließen, den Schlüssel ‚für immer' hinter sich werfen und durch einen Kuss besiegeln, legen sie Zeugnis ab für die Entwicklungsrichtung ihrer Freundschaft, die auf eine ‚beste Freundschaft' zielt, wie es auch Kardinal Woelki in einem Wort des Bischofs zum diesjährigen Valentinstag ausdrückt.

Freundschaft ist heilig! Und dies entfaltet über den gesamten Spannungsbogen: angefangen bei den Freundschaftserfahrungen von Kindern und Jugendlichen, den Freund- und Partnerschaften Erwachsener bis hin zur ehelichen Freundschaft. Vielleicht ist das einer der Schlüsselgedanken, nach denen Papst Franziskus zur Vorbereitung der Familiensynode 2015 fragt?!

(Der Gedankengang findet sich auch in 'Christ & Welt 7/2015, 6' und ausführlich in 'Holger. Dörnemann, Ehe und Familie. Lernorte des Glaubens, Würzburg 2014, 11-36.)

Traducción Española:
La amistad – un concepto central para el sínodo sobre la familia

El Papa Francisco le exige mucho a su Iglesia que esta preparando el sínodo para el próximo mes de octubre. Como lo relate ya en mi blog del 19/ 01/15, las doctrinas sobre el matrimonio y de la familia seran abordadas a partir de las« periferias existenciales », en el cuadro de una «cultura del encuentro ». En un cuestionario, enviado a todas la Iglesias locales, el tema es tratado en toda su amplitud, a través de 46 preguntas independientes. Cada detalle es tratado sistemáticamente, punto por punto, con mucha seriedad, y aprovechando la fiesta de la San Valentin, son también esbozados diferentes tipos de lazos amorosos en toda ligereza.

Los pequeños o grandes signos de amor, expresados con flores, candados de amor, mensajes de amor por carta o por Snapchat, dan por manifiesto que aun en los inicios amorosos esta ya presente lo que se describe en los tiempos bíblicos sobre el amor entre un hombre y una mujer, en analogía con el amor divino y humano (cf. Éphés 5:32). En el amor entre marido y mujer, se refleja el amor del Cristo por la humanidad y por su Iglesia, lo que se confirmo en el Concilio de Trente casi mil quinientos años mas tarde. De hoy en día, la idea de fondo puede ser tratada de manera mas profunda. En acorde con una tradición secular y a pesar de ello no plenamente acogida, que va se San Tomas de Aquino a Santa Teresa de Avila, etc, podemos hablar de « amistad con Dios » en lo que concierne nuestra relación con Dios, que es posible gracias al Cristo.

La unión entre esposos, aun si refleja esa amistad de manera imperfecta puede ser asignada a la categoría de la amistad, y hasta ser llamada de alguna manera « la mas grande de las amistades » como lo hacia ya San Tomas de Aquino por ejemplo. (Summa contra Gentiles III, 123 n.6) Si nos referimos a la teoría de la amistad según Aristoteles, la promesa de longevidad, de exclusividad y de intimidad la califican como la mejor de las amistades entre esposos. Es mas, aparte este tipo de amistad particular que es el amor conyugal, la idea de amistad también puede llevarnos a considerar otras formas de vida de pareja o estructuras familiares novedosas, que consideradas en la perspectiva de la analogía de amor que hemos citado precedentemente, se vuelven perceptibles.

El matrimonio- un tipo de amistad particular. Muchas personas temen que los criterios religiosos de base disminuyan y se banalicen una vez mas como resultado de una transformación de esta categoría en abstracción casi arbitraria en términos de Facebook. En efecto, el tema se presenta de manera muy diferente si tomamos en serio la idea, que, desde el punto de vista biblico, el sacrificio de Dios sobre la cruz puede ser explicado con la idea de amistad (...no hay amor mas grande que dar su vida por sus amigos; cf Juan 15 :13) y que su manifestacion alcanza ahi su apogeo (en la medida en que él nos ha llamado sus amigos; cf Juan 15 :15). El concilio del Vaticano II, llendo mas alla del concepto contractual del matrimonio como simple «alianza matrimonial », ha utilizado tambien el termino de « amistad» (Gaudium et spes, 49). Esta evoluciòn, llendo mas alla de termino de « contrato » cuando se habla del matrimonio, concepto universalmente usado desde hace ya 50 años, puede revelarse de manera nueva gracias al concepto de la amistad. Los estudios mas diversos, sobre la juvendtud y los valores, resaltan la actualidad de la amistad, refiriendose al largo consenso de la joven genracion que siente nostalgia de la« amistad verdadera » et del « amor por la vida », tendencias que son retomadas en las redes sociales con gran sensibilidad. Cuando para el dia de San Valentin, numerosas parejas este año, cuelgan un candado de amor sobre los puentes para luego tirar la llave al rio bajo el puente y sellar su amor por un beso, atestiguan de su amistad cuyo destino es volverse « la mejor de las amistades ».

La amistad es sagrada. Y esto se aplica a todas las gamas de relaciones : desde las experiencias de amistad hechas entre niños y jovenes, las amistades y la vida en pareja de los adultos hasta la amistad conyugal. Tal vez tenemos ahi uno de los conceptos clave que el papa Francisco tiene en mente para la preparacion del sinodio sobre la familia en el 2015 ?!

(traducido por Paloma Zapata, Paris)

Traduction française:
L'Amitié – un concept-clé pour le synode sur la famille

Le Pape François exige beaucoup de son Église qui est en train de préparer le synode à venir en octobre prochain. Comme déjà décrit sur mon blog du 19/01/15, la doctrine du mariage et de la famille se révélera à partir des «périphéries existentielles» dans le cadre d'une «culture de rencontre et de partage». Dans un questionnaire, envoyé à toutes les Églises locales et comprenant 46 questions particulières, le sujet est pris en considération dans toute son ampleur. Y sont repris tous les détails systématiquement, point par point et avec beaucoup de sérieux, et, à l'occasion de la Saint-Valentin, sont esquissés différents types de relations amoureuses en toute légèreté.

(Photo du Pont de l'Archevêché à Paris)

Les petits ou grands signes d'amour exprimés par des fleurs, un cadenas d'amour ou dans un message d'amour par lettre ou sur Snapchat, manifestent que même l'amour naissant contient déjà beaucoup de ce qui, dans les temps bibliques, était écrit sur l'amour entre homme et femme, en analogie avec l'amour divin et humain (cf. Éphés 5:32). Se reflète dans l'amour entre époux, l'amour du Christ pour l'humanité et son Église, ce qui, presqu'un millénaire et demi plus tard, était confirmé par le concile de Trente. De nos jours l'idée sous-jacente peut être élucidée plus en profondeur. En harmonie avec une tradition bien ancrée et pourtant pas pleinement accueillie, allant de Saint Augustin, Saint Thomas d'Aquin jusqu'à Sainte Thérèse d'Ávila, etc. nous pouvons parler d'«amitié avec Dieu» en ce qui concerne notre relation avec Dieu, rendue possible par le Christ. L'union des époux, même si elle reflète cette amitié de manière imparfaite seulement, peut alors également être attribuée à la catégorie de l'amitié, voire être nommée en quelque sorte «la plus grande des amitiés», comme le faisait déjà Saint Thomas d'Aquin par exemple. (Summa contra Gentiles III, 123 n.6). En référence à la théorie de l'amitié d'Aristote, la promesse de durée, d'exclusivité et d'intimité la qualifie comme la meilleure des amitiés entre époux. Pourtant, outre ce type d'amitié particulier qu'est l'amour conjugal, l'idée de l'amitié peut aussi nous rendre capable de regarder avec estime d'autres formes de vie en couple et en structures familiales nouvelles, qui, vues dans la perspective de l'analogie de l'amour précitée, deviennent, elles aussi, perceptibles.

Le mariage – un type d'amitié particulier. Nombre de personnes craindront que les références religieuses de base s'amoindrissent une fois de plus et deviennent encore plus banales, comme résultat d'une transformation de cette catégorie en abstraction quasiment arbitraire en termes de Facebook. En effet le sujet se présente tout différemment si l'on prend au sérieux l'idée que, du point de vue de la Bible, le sacrifice de Dieu sur la croix peut être expliqué par l'idée de l'amitié (... Il n'y a pas de plus grand amour que de donner sa vie pour ses amis; cf. Jean 15:13) et que sa manifestation y atteint son apogée (dans la mesure où il nous a appelés amis; cf. Jean 15:15). Le concile de Vatican II, dépassant le concept contractuel du mariage en tant que simple «alliance matrimoniale», a également déjà utilisé le terme de l'«amitié» (Gaudium et spes, 49). Cette évolution, allant au-delà du concept de «contrat» en ce qui concerne le mariage, concept universellement en vigueur il y a encore 50 ans, peut se révéler d'une manière nouvelle au moyen du concept de l'amitié. Les études les plus diverses, portant sur la jeunesse et les valeurs, soulignent l'actualité de l'amitié, renvoyant au large consensus de la jeune génération qui éprouve la nostalgie de la «vraie amitié» et de «l'amour de la vie», tendance que les réseaux sociaux reprennent avec une grande sensibilité. Lorsque, le jour de la Saint-Valentin cette année-ci, de nombreux couples, accrochant un cadenas d'amour sur des ponts, jettent «pour toujours» la clé dans la rivière qui coule sous le pont et scellent leur amour par un baiser, ils témoignent de leur amitié visant à devenir «la meilleure des amitiés».

L'amitié – c'est sacré. Cela s'applique à toute la gamme des relations: des expériences d'amitié faites par les enfants et les jeunes, les amitiés et la vie en couple des adultes jusqu'à l'amitié conjugale. Est-ce là peut-être un des concepts-clé que le Pape François a à l'esprit pour la préparation du synode sur la famille de 2015?!

(traduit par Adelheid Moos, Mannheim)

English Translation:
Friendship– a key idea for the 2015 family synod

Pope Francis is quite demanding upon his church which is in preparation for the upcoming family synod in October of this year. As outlined in my Blog from 19 January 2015, the doctrine of marriage and family is to be approached from 'life's periphery' in a 'culture of encounter'. In a questionnaire once again sent to all local churches, the spectrum of the theme is examined by means of 46 separate questions. Everything is systematically pondered item by item in all seriousness, and various kinds of love relationships peculiar to Valentis's Day are touched upon quite easily.

Small or big signs of love expressed with flowers, with a love padlock or with love messages via letter or snapchat communicate very clearly that even a budding love-relationship contains a lot of what was written, in biblical times, about the love between man and woman as corresponding to divine and human love (cf. Eph 5:32).

The love between marriage partners mirrors Christ's love for mankind and his church, which was affirmed by the Council of Trent about fifteen hundred years later. The underlying idea can be fathomed more deeply nowadays. For if we name - in accordance with a broad, yet not fully received line of tradition by Augustine, Thomas of Aquino, Teresa of Ávila, etc - our relationship to God, made possible by Christ, 'friendship with God', the partnership between husband and wife, however imperfectly it may reflect this friendship, can also be described with the category of friendship and even called, as e.g. Thomas of Aquino already did, some kind of 'biggest friendship' (Summa contra Gentiles III, 123 n.6).

Based on the Aristotelean idea of friendship, the promise of perpetuity, exclusiveness and intimacy is cited as a qualification of the 'best friendship' between marriage partners. Apart from this special kind of friendship of marital love, the idea of friendship enables us to look with favour upon further forms of cohabitation and new family structures, which have become visible from the aforementioned perspective of the analogy of love.

Marriage – a special kind of friendship. Many a person may fear that the standards of religious beliefs are about to be lowered once again and become more trivial, as a result of this category that seems to have turned into an arbitrary abstraction on Facebook-level.

The opposite is the case if we take seriously the thought that, from a biblical perspective, God's self-sacrifice on the cross can be explained by the idea of friendship; because "Greater love has no one than this, that one lay down his life for his friends" (cf. Jn 15:13) and that his self-revelation culminates in it, in so far as "I have called you friends" (cf. Jn 15:15).

The Second Vatican Council, overcoming the contractual concept of marriage as a mere 'matrimonial covenant', also used the expression 'friendship' (Gaudium et spes, 49). This development, transcending the contractarianism vis-a-vis marriage, which had been universal until 50 years ago, can now be made accessible in a new way by means of the concept of friendship.

Various youth and value studies underline the up-to-dateness of friendship with reference to the high degree of consensus among the younger generation on their desire for 'real friendship' and the 'love of my life', a trend that is embraced sensitively by social networks.

Numerous couples that lock love padlocks to a bridge on this year's Valentines day, flick the key over their shoulder 'for ever', and seal their love with a kiss give testimony of their friendship aiming at becoming the 'best friendship'.

Friendship is sacred! This applies to the whole range of relationships: from the experiences of friendship among children and teenagers, to friendships and partnerships of adults, to marital friendships. Might this be one of the key ideas Pope Francis has in mind in preparation for the 2015 family synod?!

(translated by Frank Seiler, Olfen)

Traduzione italiano
L'amicizia– un concetto chiave per il Sinodo sulla famiglia 2015
Papa Francesco si aspetta tanto dalla sua Chiesa in relazione alla preparazione al Sinodo sulla famiglia, in programma per l'ottobre di quest'anno. In una "cultura dell'incontro" è necessario che a partire dalle "periferie esistenziali" si ricavi la dottrina su matrimonio e famiglia. Un questionario inviato alle Chiese locali sviluppa questo tema di riflessione in 46 domande. Ciò su cui in esso si riflette in modo sistematico, punto per punto, con grande serietà, è quello che

risuona in tutta semplicità nelle storie d'amore più diverse nel giorno di San Valentino.

Non importa se con un fiore, con un lucchetto o con una dichiarazione d'amore per lettera o in chat, nei piccoli o grandi gesti d'amore, risulta sempre evidente che, già allo sbocciare dell'amore, si ritrovano molti di quegli aspetti che nella Bibbia stessa paragonano l'amore tra uomo e donna al rapporto d'amore tra Dio e l'uomo (cfr. Ef. 5,32). Nell'amore condiviso tra marito e moglie, come ha affermato anche il Concilio di Trento un millennio e mezzo dopo, si riflette l'amore di Cristo per gli uomini e le donne e per la sua Chiesa. Questa è la riflessione di base, ed è necessario approfondire ancor di più nel nostro tempo. Infatti, quando il rapporto con Dio, reso possibile da Cristo (in sintonia con una tradizione abbastanza ampia ma non del tutto accettata che passa attraverso Agostino, Tommaso d'Aquino, Teresa d'Avila ecc.), viene definito come amicizia divina, è possibile descrivere la relazione costruita in modo imperfetto tra due persone sposate con la categoria dell'amicizia, indicandola, come ha fatto in un certo senso anche Tommaso d'Aquino, persino come la forma di "amicizia più elevata" (Summa contra Gentiles III, 123 n.6). Sulla base degli insegnamenti aristotelici sull'amicizia, la promessa di durevolezza, di esclusività, così come di intimità, viene introdotta come elemento caratterizzante di una forma d'amicizia migliore tra marito e moglie. Ma anche accanto a questo particolare tipo di amicizia che caratterizza l'amore all'interno del matrimonio, la riflessione sull'amicizia consente di guardare con stima anche alla realizzazione di altre forme di coppia e di famiglie simili al matrimonio, che nella prospettiva d'analisi di analogia dell'amore che si è scelto di seguire diventano ora percettibili.

Il matrimonio come forma particolare d'amicizia. Molti potranno temere che il livello religioso di base con questa categoria che a livello Facebook sembra essersi deteriorata diventando quasi arbitrarietà, si riduca e si appiattisca sempre più. E invece si rivela di essere esattamente il contrario, se si assume seriamente che biblicamente il sacrificio di Dio sulla croce si dichiara con la riflessione sull'amicizia (...infatti nessuno ha amore più grande di questo: dare la vita per i propri amici; cfr. Giovanni 15,13) e si concretizza nella Sua venuta (proprio per questo ci ha chiamato amici; cfr Giovanni 15,15). Anche il Concilio Vaticano II ha menzionato già una volta il concetto di "amicizia" (Gaudium et spes, 49) all'interno della sua comprensione del matrimonio come "legame" che supera il mero contrattualismo. Questo sviluppo, che approfondiva il "contrattualismo" ritenuto fino a 50 anni fa l'unico fattore valido in relazione al matrimonio, oggi può essere svelato insieme alla comprensione del valore dell'amicizia in un nuovo modo. L'importanza del tema dell'amicizia in questo momento storico emerge dai numerosi studi sull a gioventù e sui valori, e in particolare dal sentimento di mancanza di "amicizia vera" e "amore per la vita" condiviso dalle nuove generazioni (trend ripreso sensibilmente dai social network). Quando il giorno di San Valentino di quest'anno innumerevoli coppie hanno legato un lucchetto ad un ponte, buttandosi la chiave del "per sempre" alle spalle e sancendo questo gesto con un bacio, hanno dato testimonianza della direzione di sviluppo della loro amicizia, che punta ad essere una "amicizia migliore".

L'amicizia è sacra! Questo è il messaggio principale che emerge dall'intero questionario: partendo dall'esperienza dell'amicizia che fanno i bambini e i giovani, passando per le esperienze di amicizia e di relazione degli adulti fino all'amicizia tra marito e moglie. È forse questa una delle riflessioni chiavi su cui Papa Francesco chiede di incentrare la preparazione al Sinodo sulle famiglie 2015?!

(tradotto da Cecilia Sanna, Heidelberg)

Donnerstag, 19. März 2015

„Ich wünsche mir hier noch tiefergehende theologische Debatten" oder: „Das ist die Zeit der Barmherzigkeit!"

„Ich wünsche mir hier noch tiefergehende theologische Debatten", sagte Bischof Heiner Koch am 25.2.15 in einem Doppelinterview mit Bischof Franz-Josef Bode gegenüber dem Internetportal der katholischen Kirche in Deutschland, katholisch.de, zu seinen Erwartungen an die diesjährige Familiensynode. Familienbischof Koch wie der Vorsitzende der Pastoralkommission waren zuvor neben dem Vorsitzenden der Deutschen Bischofskonferenz, Reinhard Kardinal Marx, auf der Frühjahrsvollversammlung als Delegierte der deutschen Bischöfe gewählt worden – und als deren Stellvertreter im Krankheit- oder Verhinderungsfall der Vorsitzende der Jugendkommission, Bischof Karl-Heinz Wiesemann, und der stv. Vorsitzende der Kommission Ehe und Familie, Weihbischof Wilfried Bernhard Theising aus Münster.

Seit dem Beschluss des Ständigen Rates der Deutschen Bischofskonferenz vom 27.1.2015 sich in allen 27 Diözesen an dem Fragebogen zur Vorbereitung der Familiensynode im Oktober zu beteiligen, sind alle Teilkirchen Deutschlands – so gut es jeweils vor Ort möglich gewesen ist – mit ihren diözesanen Gremien und Verbänden mit den 46 Einzelfragen beschäftigt und praktizieren damit ganz selbstverständlich, was Papst Franziskus sich für die ganze Kirche wünscht: Angstfrei und engagiert zu kommunizieren und an die 'existentiellen Peripherien' des Lebens zu gehen, um von dort her das Evangelium der Familie zu erschließen, wie zuletzt am 14.2.2015 in diesem Blog beschrieben.

Diese neu gewonnene Freiheit, dass um theologische Fragen vor Ort gerungen und debattiert wird und auch die Freiheit des Wortes gilt, erlebte ich selbst in fünf Begleitveranstaltungen in den vergangenen Wochen am eigenen Leibe – und spürte mit Bewegung und Dankbarkeit, dass an der Basis die von Papst Franziskus auf den Weg gebrachte ‚Kirche im Aufbruch' (EG 20, 24, 46), die die Auseinandersetzung mit den Fragen der Zeit, die Verheutigung und Vertiefung der Lehre nicht scheut, lebendig ist. Und die diözesanweiten Befragungen, die in diesen Tagen in jedem Bistum ausgewertet werden, fördern sicher Gedanken zu Tage, die die Kirche braucht, um mutig und gemeinsam weiter voranzuschreiten. Vielleicht ergeben sie auch neue Impulse zu einer Argumentation der deutschen Bischöfe zu der schwierigen Frage hinsichtlich der Möglichkeit der Zulassung von wiederverheiratet Geschiedenen zu den Sakramenten. Den von den deutschen Bischöfen hierzu herangezogenen 'Schlüsselgedanken' der ‚Analogie' hatte ich in diesem Blog neben der ‚Gradualität' am 19.1.2015 bereits beschreiben und am 14.2.15 den ‚Freundschaftsbegriff' ergänzt.

Die eigentliche pastorale Problemanzeige – noch bevor man einen 'Schlüsselgedanken' zur ‚Lösung' anwendet – wird durch den Vergleich zweier, nur wenige Seiten voneinander entfernt stehender Sätze in den ‚Überlegungen der Deutschen Bischofskonferenz zur Vorbereitung der Bischofssynode' mit dem Titel ‚Theologisch verantwortbare und pastoral angemessene Wege zur Begleitung wiederverheiratet Geschiedener' (Arbeitshilfe 273 des Sekretariates der Deutschen Bischofskonferenz) in ihrer Dringlichkeit unabweisbar: Einigkeit herrscht unter den Bischöfen – wider den Anschein einiger Pressemeldungen – hinsichtlich der Beschreibung des Wesenselements der Unauflöslichkeit der Ehe.

„Die Pastoral für Gläubige, deren Ehe gescheitert ist und die zivil geschieden und wiederverheiratet sind, darf bei allem Verständnis für die schwierige Situation, in der sie leben, das Zeugnis der Kirche für die Unauflöslichkeit der Ehe nicht verdunkeln und in der Öffentlichkeit keine Missverständnisse hinsichtlich der kirchlichen Lehre hervorrufen." (AH 273, 53)

Dies unterstrichen, wird aber in dem folgenden Satz das ausnahmslose Festhalten an dieser Praxis beinahe mit demselben Wortlaut als 'Verdunkelung' eines noch höheren Wertes gesehen:

„Jedenfalls ist in der gegenwärtigen Situation festzustellen, dass die in Familiaris consortio (Nr. 84) geäußerte Sorge, dass die Zulassung zur Eucharistie von wieder-

verheiratet Geschiedenen bei den Gläubigen hinsichtlich der Lehre der Kirche über die Unauflöslichkeit der Ehe Irrtum und Verwirrung bewirkt, in eine umgekehrte Richtung gegangen ist: Die Nichtzulassung wird als Verdunkelung des Zeugnisses der Verkündigung der Barmherzigkeit gesehen." (AH 273, 60)

Verwirrung – *hinsichtlich der unauflöslichen Liebe* ?	
Familiaris consortio (1981) „Ließe man solche [wiederverheiratet geschiedene] Menschen zur Eucharistie zu, bewirkte dies bei den Gläubigen hinsichtlich der Lehre der Kirche über die Unauflöslichkeit der Ehe Irrtum und Verwirrung."	Die deutschen Bischöfe (2014) „Jedenfalls ist in der gegenwärtigen Situation festzustellen, dass die [...] Sorge, dass die Zulassung zur Eucharistie von wiederverheiratet Geschiedenen bei den Gläubigen hinsichtlich der Lehre der Kirche über die Unauflöslichkeit der Ehe Irrtum und Verwirrung bewirkt, in eine umgekehrte Richtung gegangen ist: Die Nicht-Zulassung wird als Verdunkelung des Zeugnisses der Verkündigung der Barmherzigkeit angesehen."

Mit welchen der genannten oder ggf. weiteren guten ‚Schlüsselgedanken' man an dieser Stelle weiterkommt, die ‚göttliche Pädagogik' (s. Relatio Synodi Nr. 13) in die heutige Zeit zu tragen, ist die Frage, mit welcher auch viele andere zentrale Fragen verbunden sind und mit bewegt werden. Dass die gesamte Kirche hier nach bestem Wissen und Gewissen ringt, ist das Wünschenswerteste aber auch das Notwendigste, was einer ‚Kirche im Aufbruch' (EG 20, 24, 46) gerade geschehen kann. Und man muss nicht mit der Gabe prophetischer Rede begabt sein, um auch für die Zeit nach der diesjährigen Bischofssynode vorauszusagen, dass auch dann die nicht nur von den deutschen Bischöfen eingebrachte Erwägung einer unter ganz bestimmten Umständen möglichen

Zulassung wiederverheiratet Geschiedener zu den Sakramenten nicht – auch nicht rückblickend – als ‚Häresie' bezeichnet wird (wie es das in Österreich ansässige, private Internetmagazin kath.net in einer Meldung vom 2.2.2015 Kardinal Josef Cordes gegenüber Walter Kardinal Kasper in den Mund legt). Polarisierende, unter Druck setzende und tendenziöse Berichterstattungen – wie sie Bischof Stephan Oster unlängst kennzeichnete – können zwar das Erscheinungsbild der Kirche nach innen und außen trüben, aber die von Papst Franziskus garantierte ‚Freiheit, die es in der Kirche gibt' und die Aufforderung, den synodalen Prozess um der Verheutigung der Kirche und des Evangeliums willen weiterzuführen, weder verhindern, noch aufhalten, noch grundlegend schwächen.

Nicht selten fühlte ich mich – u.a. auch bei der Lektüre einiger anlässlich des zweiten Jahrestages der Wahl von Papst Franziskus publizierter Zeitungsberichte – an eine Predigt am Silvestertag 2014 von Papst Franziskus erinnert, in welcher er nachdenklich ins Wort brachte,

"dass es für den Herrn einfacher gewesen ist, Israel aus Ägypten herauszunehmen, als Ägypten aus den Herzen der Israeliten."

Dabei ist gerade dies das Evangelium, die frohe Botschaft für unsere Zeit: Den Menschen zu verkünden, *"dass dies die Zeit der Barmherzigkeit ist"*, wie es Papst Franziskus am 28.7.2013 auf dem Rückflug vom Weltjugendtag in Brasilien ausdrückte. "Das ist die

Zeit der Barmherzigkeit", sagte er auch am zweiten Jahrestag seiner Papstwahl, an dem er völlig überraschend ein Heiliges Jahr der Barmherzigkeit, beginnend am 8.12.2015, dem 50. Jahrestag des Abschlusses des II. Vatikanischen Konzils, ausgerufen hat. Wie diese Barmherzigkeit konkret in die heutige Zeit zu übersetzen ist, welche Konsequenzen sie für die Lehre und die Pastoral der Kirche und für die ‚Mission der Familie in der gegenwärtigen Zeit' hat, dass sie weit mehr ist als ‚bloßes Gutmenschentum', ein ‚Schlupfloch', eine ‚billige Gnade', darum wird es auf der XIV. Ordentlichen Bischofssynode vom 4.-25.10.2015 in Rom gehen. Und es heißt, neu die "Türen und Fenster zu öffnen, um nahe bei den Menschen zu sein", wie es Rainer Kardinal Woelki aus Anlass des zweiten Jahrestages der Papstwahl in seinem 'Wort des Bischofs – Aggiornamento subito!' am 17.3.2015 ins Wort brachte.

Wir dürfen gespannt sein, welche von den Ergebnissen des synodalen Prozesses, die in diesen Tagen in den Diözesen oder den überdiözesanen Verbänden und Gremien Deutschlands veröffentlicht werden, Impulse für die Lehre und die Pastoral der Kirche in der Welt geben werden, einer Kirche, die nahe an den Nöten der Menschen von heute ist!

Ausführlichere Umfrageergebnisse sind vom Zentralkomitee der Deutschen Katholiken, den Bistümern Essen und Münster und den Erzbistümern Köln und München-Freising veröffentlicht worden.

Der Blog-Beitrag vom 19.4.2015 widmet sich der Frage der Lehrentwicklung und den unterschiedlichen Veröffentlichungen der Rückmeldungen der Diözesen und überdiözesanen Verbände und Gremien zur Vorbereitung der Familiensynode 2015!

Sonntag, 19. April 2015
Wie sich die Lehre verändert hat – und welche Anstöße sich aus den Rückmeldungen aus Deutschland für die Familiensynode ergeben

Ursprünglich war die XIV. Ordentliche Bischofssynode dieses Jahres zur Behandlung von anthropologischen, bioethischen Fragen vorgesehen gewesen. Und wir wissen heute, dass Papst Franziskus – genauso wie sein Vorvorgänger Papst Johannes Paul II. vor 35 Jahren – den Themenkomplex ‚Ehe und Familie' als ersten Synodenschwerpunkt seines Pontifikates (verteilt auf gleich zwei Bischofssynoden in den Jahren 2014 und 2015) vorgezogen hat, weil er die "Herausforderungen der Familien" in der modernen Welt in den Blick nehmen will, um „über die entscheidende und wertvolle Realität der Familie nachzudenken" (Relatio Synodi 3) und „an ihren Freuden, ihren Sorgen und ihren Hoffnungen teilzunehmen." (vgl. Einleitung des I. Teils des Fragebogens)

Die bleibend hohe Bedeutung von Ehe und Familie ist beinahe allen Pontifikaten in den vergangenen 100 Jahren abzulesen – zuweilen in Kontinuität, zuweilen in einer signifikanten Weiterführung und Vertiefung der bisherigen Lehrtradition.

(Die Päpste Pius XI., Pius XII., Paul VI., Johannes Paul II. und Papst Franziskus)

Welche Akzentsetzung zu einer „vertieften Lehre über Ehe und Familie" seit dem unter Papst Paul VI. zu Ende geführten II. Vatikanischen Konzil festzustellen sind, behandeln die Ziffern 17 – 19 des Synodendokumentes Relatio Synodi.

Greift man zeitlich etwas weiter aus, lassen sich neben dem Grundsatz der Kontinuität in der Lehrtradition auch größere Veränderungen ausmachen, die wichtig sind, um die Aussage im Vorwort des Instrumentum laboris der III. Außerordentlichen Bischofssynode des Jahres 2014, dass *„die apostolische Überlieferung in der Kirche unter dem Beistand des Heiligen Geistes einen Fortschritt kennt"* (DV 8), in rechter Weise einordnen zu können. Das kann anhand einiger Beispiele verdeutlicht werden: Schloss Papst Pius XI. in seiner Enzyklika ‚Casti connubii' (1930) selbst die natürlichen Methoden der Empfängnisregelung noch aus, finden sich diese erstmals wertschätzend in der berühmten Rede Papst Pius XII. an die Hebammen (1951) ausdrücklich benannt – in welcher Argumentation bereits die Gedanken zur verantworteten Elternschaft des II. Vatikanischen Konzil angedeutet sind. Einen nicht minder großen Wechsel in der Lehrtradition gab es, als Papst Johannes Paul II. in einer Katechese des Jahres 1982 die Lehre daraufhin veränderte, dass die Ehe gegenüber der Ehelosigkeit nicht minderwertig sei, sondern ein der Ehelosigkeit ebenso hohes Gut im göttlichen Schöpfungsplan, wie er es dann in seiner Familien-Lehrschreiben weiter entfaltete (Vgl. FC 11). Dieser, die Lehre vertiefende, Gedanke ist insofern spektakulär gewesen, als noch Papst Pius XII. in seiner Enzyklika "Sacra virginitas" von 1954 erklärte, dass die Ehelosigkeit die Ehe „unermesslich übersteigt" (DH 3911) – in Erinnerung an die Lehraussage des Trienter Konzils über das Sakrament der Ehe, das noch ausdrücklich sagte: "Wer sagt, [...] es sei nicht besser und seliger, in der Jungfräulichkeit und dem Zölibat zu bleiben, als sich in der Ehe zu verbinden (vgl. Mt 19,11f; 1 Kor 7,25f 38 40): der sei mit dem Anathema belegt." (DH 1810)

Noch bekannter als diese beiden Beispiele ist die Vertiefung des Sakramentsverständnisses der Ehe als ‚Bund' (foedus; vgl. GS 48) und Freundschaft (amicitia; vgl. GS 49) in der Pastoralkonstitution "Gaudium et spes", mit der anknüpfend an biblische und theologische Vorlagen das davor mehr juridisch pointierende Vertragsdenken eine deutliche Vertiefung erfahren hat. Dass diese Veränderungen und deren vorherige Abwägung und Thematisierung keine bloße "Anpassung an den Zeitgeist" bedeuten – sondern als Verweisstellen einer im Nachhinein notwendigen Lehr- und Dogmenentwicklung gewertet werden dürfen, an der immer auch der Sensus fidelium aller Gläubigen beteiligt ist –, muss auch dem derzeitigen synodalen Prozess zugesprochen werden, zu dem Papst Franziskus alle Teilkirchen in Freiheit und Parrhesia eingeladen hat. Dem Abschlussdokument der III. Außerordentlichen Bischofssynode des vergangenen Jahres wurde deshalb ein 46 Fragen umfassender Fragebogen beigelegt, der in einer gebündelten Zusammenfassung der Rückmeldungen von Seiten der Deutschen Bischofskonferenz zum 15.4.2015 mit den Eingaben aller Teilkirchen der Welt nach Rom zurückgesandt worden ist.

Einige Diözesen Deutschlands, das Zentralkomitee der Deutschen Katholiken und einzelne Verbände und Vereine haben ihre auf die einzelnen Ziffern der Relatio bezogenen, detaillierten Rückmeldungen auch veröffentlicht, in der ein sehr engagiertes und konstruktives Mitdenken – entsprechend dem ausdrücklichen Wunsch des Papstes sich textbezogen an dem synodalen Prozess zu beteiligen – zum Ausdruck kommt. Trotz einer ebenso deutlichen Kritik an der sehr voraussetzungsreichen und z.T. als unverständlich bezeichneten Sprache des Fragebogens, sind viele bemerkenswerte Gedanken zusammengetragen worden, die über die Rückmeldung der Deutschen Bischofskonferenz ggf. in das vorbereitende Synodendokument ‚Instrumentum laboris' des Jahres 2015 Eingang finden werden. Der bereits auf der vorjährigen Synode diskutierte (und auch in diesem Blog zuletzt am 19.1.2015 vorgestellte) Gedanke der ‚Gradualität' wird von Seiten des Zentralkomitees der Deutschen Katholiken bei der Beantwortung der Fragen 20-22 zur Begründung der verschiedenen Stufen der Verwirklichung von Ehe und Partnerschaft in der heutigen Zeit favorisiert. In der Zusammenschau des Bistums Münster wird zur Frage 8 nach den Anknüpfungspunkten der Ehelehre in der Lebenswelt Jugendlicher der auch in diesem Blog vorgestellte Gedanke der Freundschaft ausgearbeitet – mit dem ihm eigenen Vorzug der Kennzeichnung des in der Gottesfreundschaft gründenden Ehegeheimnisses wie der Offenheit für die wertschätzenden Bezugnahme auf weitere Freundschaftsformen neben der Ehe. In der im Erzbistum Köln erarbeiteten Rückmeldung ist sicher der Hinweis wertvoll – ausgehend von der durchgängigen Frageperspektive des Fragenkataloges –, dass die römische Fragerichtung und Perspektive noch zu sehr vom Ehe- und Familienideal ausgehend die Wirklichkeit zu erfassen versucht hat – paradoxerweise darin nolens volens gegensätzlich zu der Sinnrichtung des eigentlich zu bearbeitenden Dokumentes der Relatio Synodi, die ja von den "existentiellen Peripherien" (vgl. Einleitung des I. Teils des Fragebogens) ausgehend Ehe und Familie in den Blick nehmen möchte. Der Rückmeldung des Erzbistums München und Freising ist – im Verbund mit allen anderen veröffentlichten Rückmeldungen der deutschen Diözesen – in einer der mit am häufigsten beantworteten Frage Nummer 35 das Plädoyer für die vertiefte Erwägung von Möglichkeiten der Wiederzulassung von wiederverheiratet Geschiedenen zu den Sakramenten zu entnehmen; der Rückmeldung der 'KirchenVolksBewegung Wir sind Kirche!' u.a. die Hinweise auf eine vertiefte Auseinandersetzung mit dem biblischen Verständnis der 'Unauflöslichkeit' und die – ebenfalls von den Diözesen Deutschlands in der übergroßen Mehrheit gewünschte – verstärkte Wertschätzung von Homosexualität, auch wenn sie in einer Partnerschaft gelebt wird, für deren Segnung im Bistum Essen ein eigener Ritus vorgeschlagen wird. Allen – auch den nur in Kurzstatements an die Öffentlichkeit getretenen – Diözesen und überdiözesanen Verbänden gemeinsam ist auch das Votum für eine neu ansetzende Sexualpädagogik und -moral gerade in Hinblick auf das Thema Empfängnisregelung und voreheliche Partnerschaften, da sich die Voraussetzungen für die theologische Argumentation und die Lebenswelt der Menschen von heute seit 1968 radikal gewandelt haben. Die verbleibenden knapp sechs Monate bis Synodenbeginn werden ausreichen müssen, aber auch nötig sein, die Einzelthemen in den Blick zu nehmen sowie die wirklich vertiefenden Schlüsselgedanken für die Synode dieses Jahres zu identifizieren. Vielleicht enthalten die Rückmeldungen aus Deutschland oder anderer Länder einige der zukunftsweisenden Ideen, die man rückblickend auch als eine Vertiefung der Lehre von Ehe und Familie wahrnehmen werden wird, die sich die gesamte Weltkirche von der diesjährigen Bischofssynode erhofft.

Die am 11.4.2015 veröffentlichte Verküdigungsbulle ‚Misericordiae vultus' zur Ankündigung des Heiligen Jahres der Barmherzigkeit macht unbeschadet des bisherigen und noch kommenden Synodenverlaufes schon eine unabweisbare Veränderung, ja Vertiefung der Lehre um Ehe und Familie auf die Mitte des Evangeliums hin deutlich. Papst Franziskus wünscht sich eine „Kirche, die aus sich herausgeht" (vgl. Einleitung des I. Teils des Fragebogens), und

„dass die kommenden Jahre durchdrängt sein mögen von der Barmherzigkeit und dass wir auf alle Menschen zugehen und ihnen die Güte und Zärtlichkeit Gottes bringen! Alle, Glaubende und Fernstehende, mögen das Salböl der Barmherzigkeit erfahren, als Zeichen des Reiches Gottes, das schon unter uns gegenwärtig ist. [...] Diese Quelle kann niemals versiegen, seien es auch noch so viele, die zu ihr kommen. Wann immer jemand das Bedürfnis verspürt, kann er sich ihr nähern, denn die Barmherzigkeit Gottes ist ohne Ende. So groß und so unergründlich ist die Tiefe des Geheimnisses, das sie umfängt, so groß und so unergründlich der Reichtum, der aus ihr hervorquillt." (Misericordiae vultus 5; 25)

Das ist kein Chaos – allenfalls vergleichbar dem von Ulrich Beck und Elisabeth Beck-Gernsheim so benannten ‚ganz normalen Chaos der Liebe' –, sondern die Annäherung an die Mitte unseres Evangeliums. *„Jesus Christus kann auch die langweiligen Schablonen durchbrechen, in denen wir uns anmaßen, ihn gefangen zu halten, und überrascht uns mit seiner beständigen göttlichen Kreativität"* (EG 11), indem er "über das Gesetz hinaus[geht]" (Misericordiae vultus 20). Wer es fassen kann, der fasse es:

"Christus ist das Ende des Gesetzes, und jeder, der an ihn glaubt, wird gerecht" (Röm 10,3-4). Diese Gerechtigkeit Gottes ist die Barmherzigkeit, die allen als Gnade geschenkt wird kraft des Todes und der Auferstehung Jesu Christi. Das Kreuz ist also das Urteil Gottes über uns alle und die Welt, denn es schenkt uns die Gewissheit der Liebe und des neuen Lebens." (Misericordiae vultus 21)

Dienstag, 19. Mai 2015
'Barmherzig wie der Vater' – oder der Weg ist das Ziel, das Problem die Lösung

Zwei Züge, die mit hoher Geschwindigkeit aufeinander zurollen, war eines der Sprachbilder für konfrontative Lagerbildungen in den Teilkirchen und auf weltkirchlicher Ebene, das ich in den vergangenen Wochen öfters hörte, als wenn ein heftiger Zusammenstoß unversöhnlich gegensätzlicher Positionen auf der XIV. Ordentlichen Bischofssynode im Oktober dieses Jahres aufgrund der Sprengkraft einzelner Themen und Grundsatzfragen unvermeidlich wäre. Ein möglicher Eklat in der Größenordnung eines Schismas wurde bereits schon im vergangenen Jahr kurz nach der Außerordentlichen Bischofssynode im

Jahr 2014 als Horrorszenario an die Wand gemalt, wie ein Schisma auch jetzt wieder in nicht wenig polemischer Weise skandalisiert wird. Und auch persönlich spürte ich eine über die vergangenen Monate zunehmende Beklemmung, dass die Zeit für eine die Tiefen der anstehenden Themen im Licht der Zeichen der Zeit auslotende Verheutigung vielleicht noch nicht reif und mit der ablaufenden Frist bis zur Synode auch zu Ende gehen könnte. Anzeichen für die innerkirchlich angespannte Lage sind sicher auch die erhitzten bzw. angeheizten Diskussionen über die Rückmeldungen auf den römischen Fragebogen in den deutschen Bistümern, derjenigen der Deutschen Bischofskonferenz vom 20.4.2015, sowie die am 9.5.15 veröffentlichte 'Erklärung des Zentralkomitees der deutschen Katholiken anlässlich der XIV. Ordentlichen Generalversammlung der Bischofssynode'. Und mitten in diese gespannte Ausgangslage hinein konfrontiert Papst Franziskus alle auf die Synode starrenden Parteiungen, Akteure, Gläubige wie fernstehende Beobachter mit einer neuen Perspektive, indem er mit der Ausrufung eines „Jubeljahres der Barmherzigkeit' – beginnend am 50. Jahrestag der Beendigung des II. Vatikanischen Konzils am 8.12.2015 – nicht nur zeitlich weit über die Synode und die Diskussion von Einzelthemen hinausgeht:

(Das offizielle Logo des Heiligen Jahres zeigt Jesus mit dem verlorenen Menschen auf den Schultern)

Allein 175 Mal kommen die Begriffe ‚Erbarmen' und ‚barmherzig' ohne Mitzählung synonymer Wortbedeutungen in der Verkündigungsbulle des Heiligen Jahres ‚Antlitz der Barmherzigkeit' (Misericordiae vultus) vor. In diesem nur ca. 20 gedruckte DIN A4-Seiten umfassenden Schreiben knüpft Papst Franziskus bewusst an die im vergangenen Blog-Beitrag angesprochene Lehrentwicklung an, die auf dem II. Vatikanischen Konzil dazu führte, dass „Mauern, die die Kirche lange in einer privilegierten Festung eingeschlossen hatten, [...] eingerissen" (MV 4) wurden. Die Worte Papst Pauls VI. zum Abschluss des Konzils, dass die uralte Erzählung vom barmherzigen Samariter [...] zum Paradigma dieses Konzils" geworden sei, greift Papst Franziskus direkt im ersten Satz des Ankündigungsschreibens auf: „Jesus Christus ist das Antlitz der Barmherzigkeit" (MV 1); ein Geheimnis, dass „es stets neu zu betrachten" gilt (MV 2).

„Barmherzigkeit – in diesem Wort offenbart sich das Geheimnis der Allerheiligsten Dreifaltigkeit. Barmherzigkeit ist der letzte Grund und endgültige Akt, mit dem Gott uns entgegentritt. Barmherzigkeit ist das grundlegende Gesetz, das im Herzen eines jeden Menschen ruht und den Blick bestimmt, wenn er aufrichtig auf den Bruder und die Schwester schaut, die ihm auf dem Weg des Lebens begegnen. [...] Die Barmherzigkeit übersteigt stets das Maß der Sünde, und niemand kann der verzeihenden Liebe Gottes Grenzen setzen." (MV 2-3)

In diesen und weiteren zuvor zitierten Wendungen ruft Papst Franziskus der eigenen Kirche zu:
„Wie sehr wünsche ich mir, dass die kommenden Jahre durchdrängt sein mögen von der Barmherzigkeit und dass wir auf alle Menschen zugehen und ihnen die Güte und Zärtlichkeit Gottes bringen! Alle, Glaubende und Fernstehende, mögen das Salböl der Barmherzigkeit erfahren, als Zeichen des Reiches Gottes, das schon unter uns gegenwärtig ist." (MV 5)

Für Franziskus ist die Barmherzigkeit der „Tragebalken, der das Leben der Kirche stützt [...]. Ihr gesamtes Handeln sollte umgeben sein von der Zärtlichkeit, mit der sie sich an die Gläubigen wendet" (MV 10), um dann selbstkritisch anzufragen:

„Vielleicht haben wir es für lange Zeit vergessen, auf den Weg der Barmherzigkeit hinzuweisen und ihn zu gehen. Auf der einen Seite hat die Versuchung, stets und allein die Gerechtigkeit zu fordern, uns vergessen lassen, dass diese nur der erste Schritt ist. Dieser Schritt ist zwar notwendig und unerlässlich, aber die Kirche muss darüber hinausgehen, um eines höheren und bedeutungsvolleren Zieles willen." (MV 10)

Und wenn man diese Worte auf sich wirken lässt, findet man die zuweilen in plakativer Weise schlecht gemachte Eingabe der deutschen Bischöfe zu pastoral verantworteten Wegen der Begleitung von wiederverheiratet Geschiedenen von derselben Begründung getragen. Wie schon ausführlicher in meinem Blog-Beitrag vom 19.3.15 beschrieben, heißt es in der von den deutschen Bischöfen mit über Zweidrittelmehrheit verabschiedeten Erklärung zur Vorbereitung der Bischofssynode, dass es

"in der gegenwärtigen Situation festzustellen [ist], dass die [...] geäußerte Sorge, dass die Zulassung zur Eucharistie von wiederverheiratet Geschiedenen bei den Gläubigen hinsichtlich der Lehre der Kirche über die Unauflöslichkeit der Ehe Irrtum und Verwirrung bewirkt, in eine umgekehrte Richtung gegangen ist: Die Nichtzulassung wird als Verdunkelung des

Zeugnisses der Verkündigung der Barmherzigkeit gesehen." (Ebd. bzw. AH 273, 60)

Mit dem Fokus auf der Barmherzigkeit sind wir nicht in irgendeiner Weise in einem Strudel oder Sog eines gefühlten Chaos – welcher Eindruck einem Philosophen in dem gerade erschienenen Herder-Korrespondenz-Spezial 1-2015 entstanden ist und vielleicht auch entstehen muss, wenn die (theologische) Logik der Liebe Gottes nicht jedes philosophische Denkmuster überschreitet –, sondern am Kern des Evangeliums Jesu Christi. Und das ist zugleich das eigentlich Berührende, Herausragende und Beruhigende angesichts der diesjährigen Bischofssynode. Im Grunde ist es beinahe gar nicht so entscheidend, welche Argumentationslinie und theologische Denkform zur wertschätzenden Anerkennung familialer Wirklichkeit in der Welt von heute in dieser Synode Gewicht erhält und rezipiert wird: die große theologische Denkform der Analogie, der aus dem moraltheologischen Kontext entlehnte Gedanke der Gradualität oder die vorsichtigere Rede von Wachstumsstufen, von Samen und Spuren der Botschaft Gottes in der Welt, die Weise der 'göttlichen Pädagogik'. Die Spannung zwischen der an die Grenzen und "existentiellen Peripherien" (MV 15) gehenden Liebe und Barmherzigkeit Gottes und dem sich auf dem Weg daraufhin bewegenden, wandernden Volk Gottes, welche die Verkündigungsbulle aufgezeigt hat, wird auch nach der Synode bestehen, ja vielleicht noch deutlicher hervortreten und angesprochen werden können.

Auch wenn ich persönlich vielleicht enttäuscht sein werde, dass die ebenfalls eingebrachte Denkform ‚Freundschaft' sich nicht in erhoffter Weise zur tieferen Erschließung des Ehesakramentes kommunizieren ließ oder aber ihre Zeit noch nicht gekommen ist, fühle ich selbst diese Enttäuschung gerade gewandelt in die Zuversicht, dass die Suche nach der Verheutigung des Geheimnisses des Evangeliums Jesu Christi in der modernen Welt auch ‚nachsynodal' weitergeht – und auch weitergehen muss. Der Weg, die Ausrichtung daraufhin ist das Ziel im Blick auf die nächsten Monate des synodalen Prozesses, auf die Zeit der Synode wie nach der Synode. Und das derzeit von mancher Seite als Problem empfundene (aber für die katholische Kirche einen Meilenstein bedeutende) Jahrhundertereignis der doppelten, viele Fragen auf die Wirklichkeit von Familienformen aufwerfenden Familiensynode die Lösung für eine nach der Synode noch einmal mehr auf den Weg gebrachte ‚Kirche im Aufbruch' (EG 20, 24, 46).

Wie bereits in einem kurz nach der Außerordentlichen Bischofssynode 2014 im Erzbistum Köln veröffentlichen Bericht in der 'AdventsZeit' gegen Ende beschrieben, erwarte ich von der Bischofssynode, dass sie in großer Einmütigkeit, getragen von einer breiten Mehrheit aller Synodalen, die Bedeutung, den Wert und die Herausforderungen der Familie in der gegenwärtigen Zeit ins Wort bringt, dabei die verschiedenen Grade der Verwirklichungsformen familialer Wirklichkeit ebenso anspricht, wie sie die Strahlkraft der barmherzigen Liebe Gottes unterstreicht und bekräftigt – so tief, umfassend und eindringlich wie unter den gegebenen Möglichkeiten auf Ebene der Weltkirche irgend möglich ist; dass sie andererseits aber auch den Auftrag neu ausspricht, vor dem Hintergrund der kulturell spezifischen Herausforderungen und Verwirklichungsformen von Familien weltweit in allen Bischofskonferenzen und Teilkirchen die Lehre zur Verheutigung der kirchlichen Botschaft auf Ehe und Familie vor Ort in den jeweiligen Kulturkreis hinein in neuer Weise übersetzen.

Ein Großteil der Arbeit, die z.Zt. allein auf die Bischofssynode hin projiziert wird, wird hier vor Ort geleistet werden müssen - im Zusammenspiel von Verbänden, Gemeinschaften und den Diözesen. Die deutschen Bischöfe haben dazu ihrerseits einen Gutteil der Hausaufgaben mit einer brillanten und z.T. online in den Synodensprachen zugänglich gemachten theologischen Arbeitshilfe, mit der in Kooperation mit dem Zentralkomitee der deutschen Katholiken gemeinsam organisierten Durchführung zweier Hearings zu familienpolitischen wie -pastoralen und theologischen Themen im Sinne der Vor- und Nachbereitung der Synode wie in der Ankündigung eines nachsynodalen Bischofswortes bereits gemacht, vorbereitet oder sich vorgenommen. Auch und gerade das Denken, Handeln und die kirchliche Wirksamkeit der Teilkirchen werden gefordert sein, die Lebenswirklichkeit von Ehe und Familie in den verschiedenen Kulturen der Welt aufzugreifen – und ebenfalls Maß zu nehmen an dem darüber hinausgehenden Motto des Jubeljahres: „Barmherzig wie der Vater".

Donnerstag, 18. Juni 2015
Laudato si' – oder über den gemeinsamen Nenner von Ökologie-Enzyklika und Familiensynode – ergänzt um einige zentrale Aspekte des vorbereitenden Arbeitspapieres 'Instrumentum laboris'

„Gott verzeiht immer, wir, die Menschen, verzeihen einige Male, die Natur verzeiht nie." Diesen Ausspruch eines argentinischen Bauern zitierte Papst Franziskus Anfang des Jahres auf einer Pressekonferenz auf dem Flug von Colombo nach Manila am 15.1.2015 und wiederholt in seinen Ankündigungen der weltweit seit langem erwarteten wie in gewissen Kreisen befürchteten Umwelt-Enzyklika 'Laudato si". Und dieses Zitat ist schon in der Zueignung durch Papst Franziskus insofern revolutionär, als die Aussage, dass die menschlichen Klima-Sünden tatsächlich ab einem gewissen Zeitpunkt irreversibel und nicht wiedergutzumachen sind, eigentlich eine naturwissenschaftliche Annahme bedeutet und keine theologische Lehraussage im eigentlichen Sinne ist.

(Collage aus dem Titel der Ökologie-Enzyklika, dem Ausschnitt einer Werbetasche von Christ & Welt der ZEIT und dem Flyer-Deckblatt des DBK-/ ZDK-Hearings vom 18.6.15)

Revolutionär ist ebenso das daraus abgeleitete und bislang für lehramtliche Texte – unbeschadet der akzentuierten Kontinuität in der Soziallehre der Kirche – beispiellose Plädoyer für eine nachhaltige Entwicklung, und beides angesichts der Papst Franziskus sehr bewussten, spannungsreichen Geschichte in der Rezeption von naturwissenschaftlichen Erkenntnissen durch die kirchliche Lehrmeinung, die er noch auf dem Rückflug von Korea nach Rom im August 2014 in aller Vorsicht ansprach.

„*[Das ist kein] leichtes Problem, denn über die Bewahrung der Schöpfung, die Ökologie, auch die menschliche Ökologie, kann man bis zu einem gewissen Punkt mit einiger Sicherheit sprechen. Danach kommen die wissenschaftlichen Hypothesen, einige ziemlich sicher, andere nicht. Und eine solche Enzyklika, die lehramtlich sein muss, darf nur auf den Sicherheiten aufbauen, auf den Dingen, die gesichert sind. Wenn der Papst nämlich sagt, dass das Zentrum des Universums die Erde und nicht die Sonne ist, irrt er sich, denn er äußert sich zu einer Sache, die wissenschaftlich sein muss, und so geht das nicht*" *(Pressekonferenz auf dem Rückflug von Korea am 18. August 2014).*

Nach den drei großen Kränkungen des christlichen Glaubens, dass ‚die Erde nicht Mittelpunkt des Weltalls' (immerhin wurde Galileo Galilei vor knapp 23 Jahren kirchlicherseits offiziell rehabilitiert), der Mensch nicht Krone einer sieben Tage währenden Schöpfungswoche (sondern nach Charles Darwin Produkt einer evolutiven Entwicklung) und mit seinem Verstandesvermögen auch nicht uneingeschränkt ‚Herr im eigenen Haus' ist (seit den psychoanalytischen Erkenntnissen Sigmund Freuds) wird von Papst Franziskus für einen Großteil des Christentums eine weitere Kränkung eingestanden, die mit einer am biblischen Wortlaut festhaltenden Haltung beinahe ebenso unaushaltbar ist: Dass der in derselben Schöpfungsgeschichte ausgesprochene Unterwerfungsauftrag der Welt (vgl. Gen 1,28) seine Grenzen dort findet, wo die Schöpfung als Ganze gefährdet ist und der Mensch seine und die Grundlagen der Schöpfung insgesamt gefährdet.

Aber diesmal ist die kirchliche Lehrmeinung nicht zu spät (auch wenn es in der Hinsicht einiger Naturwissenschaftler schon fünf nach zwölf ist), zumindest insofern nicht, als diese nicht nur ein Politikum, sondern in manchen Teilen der (vor allem ‚neuen') Welt gar anders gesehen wird; wo das, was weltweit mehrheitlich als (leid- und sorgenvoll eingestandenes) gesichertes Wissensgut angesehen wird, immer noch als vermeintliche Glaubensfrage behandelt wird (hinter der nicht selten ganz weltliche Interessen von Macht, Einfluss und wirtschaftlichem Gewinnstreben stehen). Dabei ist die Unterscheidung von Glauben und Wissen so etwas wie das ‚kleine Einmaleins' der katholischen Theologie. „Entweder etwas wird gewußt, dann ist es nicht Gegenstand des Glaubens, oder es wird geglaubt, dann ist es nicht Gegenstand des Wissens." (Dörnemann, Freundschaft, 80) Der Glaube ist also Grenze der Vernunft und umgekehrt die Vernunft Grenze des Glaubens. (Vgl. Ebd.) Sicher, das kann man auch anders sehen. Doch ist dies die Weise, wie die katholische Kirche denkt und dies mit der Enzyklika „Laudato si"', aber auch schon mit der 1998 veröffentlichten Enzyklika „Fides et ratio" Papst Johannes Pauls II., den Werken des Thomas von Aquin etc. eindrücklich zum Ausdruck bringt. Und das kann und muss mitunter auch ein Eingeständnis bzw. die Anerkennung einer wissenschaftlichen Erkenntnis sein, mit der das Glaubensgut randschärfer gesehen und ausgedrückt zu werden vermag und die als eigenständiger ‚Flügel der Wahrheit' (Ebd.) niemals nie das Proprium des Glaubens gefährden kann (das per definitionem eben nicht zu wissen ist und auch niemals zu diesem in Widerspruch gebracht werden darf).

Dieselbe Perspektive der Wahrnehmung von Wirklichkeit kennzeichnet das „Hören" auf das, „Was Familien sagen", wie das erste gemeinsame Hearing des Zentralkomitees der Deutschen Katholiken und der Deutschen Bischofskonferenz – beinahe zeitgleich wie die Veröffentlichung der Ökologie-Enzyklika am 18.6.2015 – in Berlin überschrieben war. Auch bei der Definition des Familienbegriffes haben wir es nicht – auch wenn es nicht wenige ‚glauben machen' wollen – mit einer Glaubensfrage zu tun, sondern mit der Wahrnehmung einer nicht nur durch biblische Zeiten hindurch sehr pluriformen sozialen Größe:

„Denn im Alten und Neuen Testament ist die Familie im heutigen Verständnis unbekannt. Vielgestaltig stellen sich die Familienformen sowie das Verhältnis von Familie und Religion bereits im Alten Testament

dar. [...] Abgesehen von einem anders ansetzenden ‚Familienverständnis' – bajit [...] bezeichnet die Hausgemeinschaft, mishpacha [...] bezeichnet einen Clan innerhalb eines Stammes – finden sich polygame Familienformen wie Jakob mit Lea und Rahel (Gen 29) oder aber Verbindungen, die auch Sklavinnen in die Familie integrierten (wie bei Abraham und Hagar; Gen 16) oder das Institut der Leviratsehe (Gen 38)." (Vgl. Dörnemann, Ehe und Familie, 42)

Und auch zur Zeit des Neuen Testaments bleibt unser heutiger Familienbegriff dem biblischen Denken fremd. Der Familienbegriff des Neuen Testaments drückt sich in den Begriffen oikos bzw. oikia aus, wobei die jeweilige Bedeutung der Hausgenossenschaft nur dem jeweiligen Kontext zu entnehmen ist. Dabei nimmt es der Bedeutung von Ehe und Familie als erstem Lernort des Glaubens und Schule der Liebe nichts, wenn man das Christentum etwa im Gegensatz zum Judentum und zum Islam gar als Familien relativierende Religion bezeichnen muss. So heißt es im Neuen Testament:

„Wer um meines Namens willen Vater, Mutter, Kinder oder Äcker verlassen hat, wird dafür das Hundertfache erhalten und das ewige Leben gewinnen", heißt es bei Mt 19,29. Oder: *„Wer Vater oder Mutter mehr liebt als mich, ist meiner nicht würdig, und wer Sohn oder Tochter mehr liebt als mich, ist meiner*

nicht würdig" bei Mt 10,37. Auch wenn in diesen Formulierungen auf das den Familienbereich übersteigende Gottesreich abgehoben wird, verweist das Neue Testament darin implizit zugleich ein Verabsolutieren der Familienloyalität zurück: Die Nachfolge Jesu beansprucht Priorität vor allen familiären Bindungen." (Ebd., 43)

Und es kommt nach katholischer Lehre überhaupt nicht darauf an, Sozialformen – möglichst unversehrt – in den Himmel zu bringen (manchmal kann auch eine Trennung einen Heilsweg bedeuten, und nicht von ungefähr heißt es: „"…bis dass der Tod Euch scheidet"), sondern auf das Heil und Glück des Einzelnen – auf das hin freilich Ehe und Familie in besonderer und vielfältiger Weise hingeordnet sind. Und genau das ist die Aufgabe der diesjährigen Familiensynode, wie des gesamten bald zwei Jahre währenden synodalen Weges: angesichts der Wahrnehmung und des 'Hörens' der Herausforderungen von Familien heute (= I. Teil des am 23.6.2015 veröffentlichten Vorbereitungsdokumentes 'Instrumentum laboris') ihre Berufung und Mission orientiert am Evangelium Jesu Christi in der modernen Welt genauer zu beschreiben (vgl. II. und III. Teil des 'Instrumentum laboris'). Dabei wird es angesichts des Wandels der Formen familialen Lebens in der heutigen Gesellschaft und in den unterschiedlichen Kulturen darauf ankommen, die graduelle Reifung, Öffnung und Annäherung der Beziehungsformen aufzunehmen (Vgl. Instrumentum laboris 43, 57, 63, 103) und darin die „Stufen der Liebe im Prisma der Analogie" in neuer Weise zu beschreiben, wie H.M. Christmann einen Abschnitt der entsprechenden Frage 23,1 der II-IIae der Summa Theologiae des Thomas von Aquin in seinem Kommentar der Deutschen Thomasausgabe, Bd. 17 A (S. 420) bereits im Jahr 1959 einleitet. Auch wenn wir es auf der diesjährigen Synode nicht erleben werden, dass „[d]ie Stufen der Freundschaft im Lichte der Analogie" – wie Christmann einen weiteren Abschnitt (Ebd., S. 426) überschreibt – in Hinblick auf die Ehe angedacht werden (wie es etwa im Blog-Beitrag vom 14.2.2015 mit Bezug auf Thomas von Aquin versucht wurde), wird es doch der in der Umwelt-Enzyklika und dem Abschlussdokument der vorausgegangenen Familiensynode ausformulierte Gedanke der Orientierung an der Wirklichkeit des Lebens (unter Einbezug der für das Arbeitspapier 'Instrumentum laboris' aus allen Teilkirchen angefragten Wirklichkeitsbeschreibung) derjenige Ausgangspunkt sein, in den hinein die befreiende Botschaft der Liebe Gottes zu entfalten ist. Die Ehe ist genau das Abbild (nach Eph 5,32) der in Jesus Christus mitgeteilten Liebe Gottes zu uns Menschen; genau das ist der schmale und doch so tief reichende Grund der dogmatischen Lehre.

Alles entscheidet sich im Verständnis der Ehe, wie wir die in Jesus Christus offenbar gewordene und bis in den Tod durchgehaltene Liebe Gottes zu uns Menschen deuten und sie in Bezug auf Lebenswirklichkeit der Menschen von heute erschließen. Nach der Ökologie-Enzyklika ist dies der nächste – innerkirchlich wie gesellschaftlich nicht minder bedeutsame – Meilenstein für die Glaubwürdigkeit und Zukunftsfähigkeit des Christentums in der heutigen Zeit. Beides, die Umwelt-Enzyklika wie der synodale Prozess zu den Fragen rund um Ehe und Familie – selbst und gerade da, wo sie sich „an alle" (vgl. Laudato si' 3), wenden –, sind das Gegenteil einer 'Anpassung an den Mainstream' oder an eine 'Globalisierungsideologie', wie Kritiker immer wieder 'glauben machen' wollen, sondern die bewusste Wahrnehmung der Zeichen der Zeit um der Zukunft von Schöpfung und Menschheit, der Relevanz und des Propriums des Glaubens, um des Evangeliums willen.

Wie die Ökologie-Enzyklika ist auch das gerade veröffentlichte Arbeitspapier 'Instrumentum laboris' Ergebnis der 'pastoralen Kreativität von Papst Franziskus' (Ebd., Nr. 147). Ähnlich wie die Enzyklika möge - wie der Sondersekretär der Bischofssynode Erzbischof Bruno Forte in der Pressekonferenz am 23.6.2015 bezogen auf den weiteren synodalen Prozess sagte - ein *"offener Prozess angestoßen werden, der ein gemeinsames Unterscheiden erfordere".* (Vatican Insider vom 23.6.2015)

Sonntag, 19. Juli 2015

"Der beste Wein kommt noch!" – oder der pädagogische Ansatz des Vorbereitungsdokumentes ‚Instrumentum laboris' der Familiensynode

(Papst Franziskus am 7.7.15 in Guayaquil / Ecuador)

"In der Familie – und das können wir alle bezeugen – geschehen die Wunder mit dem, was da ist, mit dem, was wir sind, mit dem, was einer zur Hand hat [...] oft ist es nicht das Ideal, nicht das, was wir erträumen oder was ‚sein sollte'",

sagte Papst Franziskus in einer Predigt zu Beginn seiner Lateinamerikareise in der ecuadorianischen Hafenstadt Guayaquil vor geschätzten einer Million

Gläubigen. Papst Franziskus bezog sich in derselben Predigt ausdrücklich auf die Familiensynode im Oktober dieses Jahres, deren Vorbereitungsdokument ('Instrumentum laboris') seit dem 1.7.2015 auch in deutscher Sprache vorliegt. Auch dieses Arbeitspapier – eine Mixtur aus dem Abschlussdokument (‚Relatio Synodi') der vorausgegangenen Synode und Ergänzungen in Folge der weltweiten Befragung aller Teilkirchen – weiß nun aufgrund der (gerade auch aus den deutschsprachigen Diözesen eingebrachten) Rückmeldungen der Weltkirche, dass die Familie vielfach „ein Lebensideal dar(stellt), das die Empfindungen unserer Zeit und die tatsächlichen Schwierigkeiten berücksichtigen muss" (Instrumentum laboris, 42). Und nahe am Wortlaut der Eingabe aus Deutschland heißt es nunmehr nach einem Fragebogen, dem man vorgeworfen hat, die Lebenswirklichkeit vornehmlich an einem überhöhten Eheideal zu messen: die Ehe „muss als Geschenk verkündet werden, welches das Ehe- und Familienleben stärkt, und nicht als schwer zu verwirklichendes Ideal." (Ebd., 102) Und wenn es einen Gedanken gibt, der seit der Relatio Synodi des letzten Jahres noch stärker betont wird, als er vorher schon wahrnehmbar war, dann ist es der der „schrittweisen Annäherung" (Ebd., 57), der „schrittweisen Entdeckung" (Ebd., 99), der „schrittweisen Öffnung" (Ebd., 103) und „schrittweisen Reifung" (Ebd., 43) in Hinblick auf „Menschen, die zusammenleben oder nur zivil verbunden sind, [und] schrittweise ein[zu]beziehen" (Ebd., 63) sind. Möglich wird dies durch einen wertschätzenden Einbezug einer „Symphonie der Verschiedenheit" (Ebd., 83), mithilfe der es gelingt „die positiven Elemente hervorzuheben, denen man in den verschiedenen religiösen und kulturellen Erfahrungen begegnet und die eine ‚praeparatio evangelica' darstellen. (Ebd.)

Durch die bereits im Apostolischen Schreiben *Evangelii gaudium* (EG 169) beschriebene „Kunst der Begleitung" (*Instrumentum laboris*, 107; 109) soll ein „Weg des Wachstums" (Ebd., 102) „in einer Sprache verkündet werden, die Hoffnung weckt" (Ebd., 75) Aufgrund der „'semina Verbi' in den Kulturen" (Ebd., 56), gelte es, „die Samen des Wortes zu begleiten, die darin verborgen sind" (Ebd., 99), um in jenen „dynamischen Prozess von Stufe zu Stufe entsprechend der fortschreitenden Hereinnahme der Gaben Gottes" (Ebd., 39; vgl. FC 9) einzutreten.

...gemäß der göttlichen Pädagogik

In dieser Perspektive der ‚göttlichen Pädagogik', in der „die Erlösungsordnung die Schöpfungsordnung erleuchtet und vollendet" (Instrumentum laboris, 39), rücken beinahe wie von alleine alle existentiellen Peripherien menschlicher Lebenswirklichkeiten in den Blick. Weit weg von der noch im Vorwort des

Fragebogens geäußerten Befürchtung, dass die Rückmeldungen der Bischofskonferenzen „ausgehend von solchen Schemata und Perspektiven gegeben werden, die einer Pastoral eigen sind, welche lediglich die Lehre anwendet" (Einführung zum I. Teil des Fragebogens), heißt es nunmehr: „Es gilt einen Blick des Verständnisses für alle zu entwickeln, und dabei zu bedenken, dass die tatsächliche Distanz vom kirchlichen Leben nicht immer gewollt ist." (Instrumentum laboris, 36) Nicht von ungefähr wird das während der ersten Synodenwoche der letztjährigen Außerordentlichen Bischofssynode ins Wort gebrachte, in der Zwischenrelatio (vgl. dt. Übersetzung in der AH 273 der DBK) dokumentierte, wenn auch im Abschlussdokument ‚Relatio Synodi' zunächst ‚expressis verbis' wieder getilgte „Gesetz der Gradualität" unter der Ziffer 121 des Instrumentum laboris explizit (und mit Verweis auf FC 34) wieder eingeführt, in der der Umgang mit wiederverheiratet Geschiedenen angesprochen wird.

Mithilfe dieser auch in den Blog-Beiträgen der vergangenen Monate immer wieder aufgegriffenen Denkform und dem darüber möglichen Blick für die Realitäten familialen Lebens rücken auch die vielfältigen Herausforderungen von Familien in Armut und wirtschaftlicher Not angesichts der vielfältigen kulturellen Einflüsse und Widersprüche nahe, die viele Familien der Welt betreffen.

„Traumatische Ereignisse wie bewaffnete Konflikte, der Rückgang der Ressourcen und die Migrationsbewegungen wirken sich in wachsendem Maße auf die affektive und geistliche Qualität des Familienlebens aus und stellen ein Risiko für die Beziehungen innerhalb der Familie dar. Ihre materiellen und geistlichen Kräfte werden sehr häufig an den Rand der Erschöpfung geführt." (Instrumentum laboris, 9)

Derselbe zu Beginn und im vorangegangenen Blog-Beitrag vom 18.6.2015 angeklungene Leitgedanke, Familien nicht am Idealmaß eines abstrakten Familienbegriffs zu messen, führt zu der Aufforderung, sie auch „in ihrer Zerbrechlichkeit [zu] unterstützen" (Ebd., 10) und zuallererst wertschätzend anzuerkennen. Wie schon hinsichtlich der graduellen Stufen gesagt, gilt im synodalen Vorbereitungsdokument bezogen auf das gesamte aufgezogene Spektrum der angesprochenen Familienformen – unabhängig von ihren Problemen, ihren Zerbrechlichkeiten und mancher Unvollkommenheit –, dass die Familie „Eckpfeiler des sozialen Lebens" (Ebd., 11) „Ressource für die harmonische Entwicklung jeder menschlichen Gesellschaft" (Ebd.) und eine „Schule reich entfalteter Humanität" (Ebd., vgl. GS 52) ist.

...für eine neue Ausrichtung und pastorale Umkehr der Kirche

Diese Wertschätzung muss deshalb nach Maßgabe des Instrumentum laboris mit einer „affektiven Teilnahme" (Ebd., 110) einhergehen, in der "sich die Kirche die Freuden und Hoffnungen, die Schmerzen und die Ängste jeder Familie zu Eigen" (Ebd.) macht. Gemäß seinem bischöflichen Wappenspruch „Miserando atque eligendo" hält Papst Franziskus seine Kirche zu einem liebevollen Blick an, durch den die Wahrnehmung und Unterstützung des konkreten Menschen erst möglich wird:

„Es braucht also eine Kirche, die fähig ist, den Mutterschoß der Barmherzigkeit wiederzuentdecken. Ohne Barmherzigkeit ist es heute kaum möglich, in eine Welt von 'Verletzten' einzudringen, die Verständnis, Vergebung und Liebe brauchen." (aus der Ansprache zu den Bischöfen Brasiliens am 27.7.2013 im Rahmen des Weltjugendtag 2013)

Das Leitmotiv des Pontifikates von Papst Franziskus, die Barmherzigkeit, grundiert und unterfasst die ‚göttliche Pädagogik' des Vorbereitungsdokumentes von Beginn an, wie es in diesem Blog am 19.5.2015 bereits angeklungen ist. „Der große Fluss der Barmherzigkeit" (Instrumentum laboris 106) lässt „die unendliche Barmherzigkeit Gottes erfahren" (Ebd.,

107), die unausschöpflich ist. Zweimal zitiert das Vorbereitungspapier die Ankündigungsbulle des im Dezember dieses Jahres beginnenden Heiligen Jahres der Barmherzigkeit und davon einmal mit dem theologisch an die Grenzen gehenden Satz:

„Aus dem Herzen der Dreifaltigkeit, aus dem tiefsten Innern des göttlichen Geheimnisses entspringt und quillt ununterbrochen der große Strom der Barmherzigkeit. Diese Quelle kann niemals versiegen, seien es auch noch so viele, die zu ihr kommen. Wann immer jemand das Bedürfnis spürt, kann er sich ihr nähern, denn die Barmherzigkeit Gottes ist ohne Ende" (Ebd., 108 bzw. MV 25).

Was bereits schon mit der Ankündigung des Heiligen Jahres der Barmherzigkeit spürbar wurde, dass die Theologie der Barmherzigkeit auch die XIV. Ordentliche Bischofssynode kennzeichnen wird, findet sich wie ein roter Faden, als pädagogischer Ansatz, auch in dem Vorbereitungsdokument wieder: die Pädagogik der Wertschätzung des Guten, was ist, und um es weiterzuführen, auf dass es sich entfalte und vollende. „Sehen, Mitleid haben und lehren" sind für Papst Franziskus die Verben des „guten Hirten", wie er es im Rückblick auf seine Lateinamerikareise im Anschluss an das Angelus-Gebet am 19.7.15 kurzfasste. Und diese Einstellung und Wirklichkeitswahrnehmung vermag es den Familien in ihren Lebenswirklichkeiten zu begegnen: dort wo Liebe in Alltäglichkeit des Familienalltags gelebt wird. Genau in dieser Weise berührte Papst Franziskus in der zu Anfang dieses Blog-Beitrags erwähnten Messe in Guayaquil auf seiner Lateinamerikareise den Zusammenhang der Lebenswirklichkeit von Familien mit der Verheißung des Evangeliums Jesu Christi:

„Und in der Familie muss man die Liebe riskieren, muss man riskieren zu lieben. Und der Wein kommt, wenn auch alle Hochrechnungen und Statistiken das Gegenteil behaupten. Der beste Wein kommt zu denen, die heute alles zusammenbrechen sehen. Murmelt es, bis man es glaubt: der beste Wein kommt noch; flüstert es den Verzweifelten und Lieblosen ins Ohr. Gott nähert sich immer den Peripherien derer, die ohne Wein geblieben sind, die nur Mutlosigkeit zu trinken haben. Jesus hat eine Schwäche dafür, den besten Wein mit denen zu verschwenden, die aus dem einen oder anderen Grund schon spüren, dass sie alle Krüge zerbrochen haben."

Mittwoch, 19. August 2015

"Der große Fluss der Barmherzigkeit" – oder über das schöpfungstheologische Wasserzeichen der Familiensynode und den Wandel der Erlösungsvorstellungen in der Theologiegeschichte

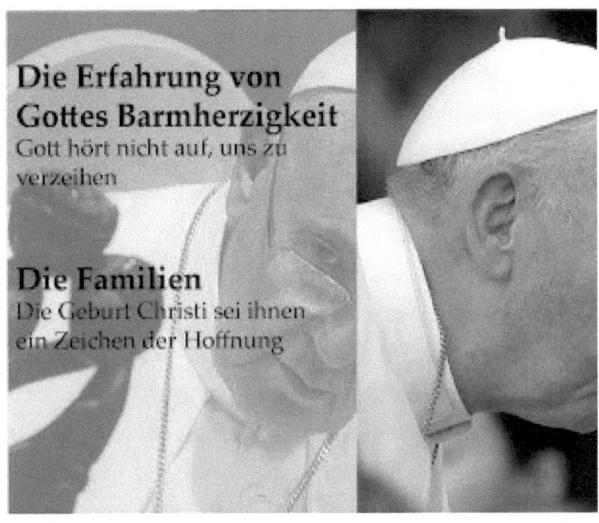

(Die Gebetsanliegen von Papst Franziskus im Dezember 2015 zum Beginn des Jubeljahres der Barmherzigkeit; Bild © KNA)

Dass nicht nur die Lehre um Ehe und Familie (wie am 19.4.15 und 18.6.15 beschrieben), sondern auch Erlösungsvorstellungen entsprechend der Geschichte des christlichen Erlösungsglaubens in den Kontexten der jeweiligen Zeit einem Wandel unterliegen können, würde wahrscheinlich nicht nur manchem jungen Theologen auch noch heute als eine gewagte These erscheinen, anderen ängstlicheren gar als häretisch oder als eine dem Relativismus und dem vielzitierten Mainstream sich andienende Provokation gelten. Aber eine – auch nur ungefähre – Kenntnis von einem ‚Wandel der Erlösungsvorstellungen in der Theologiegeschichte' gehörte eigentlich zum theologischen Basiswissen; und fehlt doch nach meinen universitären Erfahrungen nicht nur bei den allermeisten Studienabsolventen der Theologie. Durch einen niedrigen theologischen Grundwasserspiegel kann die – psychologisch insofern noch einmal verständlichere – Haltung, die jeweils geltende kirchliche Lehre samt ihren immer auch zeitbedingten Verstehensmodellen für 'unveränderlich' zu halten bzw. als 'zeitlos' und 'ewig' anzusehen, im Grundsatz ebenso wenig verwundern, wie die aus derselben Unkenntnis gespeiste journalistische Aufschneiderei, die Papst Franziskus in populistischer Weise noch vor wenigen Wochen (nicht zufällig wohl am Tag der Seligsprechung des Befreiungstheologen Oscar Romeros) vollmundig „Simplifizität" unterstellte, insofern ‚ihn Theologie einfach nicht interessiere'. (Spiegel vom 23.5.2015)

Unverhohlen wird auch von privaten, aber sich höchst offiziös gebenden ‚katholischen Internetmagazinen' kolportiert, dass bei der letztjährigen Außerordentlichen Synode in Anwesenheit des Papstes „Verwirrung" und „Unruhe" hinsichtlich der ‚unveränderlichen Lehre' entstanden sei und Papst Franziskus gar als ihr eigentlicher „Architekt und Lenker dieser Richtung" identifiziert.

Das Wasserzeichen der Schöpfungsspiritualität

Tatsächlich spannt Papst Franziskus aber einen weit größeren theologischen Bogen als viele seiner Kritiker ahnen (können), insofern dieser im Anschluss an eine breite theologische Strömung der östlichen und patristischen Tradition ein lange außer Acht gelassenes kosmologisches Denken der Christentumsgeschichte in neuer Weise wieder einbezieht, wie es gerade in der weltweit vielgelobten Schöpfungsenzyklika Laudato si' wahrzunehmen ist. Bislang wurde – und das ist vielleicht auch Kennzeichen der insofern bedauerlichen Auffächerung des theologischen Fächerkanons in vier Bereiche mit insgesamt etwa 12 Einzeldisziplinen – die Schöpfungsenzyklika vor allem aus Sicht einer Einzelwissenschaft der systematischen Fächergruppe, aus der Perspektive der Christlichen Sozialethik begutachtet. Anerkannt wurde im Zuge der Veröffentlichung dieses jüngsten päpstlichen Lehrschreibens gegen den Widerstand fundamentalistischer Kreise, deren beispielhafte Einbeziehung naturwissenschaftlicher Erkenntnisse, insbesondere das päpstliche Eingeständnis des durch Menschen verursachten Klimawandels sowie das eindringliche Plädoyer für eine ‚ökologische Umkehr' und ‚nachhaltige Entwicklung', und schließlich die Aussagen der Enzyklika in Bezug zu der bisherigen Lehrtradition sozialethischer Stellungnahmen eingeordnet. Zu diesem Zusammenhang ist auch am

Tag der Veröffentlichung der Enzyklika in diesem Blog am 18.6.15 bereits vieles ins Wort gekommen. Über die Sozialethik hinaus reichen die Grundaussagen der Enzyklika ‚Laudato si'' aber beträchtlich tiefer und könnten (und müssten) eigentlich alle theologischen Disziplinen zu einem Relaunch ihrer Grundaussagen herausfordern. Die gesamte Schöpfung – so lautet die bislang in dieser Weise vom Stuhle Petri nie gehörte theologische Ansage aus Rom – *„ist in der Ordnung der Liebe angesiedelt. Die Liebe Gottes ist der fundamentale Beweggrund der gesamten Schöpfung: ‚Du liebst alles, was ist, und verabscheust nichts von allem, was du gemacht hast; denn hättest du etwas gehasst, so hättest du es nicht geschaffen' (Weish 11,24). Jedes Geschöpf ist also Gegenstand der Zärtlichkeit des Vaters, der ihm einen Platz in der Welt zuweist. Sogar das vergängliche Leben des unbedeutendsten Wesens ist Objekt seiner Liebe, und in diesen wenigen Sekunden seiner Existenz umgibt er es mit seinem Wohlwollen. Der heilige Basilius der Große sagte, dass der Schöpfer auch ‚die unerschöpfliche Güte' ist, und Dante Alighieri sprach von der „Liebe, welche die Sonne und die Sterne bewegt". Daher steigt man von den geschaffenen Werken Gottes auf ‚zu seiner liebevollen Barmherzigkeit'".* (LS 77)

Indem Papst Franziskus in der Enzyklika Laudato si' sogar Menschwerdung, Leben, Sterben und Auferstehung Jesu Christi in seinen schöpfungstheologischen

Entwurf einbegreift (vgl. LS 96-100) und immer wieder im genauen Wortlaut betont, "*dass alles miteinander verbunden ist*" (vgl. LS 16, 91, 117, 138), wird deutlich, wie sehr die Schöpfungstheologie und -spiritualität ein durchgehendes Wasserzeichen des Pontifikats von Papst Franziskus und seines theologischen Denkens sind. Und diese sowohl an der gedanklichen Ausrichtung des II. Vatikanischen Konzils, wie vor allem der Pastoralkonstitution ‚Gaudium et spes', an die Tradition keltischer Theologie und darüber an die griechische Patristik und ihr kosmologisches Denken anknüpfende schöpfungstheologische Perspektive hat es theologiegeschichtlich in sich!

Der Wandel der Erlösungsvorstellungen in der Theologiegeschichte

Mit den zu Beginn bereits zitierten Worten des emeritierten Dogmatikers Gisbert Greshake über den „Wandel der Erlösungsvorstellungen in der Theologiegeschichte" möchte ich die Aufmerksamkeit lenken auf eine von ihm schon im Jahr 1973 für möglich gehaltene und m.E. mit dem Pontifikat von Papst Franziskus angesichts der ökologischen, kirchlichen und gesellschaftlichen Herausforderungen gut 40 Jahre später tatsächlich eingeleitete Ergänzung des lehramtlich noch bis in die jüngsten Tage allein vorherrschenden lateinisch-westlichen Typs der Erlösungsvorstellung durch eine am Schöpfungsgedanken ausgerichteten Soteriologie im Sinne der griechisch-östlichen Tradition. Bestand die überkommene lehramtliche Denk- und Sprechweise im Grunde aus Variationen einer Soteriologie des lateinisch-westlichen Typs mit ihrem Fokus auf der rechtlichen Bereinigung des Gott-Mensch-Verhältnisses und ihrer Frage, wie denn der Einzelne frei von Sünde und Schuld werde (die Frage, die schon im Mittelalter auch den Reformator Martin Luther umtrieb), orientiert sich das kosmologische Erlösungsverständnis griechisch-östlicher Provenienz an dem in Schöpfung und Bibel gleichermaßen zu erkennenden Wirken Gottes, der Wahrnehmung und Wertschätzung alles Geschaffenen und dessen Einbeziehung in einen pädagogischen Prozess der Vervollkommnung. War schon das II. Vatikanische Konzil bei der behutsamen Neujustierung seiner Aussagen in Bezug auf die Erlösungslehre nicht nur in seiner Pastoralkonstitution darum bemüht, einen Dualismus von Natur und Gnade zu vermeiden und theologisch auszugleichen, findet sich diese Perspektive des Zueinanders von Erlösungs- und Schöpfungsordnung im Pontifikat von Papst Franziskus – nicht ungefähr parallel zur weitestgehenden Rehabilitierung der Befreiungstheologie – in beinahe allen lehramtlichen Aussagen – und vor allem in der Schöpfungsenzyklika Laudato si' und einer darin ins Wort gebrachten Schöpfungsspiritualität. Erinnernd an die patristischen Väter Irenäus und Basilius, an Hildegard von Bingen oder den großen Schöpfungstheologen Thomas von Aquin, aber auch an den mittelalterlichen Mystiker Meister Eckhart zitiert Papst Franziskus insbesondere seinen Namenspatron, den heiligen Franziskus, der uns *„in Treue zur Heiligen Schrift nahe [bringt] die Natur als ein prächtiges Buch zu erkennen, in dem Gott zu uns spricht und einen Abglanz seiner Schönheit und Güte aufscheinen lässt."* (LS 12) *"Das ganze materielle Universum ist ein Ausdruck der Liebe Gottes, seiner grenzenlosen Zärtlichkeit uns gegenüber. Der Erdboden, das Wasser, die Berge – alles ist eine Liebkosung Gottes."* (LS 84) Diese Grundgedanken und die 'Sorge für das gemeinsame Haus' haben Papst Franziskus bewogen, den 1. September auch in der katholischen Kirche zum 'Tag der Schöpfung' auszurufen, wie er in der orthodoxen Kirche schon lange gefeiert wird:

Gott hat ein kostbares Buch geschrieben, dessen „Buchstaben von der Vielzahl der im Universum vertretenen Geschöpfe gebildet werden". [...] Gut haben die Bischöfe von Kanada zum Ausdruck gebracht, dass kein Geschöpf von diesem Sich-Kundtun Gottes ausgeschlossen ist: „Von den weitesten Panoramablicken bis zur winzigsten Lebensform ist die Natur eine ständige Quelle für Verwunderung und Ehrfurcht. Sie ist auch eine fortwährende Offenbarung des Göttlichen." [...] Wahrzunehmen, wie jedes Geschöpf den Hymnus seiner Existenz singt, bedeutet, freudig in der Liebe Gottes und in der Hoffnung zu leben." Diese Betrachtung der Schöpfung erlaubt uns, durch jedes Ding irgendeine Lehre zu entdecken, die Gott uns übermitteln möchte, denn „die Schöpfung zu betrachten bedeutet für den Gläubigen auch, eine Botschaft zu hören, eine paradoxe und lautlose Stimme wahrzunehmen". [...] So können wir sagen: „Neben der eigentlichen, in der Heiligen Schrift enthaltenen Offenbarung tut sich Gott auch im Strahlen der Sonne und im Anbruch der Nacht kund." (LS 85)

Die Bedeutung der Schöpfungstheologie für die Familiensynode

Welche Bedeutung das schöpfungstheologische Denken für die im Oktober beginnende Familiensynode hat, lässt sich – gleich einem in allen lehramtlichen Verlautbarungen Papst Franziskus' durchscheinenden Wasserzeichen – auch dem jüngsten Dokument der Vorbereitung, dem Instrumentum laboris ablesen. Was in der Enzyklika Laudato si' für die gesamte Schöpfung ausgesagt ist, gilt selbstverständlich auch für den Menschen: "Es gilt, von der Überzeugung auszugehen, dass der Mensch von Gott kommt und dass daher ein Nachdenken, das die großen Fragen über die Bedeutung des Menschseins neu stellt, angesichts der tiefen Erwartungen der Menschheit auf fruchtbaren Boden fallen kann." (Instrumentum laboris 35 bzw. Relatio Synodi 11) Aufgrund dieser positiven Anthropologie, die mit einer grundsätzlichen Aufgeschlossenheit des Menschen für die christliche Botschaft rechnet, heißt es im direkten Anschluss, dass „[d]ie großen Werte der christlichen Ehe und Familie jener Suche [entsprechen], welche die menschliche Existenz durchzieht, auch in einer von Individualismus und Hedonismus geprägten Zeit." (Ebd.) Und gemäß dem bereits die Schöpfungstheologie von Papst Franziskus prägenden Verständnis, dass die Schöpfungsordnung von der Orientierung auf Christus hin bestimmt ist (Instrumentum laboris 39 bzw. Relatio Synodi 13), dass die Erlösungsordnung die Schöpfungsordnung erleuchtet und vollendet, heißt es im Sinne der im vorangegangenen Blog-Beitrag am 19.7.15 ausgeführten ‚göttlichen Pädagogik':

Man muss die Menschen in ihrer konkreten Existenz annehmen, es verstehen, ihnen bei ihrer Suche beizustehen, sie in ihrer Sehnsucht nach Gott und in ihrem Wunsch, sich ganz als Teil der Kirche zu fühlen, ermutigen, auch jene, die eine Erfahrung des Scheiterns gemacht haben oder sich in verzweifelten Situationen befinden. Die christliche Botschaft enthält immer die Wirklichkeit und Dynamik der Barmherzigkeit und der Wahrheit, die in Christus zur Einheit geführt werden. (Instrumentum laboris 35 bzw. Relatio Synodi 11)

An dieser Stelle übersetzt sich der angesprochene positive Blick auf den je Einzelnen in eine Wertschätzung einer Gradualität von Lebensentwürfen und eine Dynamik im Sinne eines pädagogischen Prozesses auf eine Vervollkommnung – wie bereits ebenfalls am 19.7.15 ausgeführt.

... und die Einladung 'zur Revolution der zärtlichen Liebe'

Um dieses Programm nicht nur auf der kommenden Synode in einem möglichst großen Konsens und bezogen auf einige virulente Einzelfragen – ihnen wird neben dem Rückblick auf den zurückliegenden zweijährigen synodalen Prozess mein nächster Blog-Beitrag vor Synodenbeginn am 1.9.15 gewidmet sein – möglichst einvernehmlich weiterzuführen, sondern auch in Kirche und Gesellschaft Wirklichkeit werden zu lassen, bedarf es kirchlicher Mitarbeitender auf allen Hierarchiestufen, bedarf es Christen, die selbst eine Erfahrung mit der barmherzigen Schöpfungsliebe gemacht haben, ja die selbst im großen „Fluss der Barmherzigkeit" (Vgl. Instrumentum laboris 106) stehen: Es geht letztlich darum, ob wir selbst diese schöpfungstheologisch fundierte Erfahrung glauben und teilen können, dass

„[a]us dem Herzen der Dreifaltigkeit, aus dem tiefsten Inneren des göttlichen Geheimnisses [...] ununterbrochen der große Strom der Barmherzigkeit [ent-

springt und quillt]. Diese Quelle kann niemals versiegen, seien es auch noch so viele, die zu ihr kommen. Wann immer jemand das Bedürfnis verspürt, kann er sich ihr nähern, denn die Barmherzigkeit Gottes ist ohne Ende. So groß und so unergründlich ist die Tiefe des Geheimnisses, das sie umfängt, so groß und so unergründlich der Reichtum, der aus ihr hervorquillt." (Ebd. und MV 25)

Erst wenn wir diese Weise der barmherzigen sich immerzu verströmenden, schöpferischen Liebe Gottes verstanden und erfahren haben, können wir auch den Vollsinn des Wortes Barmherzigkeit verstehen, der von caritativer Mildtätigkeit etwa so weit entfernt ist wie ein freundlicher Händedruck von sexueller Ekstase, weder ein ‚von oben nach unten' meint noch ein Schlupfloch juridisch denkender Schlitzohrigkeit. Papst Franziskus fordert mit der Ankündigung eines Jubeljahres der Barmherzigkeit – wie in diesem Blog am 19.5.2015 bereits angedeutet – alle Christen dazu auf, die Einladung "zur Revolution der zärtlichen Liebe" (EG 88) mitzuvollziehen:

„Nicht zu urteilen und nicht zu verurteilen bedeutet daher im Positiven, das Gute in einer jeden Person wahrzunehmen und nicht zuzulassen, dass diese wegen unseres begrenzten Urteils und unserer Anmaßung, vermeintlich alles genau zu wissen, leiden muss. Aber das reicht noch nicht, um Barmherzigkeit

zum Ausdruck zu bringen. Jesus bittet uns zu vergeben und uns selbst hinzugeben, Werkzeuge der Vergebung zu sein, weil wir zuerst Gottes Vergebung erfahren haben, großzügig zu sein allen gegenüber im Wissen darum, dass auch Gott sein Wohlwollen uns gegenüber großzugig handhabt.

Barmherzig wie der Vater ist also das Leitwort des Heiligen Jahres." (MV 14)

Dienstag, 1. September 2015
Von der „Revolution der zärtlichen Liebe – ein Vademecum zur Familiensynode"

„Ich glaube, dass dies die Zeit der Barmherzigkeit ist", sagte Papst Franziskus beim Rückflug vom Weltjugendtag nicht einmal ein halbes Jahr nach seiner Papstwahl. Ich habe dieses Zitat an den Anfang des Vorworts dieses Buches gestellt, nachdem ich über zwei Jahre seit der Ankündigung der Familiensynode den synodalen Prozess verfolgt und in den vorausgegangenen Beiträgen Tag für Tag, Monat für Monat nachzuhalten versuchte. Und mit der in den letzten Beiträgen einbezogenen Schöpfungsenzyklika ‚Laudato si'' ist noch einmal deutlicher geworden, wie sehr die theologische Botschaft von der ‚Revolution der zärtlichen Liebe' (EG 88) von Papst Franziskus in einer Schöpfungstheologie gründet, nach der „das ganze materielle Universum […] Ausdruck der Liebe Gottes [ist], seiner grenzenlosen Zärtlichkeit uns gegenüber [...] – alles ist eine Liebkosung Gottes." (LS 84)

Papst Franziskus wählte heute u.a. diese Verse für eine Lesung in einem Wortgottesdienst aus Anlass des Tages der Schöpfung, den die katholische Kirche erstmals beging.

„Die Schöpfung ist in der Ordnung der Liebe angesiedelt. [...] Jedes Geschöpf ist also Gegenstand der Zärtlichkeit des Vaters, der ihm einen Platz in der Welt zuweist. Sogar das vergängliche Leben des unbedeutendsten Wesens ist Objekt seiner Liebe, und in diesen wenigen Sekunden seiner Existenz umgibt er es mit seinem Wohlwollen." (LS 77)

In demselben „Strom der barmherzigen Liebe" (EG 108) gipfelt das Geheimnis der Menschwerdung und Auferstehung Jesu Christi (LS 96-100), die „kosmische Liebe" (LS 236) in den Sakramenten – insbesondere der Eucharistie – wie das Leben der Kirche:

"Der Tragebalken, der das Leben der Kirche stützt, ist die Barmherzigkeit. Ihr gesamtes pastorales Handeln sollte umgeben sein von der Zärtlichkeit, mit der sie sich an die Gläubigen wendet; ihre Verkündigung und ihr Zeugnis gegenuber der Welt können nicht ohne Barmherzigkeit geschehen". (MV 10)

Wie sehr die beiden Begriffe ‚Barmherzigkeit und Zärtlichkeit' für Papst Franziskus innerlich verbunden sind und sich wechselseitig erschließen, wird in den zurückliegenden Ansprachen und Veröffentlichungen immer deutlicher – auch wenn der letztgenannte, von Papst Franziskus oft gebrauchte Begriff der ‚zärtlichen Liebe' für unsere mitteleuropäischen Verhältnisse ungewohnt klingt und sicher das durchschnittliche kirchenamtliche Sprechen und Denken in den deutschsprachigen Diözesen eher noch nicht erreicht hat. Doch bietet gerade dieser Begriff der 'Zärtlichkeit' einen Zugang zum Vollsinn des Begriffes ‚Barmherzigkeit'. In seiner Predigt in der Christmette 2014 drückte Papst Franziskus dies in folgender Weise aus:

„[E]s ist die Liebe, mit der er in jener Nacht unsere Schwachheit, unser Leiden, unsere Ängste, unsere Sehnsüchte und unsere Grenzen angenommen hat. Die Botschaft, auf die alle warteten, das, wonach alle tief innerlich suchten, war nichts anderes als die

Zärtlichkeit Gottes: Gott, der uns mit einem von Liebe erfüllten Blick anschaut, der unser Elend annimmt, Gott, der in unser Kleinsein verliebt ist.

Wenn wir in dieser Heiligen Nacht das Jesuskind betrachten, wie es gleich nach der Geburt in eine Futterkrippe gelegt wird, sind wir zum Nachdenken eingeladen. Wie nehmen wir die Zärtlichkeit Gottes an? Lasse ich mich von ihm erreichen, lasse ich mich umarmen oder hindere ich ihn daran, mir nahe zu kommen. „Aber ich suche doch den Herrn", könnten wir einwenden. Das Wichtigste ist allerdings nicht, ihn zu suchen, sondern zuzulassen, dass er mich findet und mich liebevoll streichelt. Das ist die Frage, die das Christuskind uns einzig mit seiner Gegenwart stellt: Lasse ich zu, dass Gott mich lieb hat?" (Predigt in der Christmette 2014)

Das ist die Kernaussage des Evangeliums, der Frohen Botschaft, auch wenn wir sie uns nicht häufig genug sagen können und müssen – und gerade auch den Begriff ‚zärtlich' immer wieder verwenden, damit er nicht nur von Papst Franziskus gesagt wird und damit letztlich doch nicht hier bei uns angekommen ist, überhört wird, ‚unerhört' bleibt. Für Papst Franziskus ist es eindeutig, dass eine Mystik der überfließenden Liebe Grundlage ist für die Zukunft der Kirche und nicht minder für die Zukunft der Welt. Schon in der Schöpfungsenzyklika wies er auf die Bedeutung dieser Spiritualität hin:

"Denn es wird nicht möglich sein, sich für große Dinge zu engagieren allein mit Lehren, ohne eine ‚Mystik', die uns beseelt, ohne ‚innere Beweggründe, die das persönliche und gemeinschaftliche Handeln anspornen, motivieren, ermutigen und ihm Sinn verleihen'. (EG 261)" (LS 216)

Und wie Papst Franziskus schon in der Schöpfungsenzyklika die Kohärenz einer solchen Schöpfungsspiritualität mit einer offenherzigen Liebe allen Menschen gegenüber ebenso voraussetzt wie anmahnt, dürfen wir dies auch als Vorhersage für die pastoralen Leitlinien und theologischen Lehraussagen der kommenden Bischofssynode lesen:

"Ein Empfinden inniger Verbundenheit mit den anderen Wesen in der Natur kann nicht echt sein, wenn nicht zugleich im Herzen eine Zärtlichkeit, ein Mitleid und eine Sorge um die Menschen vorhanden ist."
(LS 91)
Diese Zuwendung zu den Menschen bis zu den „existentiellen Peripherien" gründet für Papst Franziskus aber nicht in einem moralischen Imperativ, sondern in einer positiven Beschämung: in der Widerfahrnis, zärtlich geliebt, ja gestreichelt zu sein und darin mitgerissen zu werden in einem wahren ‚Fluss der Barmherzigkeit' (Instrumentum laboris 106).

Erst aus der Beschämung, von Gott in meinem Kleinsein geliebt zu sein, folgen für Papst Franziskus in seiner Weihnachtspredigt die Sätze, die auch als Leitfragen zu Beginn der Schlussetappe der Familiensynode stehen können:

„Gehen wir noch einen Schritt weiter: Haben wir den Mut, mit Zärtlichkeit die schwierigen Situationen und die Probleme des Menschen neben uns mitzutragen, oder ziehen wir es vor, sachliche Lösungen zu suchen, die vielleicht effizient sind, aber der Glut des Evangeliums entbehren? Wie sehr braucht doch die Welt von heute Zärtlichkeit!

Und in der Ankündigungsbulle des Jahres der Barmherzigkeit setzt Papst Franziskus fort:

„Wie sehr wünsche ich mir, dass die kommenden Jahre durchtränkt sein mögen von der Barmherzigkeit und dass wir auf alle Menschen zugehen und ihnen die Güte und Zärtlichkeit Gottes bringen! Alle, Glaubende und Fernstehende, mögen das Salböl der Barmherzigkeit erfahren, als Zeichen des Reiches Gottes, das schon unter uns gegenwärtig ist. (MV 5)

Von dieser Botschaft wird auch die Familiensynode getragen sein, wenn Sie sich den vielen Fragen zuwendet, die als neue Herausforderungen in der weltweiten Befragung identifiziert wurden und nach einer neuen pastoralen Aufmerksamkeit verlangen: die vielen vorehelichen Partnerschaften und Freundschaften, die nicht einfach nur als Sünde angesehen werden, die wiederverheiratet Geschiedenen, die ihr Leben weder für sich noch vor ihren Kindern als auf immer fortbestehende Todsünde betrachten, wie Menschen mit homosexueller Orientierung, die auch in ihrer sexuellen Veranlagung Gottes Schöpferwillen am Werke sehen.

Eins steht schon jetzt fest: Wenn die diesjährige Bischofssynode – etwa unter Aufnahme der oft genannten theologischen Schlüsselbegriffe der ‚Analogie', der ‚Gradualität', mit der Rede von ‚Semina verbi' oder ‚Wachstumsstufen der Freundschaft' – ein Erfolg wird, wird sie geprägt sein von einer Spiritualität, die nahe am ‚Herzschlag der Zeit' ist.

Papst Franziskus hat in der Schöpfungsenzyklika deutlich gemacht, dass es keine wirkliche ‚ökologische Umkehr' und Schöpfungsverantwortung geben könne, wenn sie nicht auch durchzogen ist von einer tiefen Schöpfungsspiritualität und Mystik (vgl. LS 216). Dasselbe ist auch bezogen auf die genannten, vielfältigen Herausforderungen unserer Zeit zu sagen. Ohne eine Spiritualität der Barmherzigkeit, ohne eine ‚Revolution der zärtlichen Liebe' (EG 88), werden wir die Menschen von heute nicht mehr erreichen. Nur in barmherziger Liebe und Zärtlichkeit, die über den Buchstaben des Gesetzes hinausgeht, die größere Liebe einbezieht, und darin das Gesetz erfüllt (vgl. MV 21), wird die Kirche auch als Grundsakrament dieser Liebe wahrgenommen werden. „Kirche überlebt", wie das gerade erschienene Buch von Kardinal Marx überschrieben ist. Denn die Zeit der Barmherzigkeit ist jetzt!

„Ich glaube, dass dies die Zeit der Barmherzigkeit ist!" (Papst Franziskus beim Rückflug vom Weltjugendtag am 28.7.2013)

Dienstag, 29. September 2015
Countdown zur Familiensynode über ‚Die Berufung und Mission der Familie in der Kirche in der modernen Welt'

Am 4. Oktober beginnt die mit Spannung erwartete XIV. Ordentliche Generalversammlung der Bischofssynode als Abschluss eines zweijährigen, die gesamte Weltkirche einbegreifenden, synodalen Prozesses. Der Beginn fällt zugleich auf den Gedenktag des Hl. Franziskus von Assisi, von dem der damalige Papst Innozenz III. träumte, dass er das Haus der Kirche stützen und wieder aufrichten würde.

.

Der Traum Papst Innozenz III.; Basilika San Francesco, Assisi

Auch Papst Franziskus – nach der vom Erzbischof von Havanna, Kardinal Jaime Ortega, mit Genehmigung des Papstes veröffentlichten Ansprache aus dem Vorkonklave – wurde gewählt aufgrund seiner die Kirche aus einer Trance nach Vatileaks, Korruptions- und Missbrauchsskandalen aufrüttelnden Analyse, dass ihm scheine, dass Christus in demselben Haus der Kirche heute „von innen klopft, damit wir ihn herauskommen lassen.

Die egozentrische Kirche beansprucht Jesus für sich drinnen und lässt ihn nicht nach außen treten. Die um sich selbst kreisende Kirche glaubt – ohne dass es ihr bewusst wäre – dass sie eigenes Licht hat. Sie hört auf, das ‚Geheimnis des Lichts' zu sein, und dann gibt sie jenem schrecklichen Übel der ‚geistlichen Mondänität' Raum [… in der] die einen die anderen beweihräuchern."

Was den zu wählenden Papst angeht, plädierte der heutige Papst für eine Person, die „aus der Betrachtung Jesu Christi und aus der Anbetung Jesu Christi der Kirche hilft, an die existenziellen Enden der Erde zu gehen, der ihr hilft, die fruchtbare Mutter zu sein, die aus der ‚süßen und tröstenden Freude der Verkündigung' lebt." Diese viele Kardinäle beindruckenden Worte aus dem Vorkonklave – noch bevor der damalige Kardinal Bergoglio wusste, dass die Wahl auf ihn fallen und er den Namen Franziskus annehmen würde – lesen sich im Blick auf den bisherigen synodalen Prozess wie eine Kurzfassung der auf dem zurückliegenden Weg veröffentlichten Dokumente und ebenso als Einleitung zu der in den nächsten Wochen folgenden Schlussetappe der Familiensynode über „Die Berufung und Mission der Familie in der Kirche in der modernen Welt".

Sonntag, 4. Oktober 2015

Die Sendung der Kirche in Wahrheit und Liebe: Die Eröffnung der XIV. Ordentlichen Bischofssynode 50 Jahre nach der Einsetzung dieses synodalen Beratungsgremiums in Folge des II. Vatikanischen Konzils

Nach der gestrigen Vigilfeier mit mehreren Zehntausenden Menschen und Familien auf dem Petersplatz hat heute mit dem Eröffnungsgottesdienst die XIV. Ordentliche Generalversammlung der Bischofssynode zum Thema „Die Berufung und Mission der Familie in der Kirche in der modernen Welt" begonnen.

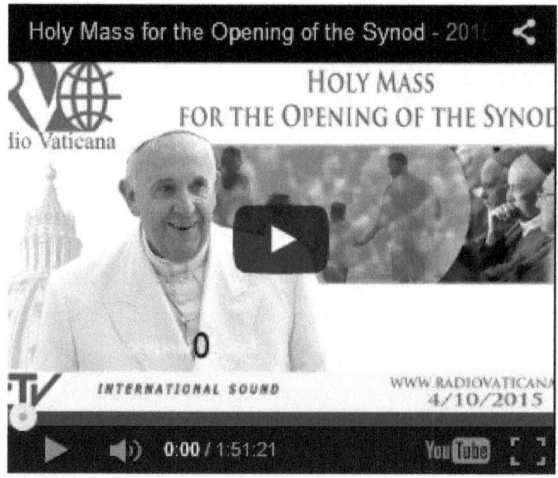

In der Predigt des Eröffnungsgottesdienstes, in der sich Papst Franziskus mehrfach ausdrücklich in die Tradition seiner Vorgänger im Papstamt stellte, spannte der Papst, von den Lesungstexten der Schöpfungsgeschichte (Gen, 2, 18-24) und des Markusevangeliums (Mk 10, 2-16) ausgehend, einen weiten Bogen von Gottes Traum der Liebe mit den Menschen bis hin zu der Aufgabe der Kirche, die Menschen durch alle Phasen ihres Lebens in Barmherzigkeit zu begleiten. Die Sendung der Kirche in Wahrheit und Liebe bildeten die beiden Fokusse seiner die Aufgabenstellung der Synode wie in einem Brennglas verdichtenden Auslegung: Die Treue zur Botschaft,

„die sich nicht mit den flüchtigen Moden oder den herrschenden Meinungen ändert. In der Wahrheit, die den Menschen und die Menschheit vor der Versuchung der Selbstbezogenheit schützt und davor, die fruchtbare Liebe in sterilen Egoismus und die treue Verbundenheit in zeitweilige Bindungen zu verwandeln. »Ohne Wahrheit gleitet die Liebe in Sentimentalität ab. Sie wird ein leeres Gehäuse, das man nach Belieben füllen kann. Das ist die verhängnisvolle Gefahr für die Liebe in einer Kultur ohne Wahrheit« (Benedikt XVI., Enzyklika Caritas in veritate, 3)."

Mit diesen Gedanken verstärkt Papst Franziskus sein Plädoyer für eine „authentische Liebe", eine „völlige Hingabe" und „schenkende Selbstlosigkeit" („im Licht der Torheit der schenkenden Selbstlosigkeit der österlichen Liebe Jesu"), die nicht einfach nur eine

„Utopie der Jugend" sei, „für immer einander zu lieben". Zugleich verliert er die hinter dem darin angesprochenen Ideal und dem ursprünglichen Schöpfungsplan zurückbleibenden oder -gebliebenen Menschen nicht aus dem Blick, deren Schicksale die Synode nicht minder in der heutigen Zeit ansprechen will, will die Kirche ihrer Sendung der Liebe und Barmherzigkeit treu bleiben.

„Die Sendung der Kirche zu leben in der Liebe, die nicht mit dem Finger auf die anderen zeigt, um sie zu verurteilen, sondern – in Treue zu ihrem Wesen als Mutter – sich verpflichtet fühlt, die verletzten Paare zu suchen und mit dem Öl der Aufnahme und der Barmherzigkeit zu pflegen; ein „Feldlazarett" zu sein mit offenen Türen, um jeden aufzunehmen, der anklopft und um Hilfe und Unterstützung bittet; aus der eigenen Einzäunung herauszutreten und auf die anderen zuzugehen mit wahrer Liebe, um mit der verletzten Menschheit mitzugehen, um sie mit einzuschließen und sie zur Quelle des Heils zu führen. Eine Kirche, die die Grundwerte lehrt und verteidigt, ohne zu vergessen, dass »der Sabbat ... für den Menschen da [ist], nicht der Mensch für den Sabbat« (Mk 2,27), und dass Jesus auch gesagt hat: »Nicht die Gesunden brauchen den Arzt, sondern die Kranken. Ich bin gekommen, um die Sünder zu rufen, nicht die Gerechten« (Mk 2,17)."

Papst Franziskus geht es um *„[e]ine Kirche, die zur authentischen Liebe erzieht, die fähig ist, aus der Einsamkeit zu befreien, ohne ihre Sendung als barmherziger Samariter für die verletzte Menschheit zu vergessen."* Und er zitiert an dieser Stelle seiner Predigt auch seinen Vorvorgänger, den heiligen Papst Johannes Paul II.:

„Der Fehler und das Böse müssen immer verurteilt und bekämpft werden, aber der Mensch, der fällt oder einen Fehler macht, muss verstanden und geliebt werden [...] Wir müssen unsere Zeit lieben und dem Menschen unserer Zeit helfen« (Ansprache an die italienische Katholische Aktion, 30. Dezember 1978: Insegnamenti I [1978], 450),

um im direkten Anschluss anzufügen, dass die „die Kirche [eben diesen Menschen] suchen, ihn aufnehmen, ihn begleiten [muss], denn eine Kirche mit verschlossenen Türen verrät sich selbst und ihre Sendung, und anstatt eine Brücke zu sein, wird sie eine Barriere". In dem Eintreten für die doppelte und doch eine Sendung der Kirche in Wahrheit und Liebe nehmen die Fürbitten für die Synodenväter diese Aufgabenstellung in den Blick: Mit den Worten derjenigen Bitte der Vigilfeier gesagt,

„dass die Synode [...] die Erfahrung von Ehe und Familie zu einem vollkommenen Menschenbild zu-

rückzuführen weiß; dass sie alles Schöne, Gute und Heilige in ihr erkenne, aufwerte und vor Augen führe; dass sie sich die Situationen von Verwundbarkeit zu Herzen nehme, die für viele Familien eine harte Prüfung darstellen: Armut, Kriege, Krankheit, Trauer, verletzte und zerrissene Beziehungen, die Missbehagen, Groll und Brüche verursachen; dass sie diese Familien wie überhaupt alle Familien daran erinnere, dass das Evangelium die 'frohe Botschaft' bleibt, von der aus man neu beginnen kann."

Die XIV. Ordentliche Bischofssynode mit ihrem Beginn am Gedenktag des Hl. Franziskus von Assisi hat in ihrem Eröffnungsgottesdienst die vielen Themen bereits umgriffen, um die es in den nächsten drei Woche – entlang den drei Teilen des Vorbereitungsdokumentes 'Instrumentum laboris'– gehen wird: 'Das Hören auf die Lebenswirklichkeit von Ehe und Familie, das Sehen derselben im Licht der Botschaft des Evangeliums und das daraufhin mögliche unterscheidende Deuten der pastoralen Herausforderungen der Familie in der heutigen Zeit' (vgl. Blog-Beitrag vom 18.10.2014). Entlang dieses Dreischrittes wird es deshalb erst in der letzten Woche der Bischofssynode um diejenigen Themen gehen, um die auf der vergangenen III. Außerordentlichen Synode am meisten gerungen wurde (der Umgang mit den wiederverheiratet Geschiedenen etc.; s. Ebd.) – und für deren Behandlung es nicht nur der intensiven Auseinandersetzung in den grundlegenden, ersten beiden Themenwochen, sondern sicher auch des über die Arbeit in den Klein- und Sprachgruppen zunehmenden Vertrautwerdens der Synodalen, Experten und teilnehmenden Paare untereinander bedarf.

Damit das Zugehen auf die vielen Themenstellungen wie das aufeinander Eingehen der Synodenteilnehmenden in den nächsten drei Wochen gelingt, hat Papst Franziskus in der gestrigen Vigilfeier wie schon vor einem Jahr „den Heiligen Geist angerufen und darum gebetet, dass die Synodenväter bei der Behandlung des Themas Familie fähig sein möchten, hinzuhören und sich miteinander auszutauschen, mit festem Blick auf Jesus, der das letzte Wort des Vaters und das Kriterium für die Interpretation von allem ist."

„An diesem Abend kann unser Gebet nicht anders sein. Denn – wie Patriarch Athenagoras sagte – ohne den Heiligen Geist ist Gott fern, bleibt Christus in der Vergangenheit, wird die Kirche eine bloße Organisation, verwandelt sich die Autorität in Herrschaft, wird Mission zu Propaganda, Gottesdienst zu Beschwörung und christliches Handeln zu einer Sklavenmoral."

Die mit Spannung erwartete und in einem zweijährigen synodalen Prozess vorbereitete, alle Teilkirchen der Welt einbeziehende XIV. Ordentliche Bischofssynode hat begonnen. Man wird ihre Bedeutung gewiss nicht überschätzen, sie schon jetzt als eine der bedeutsamsten synodalen Bischofsversammlungen seit dem Ende des II. Vatikanischen Konzils vor 50 Jahren zu betrachten.

Montag, 5. Oktober 2015
Vedere, avere compassione, insegnare: Sehen, Mitleid haben, lehren – oder die drei großen Themen der kommenden Synodenwochen

"Sehen, Mitleid haben, Lehren". Diese Kurzversion der Haltung Jesu gegenüber den Menschen zitierte Kardinal Péter Erdö aus der Angelus-Ansprache von Papst Franziskus vom 19.7.2015 zu Beginn seines Einführungsreferates vor dem Synodenplenum in Hinblick auf die gestern bereits erwähnten drei großen Themenkomplexe des Vorbereitungsdokumentes Instrumentum laboris.

Papst Franziskus, Kardinal Péter Erdö während des Einführungsreferates

„Die drei Verben sind in der Haltung Jesu immer miteinander verbunden: sein Blick nämlich ist nicht der Blick eines Soziologen oder eines Fotoreporters, denn er blickt immer mit den »Augen des Herzens«. Diese beiden Verben, sehen und Mitleid haben, gestalten Jesus als den Guten Hirten. Auch sein Mitleid ist nicht nur ein menschliches Gefühl, sondern es ist das Empfinden des Messias, in dem die Zärtlichkeit Gottes Mensch geworden ist. Und diesem Mitleid entspringt das Verlangen Jesu, die Menge mit dem Brot seines Wortes zu nähren, das heißt die Menschen das Wort Gottes zu lehren. Jesus sieht, Jesus hat Mitleid, Jesus lehrt uns." (Angelus, 19.7.2015)

Mit diesen drei Verben „Sehen, Mitleid haben, Lehren" führte Kardinal Erdö im Verlauf des heutigen Vormittags in einer einstündigen, dichten Rede in Anwesenheit von 258 (von 270) stimmberechtigten Synodalen in die drei Teile des Vorbereitungsdokumentes ein: Das wahrnehmende Hören auf die Herausforderungen der Familie, deren Aufnahme in der barmherzigen Liebe Jesu und die Unterscheidung in Hinblick auf die konkret sich stellenden Einzelfragen in der Welt von heute – wie im gestrigen Blog schon als Dreischritt der nächsten Wochen benannt. Heute ging es gleichwohl in einem Aufriss des gesamten Spannungsbogens einerseits im gewissen Sinn bereits um alles – und damit nicht von ungefähr auch wiederum um die Gretchenfragen, wie es nicht nur die mittägliche Pressekonferenz vor Augen führte.

Zuvor aber hielt Papst Franziskus ein einladendes und ermahnendes Grußwort an alle Synodalen, indem er wie zu Beginn der Außerordentlichen Bischofssynode des vergangenen Jahres die Synode als „Miteinander-Gehen im Geist der Kollegialität und der Synodalität" bezeichnete und als die richtigen Herangehensweisen Freimut („Parrhesia"), pastoralen und doktrinalen Eifer, Klugheit und Aufrichtigkeit benannte.

„Die Synode ist kein Kongress, kein Sprechzimmer, kein Parlament oder Senat, wo man sich ins Einvernehmen setzt. Nein, die Synode ist ein kirchlicher Ausdruck, das heißt, die Kirche, die miteinander unterwegs ist, um die Wirklichkeit mit den Augen des Glaubens und dem Herzen Gottes zu lesen; es ist die Kirche, die sich über die Treue zum Glaubensgut befragt, das für sie kein Museum ist, das es anzuschauen oder bloß zu bewahren gälte. Vielmehr ist das Glaubensgut eine lebendige Quelle, an der die Kirche ihren Durst stillt, um den Durst des Lebensgutes zu stillen und zu erleuchten. Sie ist ein geschützter Ort, wo die Kirche das Wirken des Heiligen Geistes erfährt. In der Synode spricht der Geist durch die Sprache aller Menschen, die sich von Gott leiten lassen, von Gott, der immer überrascht, von Gott, der

sich den Kleinen offenbart in den Dingen, die er den Wissenden und den Intelligenten verbirgt; von Gott, der das Gesetz des Sabbat für den Menschen schuf und nicht umgekehrt; von Gott, der die 99 Schafe zurücklässt, um das einzige verirrte Schaf zu suchen; von Gott, der immer größer ist als unsere Logiken und unsere Rechnungen." (Pressemeldung von Radio Vatikan vom 5.10.2015)

Dass die Synodalen mit Papst Franziskus auf das Wirken des in den Gottesdiensten der beiden vergangenen Tage angerufenen Heiligen Geistes in den nächsten drei Wochen vertrauen, unterstrichen – jeder auf seine Weise – auch die von Pressesprecher Federico Lombardi als 'Protagonisten' der XIV. Ordentlichen Bischofssynode bezeichneten ersten Gäste aus der Synodenaula bei der mittäglichen Pressekonferenz. Die bereits aus den Pressekonferenzen der III. Außerordentlichen Bischofssynode bekannten Kardinal André Vingt-Trois, Erzbischof von Paris und Präsident der Synodenversammlung, Kardinal Péter Erdö, Erzbischof von Esztergom-Budapest (Ungarn) und Generalrelator, und Msgr. Bruno Forte, Erzbischof von Chieti-Vasto (Italien) und Spezialsekretär der Synode, betonten eben diesen geistlichen Weg des Gebets (Vingt-Trois) der mit dem Synodenbeginn heute eröffnet sei. Die vielfältigen Herausforderungen und Umwälzungen von Ehe und Familie weltweit bildeten das gemeinsame Thema (Erdö) trotz aller kulturellen Unterschiedlichkeit und Herkünfte der Synodenväter (Vingt-Trois), die auf die schon zuvor von Papst Franziskus angesprochenen Haltungen der Parrhesia, des Mutes und der Demut (Forte) gerade in Hinblick auf die Begleitung von Menschen in schwierigen Lebenssituationen angewiesen seien.

Dass die Rückfragen der Pressekonferenz im direkten Anschluss beinahe ausnahmslos auf die umstrittenen Fragen zu den wiederverheiratet Geschiedenen (gestellt in beinahe allen Weltsprachen), das Thema Sexualität und Homosexualität kreisten, hat einerseits direkten Bezug auf das auch diese Themen nicht aussparende Einführungsreferat von Kardinal Erdö. Sie gelten den Journalisten, der interessierten Öffentlichkeit wie der Christenheit weltweit als Nagelprobe, ob und welche neuen Wege die Synode einzuschlagen gewillt ist.

Wer heute mehr als die Skizzierung der verschiedenen im Vorbereitungsdokument dargelegten Vorschläge durch Kardinal Erdö erwartete, wurde enttäuscht – selbst wenn Pressesprecher Lombardi mit einem süffisanten Lächeln im Anschluss bemerkte, dass die Synode heute schließlich erst beginne und noch nicht beendet sei. Und ebenfalls auf ein ergebnisoffenes, gemeinsames Fragen und Suchen hob Erzbischof Forte ab, als er wider das außerhalb der Synodenaula häufig zitierte Bild zweier einander gegenüberstehender, ja einander bekämpfender Parteien die Gemeinsamkeit aller Synodenteilnehmer unterstrich:

„Ich würde ehrlich sagen, dass im Innern der Synode der Eindruck ein anderer ist. In Wirklichkeit sind das alles Hirten, Männer des Glaubens, die auf Gott hören und auf die Erwartungen der Menschen. Das eint uns zutiefst." (Pressemeldung von Radio Vatikan vom 5.10.2015)

Dienstag, 6. Oktober 2015
"Wir sind die einzige Religionsgemeinschaft der Welt, die versucht ein solches Thema weltweit in Gemeinschaft und Einmütigkeit zu behandeln. Das ist nicht einfach!"

Reinhard Kardinal Marx, Erzbischof von München-Freising und Vorsitzender der Deutschen Bischofskonferenz

Dieses Zitat aus einem Interview der Tagesthemen vom 5.10.2015 mit Kardinal Marx unterstreicht die große Herausforderung der Familiensynode, indem es „die Unterschiedlichkeit der Kulturen wie der einzelnen Situationen der Länder" anspricht. Und ich erinnere dabei dieselbe Aussage – damals als Frage formuliert –, als er im direkten Anschluss an die III. Außerordentliche Bischofssynode des letzten Jahres fragend in den Raum stellte: *„Wie kann man bei dieser Vielfalt von Kulturen bei einem Thema wie Ehe, Familie und Sexualität eine gemeinsame Sprache finden? Von den soziokulturellen Unterschieden her ist das fast unmöglich."* (Interview der KNA vom 19.10.2014)

Und dennoch ist gerade diese 'Unmöglichkeit' die Aufgabe dieser Synode: dafür Sorge zu tragen, dass die „Unterschiedlichkeit der Kulturen, der einzelnen Situationen in den Länder Berücksichtigung findet" und zugleich, dass wir *„in den zentralen Fragen – was die Sakramente, was das Verständnis der Ehe angeht –, [...] als katholische Kirche zusammen bleiben."* (Tagesthemen vom 5.10.2015).

Ganze 72 freie und drei Minuten lange Redebeiträge zählten die ersten beiden Versammlungen im Synodenplenum am gestrigen Nachmittag und heutigen Vormittag, von denen 23 in Italienisch, 21 in Englisch, 15 in Französisch, 7 in Spanisch, 2 in

Deutsch und l in Portugiesisch die interkulturelle Vielfalt auch phonetisch zum Ausdruck brachten; zugleich aber auch – nach Einschätzung des abermals aus dem vergangenen Jahr bekannten Gastes der heutigen Pressekonferenz, Kardinal Durocher, Erzbischof von Gatineau und Vorsitzender der Bischofskonferenz Kanadas – beinahe schon alle 36 Punkte des Einführungsteils des Vorbereitungsdokuments Instrumentum laboris ansprachen. Dabei war das Thema ‚Migration und Flüchtlinge'– mit hoher Tagesaktualität gerade auch in Deutschland – das mit am häufigsten angesprochene. Unser deutscher Synodenteilnehmer, Abtpräses Jeremias Schröder, beschreibt in seinem Synodenblog betroffen von sehr nahegehenden Berichten:

„Ihre Beiträge sind oft verstörend: der ganze nahe Osten ist ja in Bewegung geraten, und das Leiden der Menschen in Syrien und Irak wird zum Thema. Es geht unter anderem um Mädchen, die vom IS geraubt, vergewaltigt und zwangsverheiratet werden. Vor Augen geführt wird uns eine uralte christliche Bevölkerung – die Nachfahren der ersten Christen, die nun durch Flucht und Migration vor der Auslöschung steht. Manche beklagen das Leiden, andere sprechen schon davon, wie diese Kirchen im Exil und wahrscheinlicher noch in der dauerhaften Diaspora weiterleben können. Bischöfe aus Westeuropa berichten über die Aufnahme von Flüchtlingen, und über

den immensen Druck, dem die fliehenden Familien ausgesetzt sind. So schwappt ein tagesaktuelles Thema in die Synode ein. Wir werden drastisch daran erinnert, dass diese vielen Männer und (wenigen) Frauen in der Aula eine Erfahrungsbreite mitbringen, die sonst kaum je auf so engem Raum versammelt ist, und diese Breite ist nicht nur bunte Vielfalt, sondern auch Leid und Schmerz." (Synodenblog vom 6.10.2015)

Ein weiterer oft genannter Fokus der Wortmeldungen gilt dem Plädoyer für eine positive, dem einzelnen Menschen zugewandte Sprache, die sich an der einfachen, konkreten und wertschätzenden Ausdrucksweise von Papst Franziskus orientiert – gerade in Hinblick auf das nahende Jubiläumsjahr der Barmherzigkeit. Erzbischof Durocher und Kurienerzbischof Claudio Maria Celli, Vorsitzender des Päpstlichen Rats für die sozialen Kommunikationsmittel und zugleich Vorsitzender der Kommission für die Information auf dieser Bischofssynode, wiesen in der mittäglichen Pressekonferenz auf die zwei sich ergänzenden Herangehensweisen der verschiedenen Synodalen hin – manche mehr ausgehend von der "Lehre" und andere mehr vom "Leben" –, die sich komplementär ergänzen könnten im vertiefenden Gesprächsprozess der nächsten Wochen.

Überraschender Weise ergriff Papst Franziskus nach Auskunft von Pressesprecher Lombardi auch heute das Wort, als er im Zuge des Hinweises auf die Grundlagendokumente dieser Synode und damit zusammenhängende, methodologische Fragen noch einmal auf die gesamte Breite der Themenstellungen dieser Bischofssynode hinwies, die "von außen" nicht auf eine Frage, die Frage der Kommunion für die wiederverheiratet Geschiedenen, enggeführt werden dürfe. Er setze hierbei auf die fruchtbare und konzentrierte Arbeit in den Klein- und Sprachgruppen, die bereits am heutigen Nachmittag ihre Arbeit aufgenommen haben.

Die vielen in dem Grundlagendokument dieser Synode, im Instrumentum laboris, angesprochenen Fragen sind von daher ausdrücklich "offen", wie Erzbischof Celli auf Nachfrage in der Pressekonferenz betonte; ebenso "offen" wie die Frage, was bei konkreten Einzelthemen Sache der "Lehre" (dottrina) und was Sache der "Disziplin" (disciplina) sei, mit welcher Antwort Erzbischof Durocher am Ende der Pressekonferenz einen bereits im Frageansatz voreingenommenen Journalisten mit sympathischer Ironie zur Mitsuche der relevanten theologischen Stellen in einem mehrere tausend Seiten Standardwerk der Lehrverkündigungen der Kirche (deutscher Provenienz: der sogenannte ‚Denzinger-Hünermann') einlud.

Mittwoch, 7. Oktober 2015

"Papst Franziskus bat, nicht einer 'Hermeneutik der Verschwörung' stattzugeben, die soziologisch schwach und geistlich nicht förderlich ist."

Dieser Satz, über den Kurznachrichtendienst Twitter nach der zweiten Plenarsitzung am Dienstagmittag verbreitet, beschäftigte auch die Pressekonferenz des heutigen Mittwoch. Papst Franziskus sagte diese Worte in seiner gestern erwähnten, überraschenden Intervention im Anschluss an die notwendig gewordene, wiederholte Erläuterung der Geschäftsordnung der XIV. Ordentlichen Bischofssynode durch Synodensekretär Lorenzo Kardinal Baldisseri – und beides wohl nach Berichten als Reflex auf eine Stellungnahme des australischen Kardinals George Pell, Präfekt des Sekretariats für Wirtschaft und Mitglied des G9-Kardinalsrates des Papstes, gegen Ende der einstündigen 'freien Diskussion' am Montagabend. Darin hatte er die Zusammensetzung einer zehn Personen umfassenden Sonderkommissionen, die das Abschlussdokument (Relatio finalis) zusammenstellen wird, als nicht ausreichend repräsentativ für ein breites Spektrum von Mitgliedern aus den verschiedenen Regionen der Welt kritisiert, die mit anderen, von der Synodenversammlung gewählten Mitgliedern ergänzt werden solle.

Hinter dem gesamten synodalen Prozess eine Verschwörung zu wittern, ist wohl in vielen extremen Foren weltweit und leider auch im deutschen Sprachraum von selbsternannten 'katholischen Internetmagazinen' wie kath.net oder katholisches.info eine gängige Münze auch in dieser Woche. Sich von solchen Anwandlungen konspirativer Kräfte frei zu machen, die wohl bis in die Synodenaula spalterisch hineinragen, und auf einen geistlichen Prozess unter der Führung des Heiligen Geistes einzulassen, ist der wiederholte Wunsch des Papstes; und die entschiedene Bitte, die in seiner gestrigen Intervention deutlich wurde, sich für das Wirken des Heiligen Geistes in der Synode zu öffnen. Die in dem Bericht Kardinal Baldisseris erwähnte, zehn Personen umfassende Sonderkommission – tatsächlich aus allen Kontinenten zusammengesetzt – soll die Transparenz des Gesamtprozesses während der Synode im Blick haben, vor allem aber die Arbeit der Kleingruppen zusammenfassen und für das Abschlussdokument aufbereiten.

Der Beginn dieser Kleingruppenarbeit war dann auch heute der hauptsächliche Fokus des dritten Synodenarbeitstages und der diesbezüglichen Pressekonferenz. Insgesamt verteilen sich die 270 Synodenväter und knapp 90 Berater und Gäste auf 13 Klein- bzw. Sprachgruppen: 4 englische, je 3 französische und italienische, 2 spanische und die deutschsprachige. Der zum Berichterstatter (Relator) einer englischen Sprachgruppe gewählte Erzbischof von Philadelphia, Charles Joseph Chaput, erfährt gerade in seiner Kleingruppe eine ähnliche Sprachen- und Kulturenvielfalt, die er noch vor wenigen Wochen als Gastgeber des Weltfamilientreffens erlebt hat. Er erzählt in der Pressekonferenz von der globalen Zusammensetzung seiner englischsprachigen Kleingruppe, der Synodale aus Pakistan, Kanada, England, Frankreich, Indien, Bangladesch, Kenia, Philippinen, Ghana, Sambia, Indonesien, Australien, Belgien und den USA angehören. Und wahrscheinlich wird auch Erzbischof Chaput nicht erst in der letzten Synodenwoche in ähnlicher Weise den gestern von Kardinal Marx zitierten Satz über die Herausforderung der Synode angesichts der Vielfalt der kulturellen Verwurzelung innerlich mehr als einmal ruminieren. Und sicher meinte er das auch, als er in der Pressekonferenz einen heute mehrfach angesprochenen Gedanken mit dem folgenden Satz auf den Punkt brachte:

"Language is a big issue!"

Demgegenüber repräsentiert die – im Gegensatz zum vergangenen Jahr – neu einberufene, deutschsprachige Arbeitsgruppe nicht nur einen geschlossenen Sprachraum, sondern auch ein und denselben Kulturraum. Dieser u.a. mit zwei Kurienkardinälen und Vorsitzenden der deutschsprachigen Bischofskonferenzen hochkarätig besetzte 'Circulus minor' wählte den Erzbischof von Wien, Christoph Kardinal Schönborn, zum Moderator und den Familienbischof Deutschlands, Erzbischof Koch zum Relator. Er wird in dieser Aufgabe der erwähnten Redaktionskommission wie der Synodenaula jeweils mit Ende der Beratungen zu jedem der insgesamt drei Teile des Vorbereitungsdokumentes Bericht erstatten und damit drei von insgesamt 39 Relationes – alle auch veröffentlicht – beitragen, aus denen dann auf der Grundlage des Instrumentum laboris das Abschlussdokument erstellt wird.

Wider alle Verschwörungsszenarien prägen Transparenz, Offenheit und die Einladung zum Gespräch die Arbeitsatmosphäre; sowie die Bereitschaft, um Inhalte „auch zu ringen", wie es Bischof Bode am Montagabend zum Ausdruck brachte. Und dass auch von 'alten Hasen' mit jahrzehntelanger Synodenerfahrung im Gegensatz zu früher eine wohltuende Weiterentwicklung der zuvor gewohnten Gesprächskultur festgestellt werden kann, sagte der zum achten Mal an einer Bischofssynode teilnehmende und extra für die erwähnte Redaktionsgruppe berufene Erzbischof von Washington, Kardinal Donald Wuerl, heute mit diesen Worten:

„Die letzten zwei Synoden, also die 2014 und die jetzige sind ganz anders, sie sind viel offener als alle Synoden, an denen ich in der Vergangenheit teilgenommen habe. Die Teilnehmer haben viel mehr Zeit, zu sprechen, die kleinen Sprachgruppen haben viel mehr Zeit. Denn hier tauschen sich die Teilnehmer aus, hier werden Ideen diskutiert und die Menschen nehmen aktiv teil. Das ist eine wunderbare Entwicklung in der Offenheit und Synodalität, von der unser Heiliger Vater spricht." (Radio Vatikan vom 7.10.2015)

Donnerstag, 8. Oktober 2015
Eine Synode des Volkes, die die Arbeit von zwei Jahren zusammenträgt

Nur noch von Ferne berührte heute in der Pressekonferenz der im wahrsten Sinne abwegige und mit der Realität der Synodenteilnehmenden im Grundsatz unvereinbare Gedanke einer 'konspirativen Verschwörung', als die beim heutigen Pressebriefing eingeladenen Gäste ihre Eindrücke von dem Herzstück dieser XIV. Ordentlichen Bischofssynode berichten: der Arbeit und den Themen der Klein- und Sprachgruppen.

Mit den drei Gästen aus Italien, Syrien und Ghana stand gewissermaßen die Weltkirche den Journalisten zur Antwort bereit. Und während der einstündigen Pressekonferenz vermittelten Kardinal Eduardo Menichelli, Erzbischof von Ancona-Osimo (Italien), Erzbischof Gabriel Charles Palmer-Buckle von Accra (Ghana), und Msgr. Ignace Youssif III Younan, Patriarch von Antiochien der Syrer und Vorsitzender der Synode der Syrisch-Katholische Kirche, trotz oder wegen ihrer kulturellen Verschiedenheit eine Botschaft, die Kardinal Menichelli mit der Charakterisierung dieser Bischofsversammlung als „Synode des Volkes" zum Ausdruck brachte.

Erzbischof Palmer-Buckle stellte als erster afrikanischer Gast bei den Pressekonferenzen dieser Synode das kurz zuvor von den 37 Bischofskonferenzen Afrikas und Madagaskars veröffentlichte Positionspapier 'The future of the family, our mission' vor, das sich vor allem den Themen Armut, Krieg, der ökologischen Krise und der Flut von Angriffen gegen die Familienwerte widmet. Aber auch dieses Dokument weiß um die Realität vieler getrennter, zerbrochener und geschiedener Familien in den verschiedenen Regionen Afrikas, so dass es für Erzbischof Palmer-Buckle wie für die afrikanischen Bischöfe insgesamt selbstverständlich sei, dass sie die mit diesen Herausforderungen noch direkter konfrontierten Bischöfe der anderen Teilkirchen nicht nur nicht blockieren, sondern schon aufgrund ihrer Zugehörigkeit zu der einen katholischen Kirche unterstützen würden.

Beinahe noch aktuell drängender – auch wenn die Profession der anwesenden Journalisten angesichts der in der Pressekonferenz gestellten Fragen wohl eher weniger an der Krise der Christen im Nahen Osten und der Migrationsthematik orientiert gewesen ist – berührt der Appell des Patriarchen von Antiochien und Vorsitzenden der Synode der Syrisch-Katholischen Kirche, also aus dem Ursprungsland der ersten Christen, angesichts der Verfolgungssituation und der Lebensbedrohung und Vertreibung vieler Familien und des himmelschreienden Krieges und Leides in seinem Kulturkreis.

Und Kardinal Menichelli erinnerte als Moderator einer italienischen Sprachgruppe schließlich den zweijährigen synodalen Weg der Befragung der Teilkirchen und die bewusst die „existentiellen Peripherien" in den Blick nehmende Vorbereitung der diesjährigen Familiensynode, die in dem Arbeitsdokument Instrumentum laboris z.Zt. in den Kleingruppen diskutiert und fortgeschrieben wird. Wie schon in diesem Blog im Januar ausgeführt, dass die Befragung der Teilkirchen darauf abzielte, „den nötigen Realismus bei den Überlegungen [...] zu erleichtern, um zu vermeiden, dass ihre Antworten von solchen Schemata und Perspektiven gegeben werden, die einer Pastoral eigen sind, welche lediglich die Lehre anwendet und auf diese Weise die Schlussfolgerungen der außerordentlichen Synodenversammlung nicht berücksichtigen und damit […] von dem schon vorgezeichneten Weg wegführen würde", gilt nun fortgesetzt auch für die Synodalen, Berater und Gäste dieser Synode. Und sie wiederholen in dieser ersten Synodenwoche in Bezug auf die Ziffern 1-36 des Instrumentum laboris diejenige Frage, die im Fragebogen ganz zu Anfang stand.

„Entspricht die Beschreibung der Realität der Familie, wie sie die Relatio Synodi vornimmt, dem, was heute in Kirche und Gesellschaft festgestellt werden kann. Welche fehlenden Aspekte können ergänzt werden?"

Erzbischof Koch, der Berichterstatter der deutschen Sprachgruppe, veröffentlichte heute die entscheidenden Passagen seiner Wirklichkeitsbeschreibung in einem am Montag im Synodenplenum vorgetragenen Statement. Darin weist er neben der Diasporasituation seines Erzbistums auf die vielen jungen Menschen hin, die heute in Mitteleuropa "unverheiratet zusammen leben und die Institution und die Tradition Ehe als nicht lebensnotwendig einstufen." Von denen, die heiraten, seien 40 Prozent der Ehen mit einem Partner oder einer Partnerin, die einer anderen Konfession angehören, die im ökumenischen Geist eine besondere Herausforderung und Chance darstellten, aber wie die erstgenannte Gruppe eines ermunternden Wortes bedürften.

Erzbischof Koch ist ganz beim die gesellschaftlichen Voraussetzungen von Ehe und Familie in den Blick nehmenden I. Teil des Instrumentum laboris, wenn er dazu auffordert, dass wir *"auf der Synode nicht den Eindruck vermitteln [dürfen], als wenn wir uns vor allem um das Scheitern und um die Zulassungsbedingungen zu den Sakramenten hätten."* Und dennoch gehört auch zu seiner Wahrnehmung die Not und die Bedarfe der wiederverheiratet Geschiedenen, die unabhängig von den möglichen Antworten, um die sich die dritte Synodenwoche widmen wird, auch schon bei der Beschreibung von Familienrealitäten ins Wort kommen muss.

"Auch tiefgläubige junge Christen stellen mir angesichts der Erfahrung in ihrer Familie und in ihrem Freundeskreis die Frage: „Aber wenn wir in unserer Ehe scheitern und später eine neue Ehe eingehen, warum sind wir dann vom Tisch des Herrn ausgesperrt? Weist Gott die Menschen, die ein Scheitern erlebt haben, von sich?" Dann versuche ich zu erklären, warum wir die wiederverheiratet Geschiedenen nicht zur Kommunion zulassen, aber die Argumentation dieser theologischen Aussagen lässt die Fragen im Herzen der Menschen nicht verstummen: Ist für

Menschen, die unumkehrbare Brüche in ihrem Leben erlebt und erlitten haben, kein Platz am Tisch des Herrn? Wie fehlerlos und wie heil muss man sein, um zum Mahl des Herrn eingeladen zu werden? Mir wird immer wieder deutlich, dass die Frage der Zulassung der wiederverheiratet Geschiedenen zur Eucharistie nicht in erster Linie eine Frage nach der Unauflöslichkeit des Sakraments der Ehe ist. Für viele Menschen stehen in dieser Frage die Kirche und ihre Barmherzigkeit in Frage. Nicht wenige Betroffene ziehen sich bei uns aufgrund der von ihnen empfundenen Zurückweisung mit ihren Kindern von der Kirche zurück. Zuletzt und zutiefst aber geht es für viele um den christlichen Glauben und um Gott und seine Barmherzigkeit. Über die Frage der Zulassung zur Eucharistie wird für viele Gott fragwürdig."

Zur Frage der Wirklichkeitswahrnehmung dieser Synode gehört auch diese dichte Beschreibung der gesellschaftlichen Realitäten. In Demut und im Dienst an den Menschen der Katholischen Kirche, ihren Herausforderungen und ihrer Berufung in heutigen Zeit ist diese Bischofssynode ausdrücklich eine "Synode des Volkes, die jetzt ihre Arbeit von zwei Jahren zusammenträgt" (Kardinal Menichelli) und morgen bereits in Hinblick auf den ersten Teil die Ergebnisse der Kleingruppen im Synodenplenum vorstellen wird.

Freitag, 9. Oktober 2015

"I'm very much impressed by the openness to the diversity of situations and cultures, the diversity that brings complexity."

Diese Worte sagte Kardinal Luis Antonio Tagle, Erzbischof von Manila und Präsident von Caritas Internationalis, in einem Pressekonferenz-Statement am heutigen Tage der Vorstellung der ersten 13 Zwischenberichte der Kleingruppen zum I. Teil des Intrumentum laboris.

Erzbischof Joseph Edvard Kurtz, Erzbischof Carlos Osoro Sierra, Kardinal Luis Antonio Tagle, Pressesprecher Federico Lombardi (v.l)

Er war bereits ein Jahr zuvor am Tage der Vorstellung des Aufsehens erregenden Zwischenberichts der III. Außerordentlichen Bischofssynode ebenfalls in einem Pressebriefing als Gesprächspartner für die

Öffentlichkeit ausersehen gewesen. Und dieses Mal wurde Kardinal Tagle, der bereits zum sechsten Mal an einer Bischofssynode teilnimmt und dessen Person als Mitglied der zehnköpfigen Redaktionskommission des Abschlussdokumentes der Synode besonderes Gewicht zukommt, begleitet durch den ebenfalls aus dem vergangenen Jahr bereits bekannten Vorsitzenden der amerikanischen Bischofskonferenz, Erzbischof Joseph Edvard Kurtz (Louisville), der zugleich Berichterstatter der Kleingruppe 'Englisch A' ist, und dem Erzbischof von Madrid, Carlos Osoro Sierra.

Auf die Entstehungsgeschichte des aus vielen unterschiedlichen Versatzstücken verschiedenster Autoren und Experten entstandenen Vorbereitungsdokumentes 'Instrumentum laboris' wusste Kardinal Tagle als Redaktionsmitglied ebenfalls sachkundig einzugehen, als er auf den Eindruck der 'Konfusion' in manchen Teilen dieses Arbeitspapieres angesprochen wurde – wie es heute vereinzelt auch in einigen kritischen Rückmeldungen, insbesondere etwa aus der englischsprachigen Kleingruppe D, hieß. Als ein 'Arbeitspapier' sei das Instrumentum laboris von vornherein (wie alle bisherigen Vorbereitungsdokumente der vorangegangenen Synoden) immer auch ein 'Martyrer-Dokument', das notwendig ein 'Skrutinium' durchlaufen müsse, gerade wenn es sich als Ausgangstext zu Beginn einer Synodenversammlung stelle – so dass seine kritische Begutachtung deshalb ausdrücklich erwünscht und willkommen sei.

Er sei sehr beeindruckt, wie es im Titel dieses Blog-Beitrag aus der Pressekonferenz im englischen Wortlaut zitiert ist, über die Offenheit, die in den Berichten der Kleingruppen zum Ausdruck gekommen ist, sich den verschiedenen Situationen und kulturellen Besonderheiten zu öffnen, die die Komplexität der Arbeit nolens volens erhöhe. Zugleich äußert er Verständnis, dass diese Komplexität auch hier und da Sorgen in Hinblick auf die Einheit und einheitliche Lehrmeinung in der katholischen Kirche aufkommen lasse. Den Wunsch vieler Rückmeldungen aus den Kleingruppen, die Botschaft von der Familie positiv zum Ausdruck zu bringen, bekräftigt er, indem er die Familie als Institution bezeichnet, die die Gesellschaft von Grund auf trage. Dass von der Synode deshalb nicht erwartet werden solle, die Lehre der Kirche zu ändern, sagte er in Bezug auf Papst Franziskus, der in einer ähnlichen Formulierung am Montag die Synodenberatungen eröffnet hatte. Kardinal Tagle:

„We're affirming the teaching and we're discovering how the teaching of the church, of the bible, of Jesus Christ is really liberating and will give new live to families. So the focus of this synod is the pastoral care: How do we accompagny families which have

been separated due to war, migration and poverty. So you have the doctrine, but how do you make the doctrine live in adressing to specific situations." (eigene Verschriftlichung)

„Wir bejahen die Lehre und sind dabei zu entdecken, wie die Lehre der Kirche, der Bibel, von Jesus Christus, wirklich befreiend ist und den Familien neues Leben gibt. So ist der Fokus dieser Synode die pastorale Sorge: Wie begleiten wir Familien, die getrennt sind, bedingt durch Krieg, Migration oder Armut. So haben wir eine Lehre, müssen sie aber verlebendigen in Bezug auf die verschiedenen Situationen." (eigene Übersetzung)

Die vielen Stellungnahmen im Einzelnen zusammenzutragen, wird nun die Daueraufgabe der nächsten knapp zwei Wochen für die zehnköpfige Redaktionskommission sein: die veröffentlichten, inhaltlichen Rückmeldungen zu sichten, aber auch die konkreten Textänderungsanträge, die je nach Kleingruppe heute unterschiedlich 5 bis zu 65, einzeln abgestimmte Eingaben umfassten, einzuarbeiten. Währenddessen hat die Plenarsitzung schon am späten Vormittag mit 'freien Redebeiträgen' die Diskussion des zweiten Teils des Instrumentum laboris aufgenommen, so dass die Arbeit gewissermaßen ohne Pause fortgesetzt wird – eine Beschleunigung, die auch schon deshalb notwendig ist, weil das 'relatio finalis' genannte Abschlussdokument bereits am Donnerstag, den 22.10.2015 fertiggestellt sein soll, damit es von den Synodenvätern vor der Beschlussfassung und Übergabe an den Papst am Samstag, den 24.10.2015 noch gelesen, diskutiert und zur Abstimmung gebracht werden kann. Ob es das letztgültige Abschlussdokument der Synode sei oder aber dem Papst als Grundlage für ein nachsynodales Schreiben dienen werde, wagte Kardinal Tagle nicht einzuschätzen, weil die vorausgegangenen dreizehn Bischofssynoden jeweils unterschiedlich vorgegangen seien.

Unabhängig davon war eine andere Konsequenz schon heute aus den Stellungnahmen der Pressekonferenz wie den Berichten der Kleingruppen herauszuhören: dass den Teilkirchen und nationalen Bischofskonferenzen angesichts der skizzierten pastoralen Ausrichtung auf die vielen Situationen und kulturellen Besonderheiten im Einklang mit der auf der Synode in neuer Weise bekräftigten kirchlichen Lehre stärkere Bedeutung zukommen werde.

Samstag, 10. Oktober 2015

La sintesi dell' evangelizzazione e accoglienza – Die Synthese von Evangelisierung und Begleitung

Reinhard Kardinal Marx und Erzbischof Heiner Koch in Rom am 5.10.15

Mit dieser Redewendung beschrieb Pressesprecher Federico Lombardi heute einen Gesprächsfokus der seit gestern und bis zum heutigen Vormittag andauernden Generaldebatte in der Synodenaula zum II. Teil des synodalen Arbeitsdokumentes, des Instrumentum laboris. Insgesamt 75 ‚freie Redebeiträge' – mehrheitlich aus dem europäischen Raum – widmeten sich in den vier Synodensprachen zu der Gesamtüberschrift des II. Teiles „Unterscheidung der Geister im Hinblick auf die Familie" dem am Montag erwähnten ‚Blick Jesu' und der göttlichen, barmherzigen Pädagogik in Hinblick auf die Entfaltung menschlicher Liebe in Partnerschaft und Ehe (37-46), der kirchlichen Lehre zur Familie seit dem II. Vatikanischen Konzil (47-55) und schließlich der Entfaltung familialen Lebens von den Anfängen bis einschließlich der schwierigen Situationen familialen Lebens (56-68).

Wo Federico Lombardi auf Italienisch von einem Zugleich von ‚Verkündung der Wahrheit des Evangeliums' und der 'Umarmung' der Menschen, die hinter dem Anspruch des Evangeliums zurückbleiben, sprach und mit dem Ausdruck einer diesbezüglichen ‚Synthese von Evangelisierung und Begleitung' eine konziliant-diplomatische Formulierung vorgab, sprach seine assistierende Pressesprecherin für die francophonen Journalisten, Romilda Ferrauto, einen hinter dieser Redewendung verborgenen Gegensatz deutlicher an. Aus unterschiedlichen Schulen kommend, folgten die Redebeiträge von Synodalen einer Gruppe einer 'Theologie der Barmherzigkeit', wohingegen andere deutlicher für eine an dem Thema der Gerechtigkeit und der Anwendung des Gesetzes orientierte Lehrmeinung plädierten.

Die im Vorfeld und auch von Seiten der interessierten Öffentlichkeit am meisten interessierenden Fragen zu dem großen Thema des pastoralen Umgangs mit wiederverheiratet Geschiedenen deutet sich hier schon an. Und richtig nahe rücken die Themen schon durch den Hinweis von Pressesprecher Lombardi, dass beinahe übergangslos, im direkten Anschluss an die öffentliche Aussprache über den II. Teil, die ersten zwölf Redebeiträge zum III. Teil folgten und weitere ca. 30 freie Statements für den Samstagnachmittag angekündigt wurden. Was zu Wochenbeginn noch als fernes Thema für die letzte Synodenwoche schien, ist nun aufgrund der großen Zahl der angemeldeten Redebeiträge bereits vor dem Ende der ersten Arbeitswoche im Plenum der Synode angekommen – und damit alle im Vorfeld kontrovers diskutierten Fragen hinsichtlich der Beurteilung von vorehelichen Partnerschaften und ziviler Ehen, der Fragen rund um Sexualität und Empfängnisregelung bis hin zu den Themen Homosexualität und homosexueller Partnerschaften.

Und an dieser Stelle lassen zwei Beiträge deutscher Synodenteilnehmer aufhorchen, die in dieser Woche auch schon auf die erwähnten umstrittenen Themen hin ausgriffen. Erst gestern wurde bekannt, dass Kardinal Marx an einem der ersten beiden Synodentage sich erstaunt über das Einführungsreferat von Kardinal Erdö gezeigt habe. Es müsse ausdrücklich über das Sakrament der Ehe gesprochen werden – und daraufhin auch graduelle Stufen des Wachstums hin zur ehelichen Partnerschaft angedacht werden, da 'alles oder nichts' keine ausreichende Option sei für die Wirklichkeit der gelebten Liebe, um die es hier gehe. Erzbischof Koch äußert sich in einem heute veröffentlichten Interview gegenüber Radio Vatikan ebenfalls zu einem weiteren heißen Eisen, indem er auf die gleichgeschlechtlichen Partnerschaften hinwies, die ebenfalls Worte der Anerkennung bräuchten. Sie seien zwar nicht wie in einer Ehe auf die Weitergabe des Lebens ausgerichtet und von daher nicht mit der Ehe zu vergleichen, aber auch diese Beziehungen hätten einen hohen Wert wie Verlässlichkeit und Verbindlichkeit:

„Ich weiß, dass homosexuelle Menschen auf ein Wort warten, das für sie ein Stück Anerkennung und Achtung ist. Ich glaube nicht, dass sie von uns erwarten, dass wir das bejahen, was alle meinen, nämlich ein Bekenntnis zur Ehe für alle. Mir ist es ein besonderes Anliegen, weil wir auch in Berlin homosexuelle Menschen haben, die sehr stark zu ihrem christlichen Glauben stehen und dafür von ihren homosexuellen Gemeinschaften scharfe Kritik und Vorhaltungen bekommen, wie sie eigentlich als Homosexuelle noch mit dieser Kirche verbunden bleiben. Diese Menschen möchte ich stärken und nicht enttäuschen."
(Radio Vatikan vom 10.10.2015)

In demselben Interview mit Radio Vatican ist sich Erzbischof Koch nicht sicher, ob seine Sicht auf Homosexualität innerhalb der deutschen Gruppe von den anderen Synodenteilnehmern angenommen werde. Noch weniger sicher ist, ob eine solche Unterstützung dieser Positionierung im Synodenplenum eine Akzeptanz und Mehrheit finden würde. Aus deutscher Sicht – in Anlehnung an die vorgestern artikulierte Charakterisierung dieser Synode als 'Synode des Volkes' – muss gesagt werden, dass die in der Eingabe der Deutschen Bischofskonferenz herausgehobenen Punkte aus den Umfragen in den 27 deutschen Bistümern auch tatsächlich auf der Synode vorgetragen werden. Dass der Freimut, die Freiheit und Offenheit dazu besteht, ist der auf der zu Beginn der III. Außerordentlichen Synode des vergangenen Jahres ausgesprochenen und an diesem Montag zu Synodenbeginn wiederholten Einladung und Ermutigung zum 'freien Wort' durch Papst Franziskus zu verdanken.

Und auch wenn ich persönlich mir (in meiner Eigenschaft als Religionspädagoge) gewünscht hätte, dass die Synodalen gerade bei dem Gedanken 'göttlichen Pädagogik', bei der es um das Zueinander von göttlichem und menschlichen Tun, um das Ankommen Gottes bzw. seiner Gnade im Leben der Menschen geht, länger verweilt hätten, als das beschleunigte Zugehen auf den III. Teil des Instrumentum laboris anzeigt, lassen doch die von Pater Lombardi angedeutete Breite und die Offenheit der Diskussion einen spannenden Verlauf der nächsten beiden Synodenwochen erwarten, die die pastorale Sorge der Kirche für die verschiedenen Situationen familialen Lebens in einer „Synthese von Evangelisierung und Begleitung" zum Ausdruck bringen werden.

Sonntag, 11. Oktober 2015
Synodenruhetag – mit dem dreifachen Blick Jesu, zwei Stimmungsbildern und einem hoffnungsvollen Ausblick auf mögliche Synodenergebnisse

Der Sonntag ist ein Tag der Ruhe – und anders als am nächsten Wochenende, an welchem dritten Synodensonntag, den 18.10.2015 mit Louis und Zelie Martin, den Eltern der Hl. Thérèse von Lisieux, ein Ehepaar heiliggesprochen wird, ist der zweite Synodensonntag auch ohne einen alle Synodalen gemeinsam bindenden Termin. Heute war stattdessen nach den intensiven und beinahe pausenlosen Beratungen zuvor – auch für die deutschen Synodenteilnehmenden – ein Tag des Innehaltens, der Reflexion und Erinnerung wie des Ausblicks.

Schon die kurze Ansprache des Papstes zum Angelus-Gebet geriet mit der Auslegung des Tagesevangeliums zu Mk 10,17-30 – mit offenen Augen und Ohren gehört – nolens volens auch zu einer Kurzfassung des zum Wochenbeginn im Einführungsreferat von Kardinal Erdö zitierten synodalen Dreischrittes der

Pädagogik Jesu: Sehen, Mitleid haben, lehren. Dabei benannte Papst Franziskus einen dreifachen Blick der Liebe, der Nachdenklichkeit und der Ermutigung – wie sie im Grunde auch schon die Akzente der liebevollen, sachgerechten und positiv ansetzenden Wirklichkeitswahrnehmung in der ersten Synodenwoche gewesen sind.

Dieser dreifache Blick Jesu findet sich auch in einer Rückschau auf die erste Synodenwoche von Erzbischof Koch, der in einem Interview heute gegenüber der KNA neben dem Blick auf die Nöte der Familien weltweit, eine differenziertere, sachgerechtere Betrachtung anspricht und vor allem auch die positiv ansetzende und ermutigende Wahrnehmung der Zeichen der heutigen Zeit hervorhebt. Für die deutschsprachige Kleingruppe hatte er letzteren Akzent ja auch in seinem Bericht in der Synodenaula vorgetragen, den er heute ebenfalls noch einmal unterstreicht:

„Wir waren der festen Überzeugung, dass man nicht nur das Negative sehen darf. Dass wir eine positivere Sprache finden müssen, eine einladende, gewinnende und wertschätzende Sprache, die nicht ausgrenzt, urteilt und richtet."

An einem Sonntag als Ruhetag rücken zugleich auch Eindrücke nach vorne, die wie Stimmungsbilder nachklingen. Pater Bernd Hagenkord SJ, Radio Vatikan, der auch die III. Außerordentliche Bischofssynode verfolgt hat, bringt ein erstes in den folgenden Worten zum Ausdruck:

„Die Stimmung ist besser. Es ist schwer, das genau festzumachen, aber es gibt weniger offene Konflikte außerhalb der Aula, weniger Kontroverse, und innerhalb des Saales versuchen alle, konstruktiv und positiv an Positionen zu arbeiten. Natürlich gibt es Auseinandersetzungen, es wäre nach all den Monaten von öffentlicher Debatte auch verwunderlich wenn nicht, aber die Mitglieder der Synode sind sich offensichtlich bewusst, dass es keine weitere Synode zum Thema gibt: Das hier ist es, und der Einsatz ist dementsprechend. Da ist richtig Bewegung drin." (Radio Vatikan vom 11.10.2015)

Auch Aloys und Petra Buch, die auf Einladung des Vatikans die deutsche Delegation der Deutschen Bischofskonferenz ebenso ergänzen wie der gewählte Repräsentant der Ordensoberen, Erzabt Jeremias Schröder OSB, berichten von dieser Bewegung: "Hier brennen Themen unter den Nägeln, wie Familie überhaupt noch funktionieren kann unter heutigen Verhältnissen", sagte Aloys Buch in einem Interview der KNA schon zu Wochenbeginn, wohingegen seine Frau Petra nach wie vor „beeindruckt vom Aufruf des Papstes [ist], in aller Freiheit und ohne Angst zu reden". Am Ende der ersten Synodenwoche liegt für das Ehepaar dennoch eine andere Erinnerung obenauf, die mir Aloys Buch am heutigen Sonntagnachmittag in folgendem Stimmungsbild sandte:

„Pause der Beratungen. In der Vorhalle der Synodenaula herrscht sehr viel Bewegung – viele kommen aus ganz unterschiedlichen Zugängen, tauchen aus verschiedenen Winkeln und Türen auf. Und sie bewegen sich in vielerlei Richtungen. Gespräche hier und dort, in allerlei Sprachen – nicht gerade jeder mit jedem, aber doch ganz viele in intensivem Austausch. Ein ziemliches Hin und Her, eine eigene Art von ‚buntem Durcheinander'. Für Farbe sorgen vor allem die geschmückten Talare der Kardinäle und der Bischöfe – aber auch die Krawatten einiger Experten und Auditoren, in ganz besonderer Weise die Frauen. Sie sind wenige, aber sie sind unübersehbar, ähnlich wie Papst Franziskus. Jede und jeder ist irgendwie: mittendrin im unübersichtlichen Getriebe der Vorhalle. Und dann: wie auf ein Zeichen bewegen sich alle wieder zur Synodenaula, plötzlich mit einem gemeinsamen Ziel, jedenfalls auf einem gemeinsamen Weg: zurück in die Aula, wo es für alle weitergeht und irgendwie auch mit allen weitergeht – in Stellungnahmen, Beiträgen, Zeugnissen zu Ehe und Familie. Ebenfalls bunt; jede und jeder in eigener Weise engagiert für das, was alle an diesem Thema bewegt. Ein nachhaltiger Eindruck: man ist wirklich auf dem Weg, mit unterschiedlichen Hinter-

gründen und Einblicken, auch mit Suchbewegungen – aber gemeinsam engagiert für das, was an diesem Thema bewegt. Es ist eben Synode – man ist wirklich auf dem Weg, und zwar in reicher weltkirchlicher Vielfalt."

Erzbischof Koch blickt an diesem Sonntag ebenfalls mit Hoffnung auf die kommenden zwei Wochen und sagt in Hinblick auf seine Erwartungen an die Synode:

„Ich hoffe, dass es uns gelingt, die Botschaft von Ehe und Familie in einer einladenden Sprache, in einer narrativen, in einer nicht nur juristisch geprägten Sprache zu formulieren. Wichtig ist weiter, dass wir den Menschen gegenüber ein Stück Dankbarkeit und Wertschätzung überbringen.

Dann erwarte ich mir ein grundsätzliches Wort der Synode zu theologische Grundfragen: Wie kann es sein, dass ein Mensch, dessen Leben Brüche aufweist, etwa wegen einer gebrochenen Ehe – wie kann es sein, dass der ein Leben lang nicht den Zugang zum Tisch des Herrn findet? Denn die Eucharistie ist ja auch eine Feier zur Vergebung der Sünden. Sie ist für Menschen da, die Kraft und eine Aufrichtung brauchen. Ich halte es für notwendig, dass die Synode hierzu ein grundsätzliches Wort sagt. Genauer: dass der Papst sich dazu äußert; denn die Synode ist ja ein Beratungsorgan des Papstes.

Im Übrigen hielte ich es für gut, wenn man in manchen Fragen die Entscheidung der einzelnen Bischofskonferenz überließe. Ich kann mir nicht vorstellen, dass angesichts der unterschiedlichen Sichtweisen, die ich erlebe, alle Fragen in Rom geklärt werden. [...] Ich hielte es nicht für gut und sinnvoll, eine Synode danach zu bewerten, ob sie 100 Prozent Einigkeit in allen Fragen findet. Wir müssen dem Papst auch die unterschiedlichen Punkte und Sichtweisen vorlegen. Es ist sein schwerer Dienst an der Einheit, das zusammenzuhalten. Aber in wesentlichen Dingen müssen wir natürlich eins sein. Und in wesentlichen und grundsätzlichen Fragen sehe ich auch keine Diskrepanz." (Domradio vom 11.10.2015)

Die letzten Sätze greifen bereits auf die Fortsetzung der Generaldebatte Mitte der zweiten Synodenwoche zu dem III. Teil des Instrumentum laboris aus, für dessen breite und vertiefte Diskussion die produktive, von Wertschätzung geprägte Arbeitsatmosphäre, die Erholung an Leib und Seele nach einem Tag der wirklichen Sonntagsruhe und vor allem der dreifache Blick Jesu in Liebe, Nachdenklichkeit und Ermutigung Voraussetzung sein wird.

Montag, 12. Oktober 2015

„Auch alte 'Synodenhasen' – ich habe heute jemanden getroffen, der ist schon auf seiner achten Synode hier – sagen mir: Das ist eine Revolution, das ist jetzt ganz anders!"

Vielleicht meinte der als Delegierter der Ordensoberen gewählte deutsche Synodale, Abtpräses Jeremias Schröder OSB, in seinem Interview gegenüber dem offiziellen Internetportal der katholischen Kirche in Deutschland 'Katholisch.de' den bereits erwähnten, ebenfalls zum achten Mal an einer Bischofssynode in Rom teilnehmenden Erzbischof von Washington, Kardinal Donald Wuerl, der gerade heute in einem von Seiten des Presseamtes des Vatikans veröffentlichten Videointerview die von Papst Franziskus weiterentwickelte Form der Synodalität gleichermaßen euphorisch lobte.

"The last two synods – the one that proceeded and this one – are really great, great improvements. It's in a way a revolution. We're watching the development of the Synod! [...] I think it's a great step forward!"

All dies wäre eine Wiederholung der vielen bereits zitierten Gedanken der Synodenväter, Berater und Gäste, wenn nicht ein – bereits durch die gezielte Vorveröffentlichung der Enzyklika 'Laudato si" – diskreditierter Papstkritiker mit der Veröffentlichung eines vermeintlich von 13 Kardinälen unterzeichneten 'privaten' Schreibens an Papst Franziskus seinen Namen noch einmal mehr desavouiert hätte, in welchem sich diese Kardinäle früher erlebte, überkommene Synodenstrukturen zurückwünschten, aber auch unterstellten, dass mit den neuen Strukturen der Arbeit in Sprachgruppen und den neuen Formen der Beteiligung im Grunde nur die Existenz vorgefertigter Ergebnisse zu wichtigen und auch umstrittenen Themen kaschiert werden sollte.

Dass solche Vermutungen und Indiskretionen bewusst lanciert werden – und von den immer selben Foren vermeintlich sachlich 'diskutiert' werden –, nachdem Papst Franziskus in der Synodenaula allen 'konspirativen Verschwörungstheorien' in einer direkte Begegnung am Dienstagvormittag den Wind aus Segeln genommen hatte und die Arbeit der Synode gut vorangeschritten ist, nun eine Woche später von außen neu gezündelt werden, dient demselben, leicht durchschaubaren, aber böswilligen Motiv: dem schon in der vergangenen Woche misslungenen Versuch, die Arbeit der Synode bewusst von außen zu stören und unverhohlen dem Papst persönlich darin zu schaden.

Denn nicht von ungefähr kommen die Störmanöver zu einer Zeit, in der die Synode sich in der Generaldebatte seit Samstag und – nach der Arbeit in den Kleingruppen an den ersten beiden Arbeitstagen dieser zweiten Synodenwoche fortgesetzt – am kommenden Mittwoch sich denjenigen Fragen widmet, die zu den im Vorfeld am meisten diskutierten gehörten. Pater Bernd Hagenkord, der heute als Berichterstatter aus der Synodenaula beim Pressebriefing in italienischer Sprache die wichtigsten Gesprächspunkte der insgesamt 43 freien Redebeiträge vorstellte, berichtete neben der einheitlich begrüßten, verstärkten Betonung der Ehevorbereitung (praeparatio) und der gegenüber dieser in weiten Teilen der Welt beinahe noch mehr vernachlässigten Ehebegleitung (formatio) auch von den im Vorfeld des zweijährigen synodalen Prozesses kontrovers diskutierten offenen Fragen:

„Auch zu den eher umstrittenen Themen des dritten Teils wurde gesprochen, zur Frage, wie eine offene und willkommen heißende Kirche praktisch aussehen könne. Gerade zum Sakramentenzugang für wiederverheiratete Geschiedene gab es alle Positionen: „geht gar nicht und kann auch nicht" bis hin zu „wir müssen da was tun". Warum dürfe zum Beispiel ein laisierter und verheirateter Priester zur Kommunion gehen?, fragte ein Synodaler. Das Handeln der Kirche sei oft nicht verstehbar." (Radio Vatikan 12.10.2015)

Pater Federico Lombardi überraschte auf der Pressekonferenz mit der Feststellung, auf die heute auch Erzabt Jeremias Schröder in seinem Synodenblog hinwies, dass die Diskussion zudem gezeigt habe, dass "es keine absolute Festigkeit der Lehre der Kirche und der Theologie über die Fragen der Ehe und des Sakramentes der Eheschließung gebe" bzw. "ein gewisses historisches Bewusstsein bestehe, dass es Änderungen im Laufe der Jahrhunderte zu den Themen gegeben habe", wie auch an einigen Beispielen der letzten Jahrzehnte in diesem Blog am 19.4.2015 aufgeführt wurde.

Der aus den USA stammende Assistent von Pressesprecher Lombardi, Pater Thomas Rosica, zitiert ein in der Ursprungssprache Englisch unter die Haut gehendes Statement in seinem Bericht des Pressebriefings heute, indem er einen Synodenvater zitiert, für den "die beiden Extreme, die beiden Pole, alles zu ändern oder nichts, keine Option" sei:

„We have before us the great feel: The pastoral possibilities, a great scope of pastoral creativity. And we can no longer speak of the ways we've been speaking about the things. The old way was 'Truth in public' and 'Mercy in private'. That no longer holds. Also the same expression: 'Condemn the sin and not the sinner' - That no longer holds. We have to find new ways to expressing these things that people can understand them." [...]
The Church must be an accompanying mother who does not reject anyone [...]. And the key is to remain firm and theological principals, but to make ecclesiastical discipline flexible and not impossible for pastoral difficult or near impossible situations. The topic of new family structures arose. There are all kinds of new family structures that are in play. And the church is in the midst of them. We've single parent families. Parents of mixed-faith families. Families of same sex couples. Families without the close support of grandparents or the absence of grandparents. Families of grandparents and children without the presence of parents. Families that are separated by continual migration or refugee difficulties in the world. Intergenerational poverty. Many Families are simply left out of our pastoral strategies. We have to reach out to those who do not fit our traditional cate-

gories. New families can no longer eliminated from the church. And the church cannot remain absent from these situations." (priv. Verschriftlichung)

Die Kirche muss eine begleitende Mutter, die niemanden zurückweist [...]. Und der Schlüssel ist, feste und theologische Prinzipien zu haben, aber die kirchliche Disziplin flexibel zu gestalten, um pastoral schwierige oder fast unmögliche Situationen nicht unmöglich zu machen.
Das Thema der neuen Familienformen ist ebenfalls aufgekommen. Es gibt alle Arten von neuen Familienformen, die neu dazu kommen. Und die Kirche ist in der Mitte von ihnen. Wir haben Alleinerziehende Familien. Eltern interreligiöser Familien. Familien mit gleichgeschlechtlichen Paaren. Familien ohne die enge Unterstützung der Großeltern oder mit der Abwesenheit von Großeltern. Familien mit Großeltern und Kindern ohne die Anwesenheit der Eltern. Familien, die durch kontinuierliche Migrations- oder Flüchtlingsschwierigkeiten in der Welt voneinander getrennt sind. Intergenerationelle Armut. Viele Familien fallen einfach aus unseren pastoralen Strategien heraus. [...] Wir müssen es schaffen, auch diejenigen zu erreichen, die nicht in unsere traditionellen Kategorien passen. Neue Familienformen dürfen nicht mehr aus der Kirche eliminiert werden. Und die Kirche kann nicht mehr abseits bleiben von diesen Situationen." (eigene Übersetzung)

Dass diese Themen auf dieser Synode in neuer Weise in den Blick kommen und angesprochen werden, bezeichnete ein ebenfalls als Gast der Pressekonferenz eingeladenes, brasilianisches Ehepaar, Ketty und Pedro De Rezende, im Anschluss an den dichten, eindrücklichen Bericht der Pressesprecher zu den ersten Redebeiträgen des III. Teils des Instrumentum laboris, als 'historischen Moment in der Geschichte der Kirche', für den sie dankbar sind, ihn in Rom mitzuerleben zu können. Die beiden nächsten Tagen widmen sich aber in den Klein- und Sprachgruppen zunächst wieder den Themen des II. Teils des Arbeitspapieres, für den bis Mittwoch je Sprachgruppe wiederum ein Bericht erstellt und im Synodenplenum vorgestellt werden muss.

Dienstag, 13. Oktober 2015

„Das Ambiente ist heiter. Die Kleingruppen haben einen zivilisierenden Einfluss auf die Synodenmitglieder... Räumlich nah und eng beieinander, geht man mit Argumenten aufeinander ein, statt in einen Gegensatz abstrakter Ideen zu verfallen."

Dies sagte Abtpräses Jeremias Schröder mit benediktinischer Heiterkeit in der heutigen Pressekonferenz, in der auch bekannt wurde, dass der zu Synodenbeginn mit deutlicher Kritik an den neuen Strukturen der Synodenarbeit vorgeprechte Kardinal Pell nach einer Woche Kleingruppenarbeit mittlerweile auch von einer guten Arbeitsatmosphäre spricht.

Thér Nyirabukeye Moira McQueen, Abtpräses Jeremias Schröder OSB und Pressesprecher Federico Lombardi

Dass gestern das nach Angaben von Pressesprecher Lombardi zur Konfusion beigetragene 'private Verschwörungsschreiben' an Papst Franziskus noch nicht einmal in der richtigen Version (auch das ganz ähnlich wie schon bei der Enzyklika Laudato si') veröffentlicht wurde, fällt immer mehr auf den mit Hausverbot im Vatikanischen Pressesaal versehenen und stadtbekannten, journalistischen Trittbrettfahrer zurück, der wider seine Intention jetzt wohl die immer kleiner werdende Zahl der an Verschwörungstheorien glaubenden Dunkelmänner auf seinem schwarzen Brett selbst eingekreist hat.

Dass die Synodenarbeit in den 13 Klein- und Sprachgruppen unterdessen konzentriert weitergeht, morgen ihre Ergebnisse im Synodenplenum vorstellen werden und damit schon Zweidrittel des 'mühsamen' Weges (Kardinal Christoph Schönborn am 9.10.2015) durch das als 'Martyer-Dokument' (Kardinal Tagle am 9.10.2015) bezeichnete Instrumentum laboris bereits gegangen sind, ist die eigentliche, gute Nachricht des heutigen Synodentages. Vielleicht fällt mir deshalb eine Kurznachricht auf Twitter von Kardinal Schönborn – ob immer wieder versendet oder zum wiederholten Mal retweetet – auch heute wieder in die Augen, die im ersten Augenschein so gar nicht zu der so oft schon zitierten Schwierigkeit bis Unmöglichkeit passen will, angesichts der kulturellen Verschiedenheit weltweit zu allen gemeinsamen Aussagen zu kommen.

Christoph Schönborn @KardinalWien 10 Std
#Familie ist so tief in der Menschheit verwurzelt. Wenn es ein kulturübergreifendes Menschheitsthema gibt, dann ist das sicher die Familie.

Was Kardinal Schönborn mit dieser Kurznachricht ausdrückt, scheint auch die gerade am heutigen 13.10.2015 veröffentlichte 17. Shell-Jugendstudie hinsichtlich eines stabilen Werthorizontes der 12–25 jährigen Jugendlichen und jungen Erwachsenen Deutschlands zu bestätigen.

„Freundschaft, Partnerschaft und Familie stehen bei den Mädchen und Jungen an erster Stelle. 89 Prozent finden es besonders wichtig, gute Freunde zu haben, 85 Prozent, einen Partner zu haben, dem sie vertrauen können, und 72 Prozent, ein gutes Familienleben zu führen."

Aber was in der Weise der kulturellen Verortung stabil und feststehend empfunden wird, changiert in den Kulturen so mannigfach, dass auch der zu Beginn der Synode von Kardinal Marx erinnerte Gedanke der Schwierigkeit des Vorhabens einer alle Kulturen gleichermaßen treffenden Thematisierung seine Berechtigung hat, die gerade auf heute im Pressebriefing mit den Begriffen der Einheit (unità) und der Diversität (diversità) ins Wort kommen.

Abtpräses Schröder plädierte in der heutigen Pressekonferenz – in Verlängerung eines mit gegen 20 Nennungen in den Plenardiskussionen seit Freitag der vergangenen Woche wiederholt genannten Votums hinsichtlich der stärkeren Einbeziehung der Teilkirchen zur Erprobung pastoraler Wege bei offenen und/oder kulturspezifischen Fragen – für die stärkere Einbindung der nationalen Bischofskonferenzen und in Deutschland etwa auf die bei uns ja besonders unter den Nägeln brennenden Fragen des pastoralen Umgangs mit wiederverheiratet Geschiedenen und des wertschätzenden Umgangs mit Homosexuellen.

Grundsätzlicher wird demgegenüber sicher die Diskussion der die weltweiten Umfragen dieses und des vorletzten Jahres berücksichtigenden, überraschend deutlich gegenüber der Nr. 58 des Abschlussdokumentes der III. Außerordentlichen Bischofssynode, der Relatio Synodi, in der auf die Bedeutung des Gewissens hin erweiterten Nr. 137 des Instrumentum laboris ausfallen. Hierzu werden die Synodalen sicher auch durch eine gezielte Einflussnahme 'von außen' befeuert werden, als wenn sich hinter dieser Frage immer noch der eigentliche 'Articulus stantis et cadentis ecclesiae' der katholischen Kirche von heute befände. Dabei ist dieser Artikel aus meiner Sicht ein wirklich sehr gewissenhaft und ausgewogen auch die weltweiten Rückmeldungen aller Teilkirchen einbeziehender Beitrag, insofern er die moralischen Prinzipien von Gewissensbildung und -bindung gleichermaßen anspricht, von dem ich mir wünschen würde, dass er in den Kleingruppen auch eingehend besprochen und gewürdigt wird. Weil auf diesen Artikel hin – sicher im selben Maß wie zu den Fragen hinsichtlich der Zulassung der wiederverheiratet Geschiedenen und des kulturspezifischen Umgangs mit Homosexualität – spätestens ab übermorgen die Unterscheidung der Geister gefordert sein wird, möchte ich diesen – kulturübergreifend – tatsächlich auf jeden Menschen hin ausgreifenden Abschnitt in der deutschen Übersetzung zitieren. Er handelt über die jedem Menschen zugesprochene, verantwortliche Verbindung der Themen Sexualität und Fruchtbarkeit.

„137. Angesichts des in Humanae vitae enthaltenen Reichtums an Weisheit ergeben sich im Hinblick auf die in ihr behandelten Fragen zwei Pole, die beständig miteinander zu verbinden sind: Auf der einen Seite die Rolle des Gewissens, das als Stimme Gottes verstanden wird, die im menschlichen Herz wiederhallt, das dazu erzogen ist, auf sie zu hören; auf der anderen Seite die objektive moralische Anweisung, welche es verbietet, die Zeugung als etwas zu verstehen, über das willkürlich, unabhängig vom göttlichen Plan zur menschlichen Fortpflanzung, entschieden werden kann. Wenn die Bezugnahme auf den subjektiven Pol vorherrscht, riskiert man leicht egoistische Entscheidungen; im andern Fall wird die moralische Norm als eine untragbare Last erlebt, die nicht den Erfordernissen und der Möglichkeit des Menschen entspricht. Die Zusammenführung der beiden Aspekte, die mit der Begleitung eines kompetenten geistli-

chen Führers gelebt wird, könnte den Eheleuten dabei helfen, Entscheidungen zu treffen, die zutiefst menschlich sind und dem Willen des Herrn entsprechen."

Mittwoch, 14. Oktober 2015

„Le synode est une chance non seulement pour l'église, mais pour le monde entière!" – „Die Synode ist eine Chance nicht nur für die Kirche, sondern für die gesamte Welt!"

Kardinal Philippe Ouédraogo, Kardinal Rubén Salazar Gomez, Kardinal Vincent Nichols und Pressesprecher Federico Lombardi (v.l.)

Diesen Satz sagte der zum dritten Mal an einer Bischofssynode teilnehmende Kardinal Philippe Ouédraogo, Erzbischof Ouagadougou (Burkina Faso) in einem Statement innerhalb der heutigen Pressekonferenz, in der er die Bedeutung des gemeinsamen Austausches, des voneinander Lernens und des Teilens der gemeinsamen Probleme und Herausforderungen auf der Ebene der Weltkirche beschrieb. Ein

Gedanke fällt auch in seinem Bericht zum wiederholten Male als Beitrag des afrikanischen Kontinents, den schon Erzbischof Charles-Gabriel Palmer-Buckle aus Accra (Ghana) bei der Pressekonferenz am 8.10.2015 erwähnt hatte – wie in diesem Blog festgehalten – und gestern gegenüber Radio Vatikan ausführlicher beschrieb:

„Wir sind hier, dieses Verständnis von Kirche der ganzen Mutter Kirche anzubieten: Gott ist Familie. Vater, Sohn und Heiliger Geist. Jesus ist Mensch geworden in einer Familie, mit Mutter und Vater. Wie kann man das machen, dass jemand sich in der Kirche wie in einer Familie, wie zu Hause fühlt, gut aufgenommen von Vater, Sohn und Heiligem Geist? Eine Familie, die uns vielleicht wirklich hilft, gerade in Afrika, über bestimmte Grenzen hinauszugehen, die uns zerstören: Stammesdenken, Clandenken, Leute, die nicht in Brüderlichkeit zu leben verstehen. In Afrika gibt es so viele Krisen. Wir Bischöfe von Afrika denken an das Ideal der Familienkirche, der Kirche als Familie." (Radio Vatikan vom 13.10.2015)

Unbeschadet der genannten einzelnen Herausforderungen (die Themen des III. Teils des Instrumentum laboris sind) ist in diesem Statement der Gedanke der 'Kirche als Familie' hier beschrieben, den auch Kardinal Philippe Ouédraogo im Pressebriefing noch einmal nachdrücklich als den Beitrag Afrikas zu dieser Bischofssynode hervorhob. Dieser Gedankengang hat bei näherem Hinsehen auch eine enge Verbindung zu dem erweiterten, christlichen Sinn des Begriffes der 'Hauskirche'. Diese bezieht sich ursprünglich alles andere als auf die Kleinfamilie des heutigen Westeuropas, sondern auf die Lebensbeziehungen 'gemeinsam in einem Haus(halt) Lebender'. Familie als Hauskirche ist damit nicht primär auf genetische Verwandtschaft bezogen, so dass nicht nur rein terminologisch eine Offenheit des christlichen Familienbegriffs für verschiedenste Familienformen besteht (s. Blog-Beiträge vom 12.10.2015 und vom 18.06.2015), sondern eben auch eine noch darüber hinausgehende Verbindung von Clans, Gruppen und Völkern, ja Christen der ganzen Welt zu einer Familie möglich zu denken sind. In direkter Folge passt dieser Gedanke auch zu der Verbundenheit aller Menschen untereinander, füreinander und für die Welt, wie sie in den schöpfungstheologischen Lehraussagen der Enzyklika "Laudato si'" (auch in diesem Blog am 19.8.2015) beschrieben ist.

Inwieweit sich dieser wirklich weiterführende Gedanke durchsetzen und in die am Ende der Synode zu erstellende 'Relatio finalis' aufgenommen werden wird, ist offen – und ebenso, wie die wiederholt in der Pressekonferenz von Kardinal Vincent Gerard Nichols, Erzbischof von Westminster (England) und

Vorsitzender der Bischofskonferenz, gestellte Frage, ob Papst Franziskus ggf. die Synodenergebnisse erst in einem päpstlichen Lehrschreiben innerhalb des am 8. Dezember 2015 beginnenden "Jahres der Barmherzigkeit" vorsehen könnte. Die am heutigen Vormittag vorgestellten 13 Berichte zum II. Teil des Instrumentum laboris legen dies dem Papst in gewisser Weise nahe, indem sie diesen Wunsch entweder ausdrücklich ansprechen oder aber – im Grunde in dieselbe Richtung zielende – auf eine stärkere theologische Durchdringung und Konzeption des II. Teiles wert legen. Die Schwierigkeit des Textes sieht Kardinal Nichols in der Verbindung des Abschlussdokumentes der letztjährigen Synode (Relatio Synodi) mit den eingearbeiteten Ergänzungen aufgrund der Befragung der Teilkirchen zu dem jetzigen Arbeitspapier, bei dem ein wirklicher 'theologischer Rahmen' im Instrumentum laboris nach den Rückmeldungen einiger Kleingruppen noch fehle, insbesondere zu der Verbindung der zusammengehörenden Begriffe 'Barmherzigkeit' und 'Gerechtigkeit'. Und auf die Verbindung eben dieser beider Begriffe aus dem Auditorium der Presseaula gefragt, sagte Kardinal Nichols voller Anerkennung für den Beitrag der deutschen Sprachgruppe:

„There was no doubt that the German report was the most theological and the first theme was Mercy, Truth, Grace and Justice. And the report went on to

talk about what we need is the wisdom to approach and attend to each situation. And to make the distinction between attending to situations and simply making exceptions. And it's important to remember who is in that group; and important to know that every resolution of this group on this report was accepted unanimously in that group. There was no tension or division in this group." (eigene Verschriftlichung)

„Ohne Zweifel war der deutsche Bericht der theologisch bedeutsamste, indem er die Begriffe Barmherzigkeit, Wahrheit, Gnade und Gerechtigkeit zueinander in Verbindung setzte. Und der Bericht bezog sich dann auf die Weisheit und Klugheit in jeder einzelnen Situation und den Unterschied zwischen der Bezugnahme auf eine Einzelsituation und Ausnahmeregelungen. Und es ist wichtig zu wissen, wer in dieser Gruppe ist, und ebenso, dass der Bericht einstimmig verabschiedet wurde. Es gab keine Spannung oder Spaltung in dieser Gruppe." (eigene Übersetzung)

Die Wertschätzung für die Bedeutung der Arbeit der deutschsprachigen Kleingruppe hat mehrfache Gründe, so dass sie ggf. als eine gute Grundlage für einen, in den anderen Berichten geforderten theologischen Rahmen ('theological framework') bietet. Gleich der erste Absatz widmet sich der Verhältnisbestimmung der Begriffe 'Barmherzigkeit' und 'Gerechtigkeit':

"Ausführlich haben wir die immer wieder als Gegensatz aufgefassten Begriffe Barmherzigkeit und Wahrheit, Gnade und Gerechtigkeit und ihre theologische Beziehung zueinander diskutiert. Sie sind in Gott keine sich gegenüber stehenden Gegensätze: Weil Gott Liebe ist, fallen in Gott Gerechtigkeit und Barmherzigkeit in eins. Die Barmherzigkeit Gottes ist die grundlegende Offenbarungswahrheit, die nicht im Gegensatz steht zu anderen Offenbarungswahrheiten. Sie erschließt uns vielmehr deren tiefsten Grund, da sie uns sagt, warum Gott sich in seinem Sohn selbst entäußert hat und weshalb Jesus Christus durch sein Wort und seine Sakramente bleibend zu unserem Heil in seiner Kirche gegenwärtig ist. Die Barmherzigkeit Gottes erschließt uns damit den Grund und das Ziel des gesamten Heilswerkes. Die Gerechtigkeit Gottes ist seine Barmherzigkeit, mit der er uns gerecht macht."

Ist der erste Absatz eindeutig eine lucide, dogmatische Verhältnisbestimmung, bezieht der nächste Absatz sich auf die Grundlagen der theologischen Ethik, welche Argumentationsführung auch für die Lösung der im III. Teil des Instrumentum laboris aufgeführten Einzelfragen wichtig werden wird:

"Wir haben auch überlegt, welche Konsequenzen dieses Ineinander für unsere Begleitung von Ehen und Familien hat. Es schließt eine einseitig deduktive

Hermeneutik aus, welche konkrete Situationen unter ein allgemeines Prinzip subsumiert. Im Sinne des Thomas von Aquin und auch des Konzils von Trient steht die Anwendung der Grundprinzipien mit Klugheit und Weisheit auf die jeweilige, oft komplexe Situation an. Dabei geht es nicht um Ausnahmen, in denen Gottes Wort nicht gültig sein soll, sondern um die Frage der gerechten und billigen Anwendung des Wortes Jesu – etwa des Wortes der Unauflösbarkeit der Ehe – in Klugheit und Weisheit. Thomas von Aquin hat diese Notwendigkeit der konkretisierenden Applikation deutlich gemacht, etwa wenn er sagt: „Zur Klugheit gehört nicht nur die Überlegung der Vernunft, sondern auch die Applikation auf die Handlung, welche das Ziel der praktischen Vernunft ist" (STh II-II 47,3: „ad prudentiam pertinet non solum consideratio rationis, sed etiam applicatio ad opus, quae est finis practicae rationis")."

Dem Gedanke der schrittweisen Begleitung und Hinführung von Paaren zum Sakrament der Ehe gilt ein weiterer, bestätigender – weil auch im Instrumentum laboris bereits ausgeführter – Passus.

„Ein anderer Aspekt unserer Diskussion war die vor allem in Kapitel 3 des II. Teils öfters angesprochene stufenweise Hinführung der Menschen zum Sakrament der Ehe, angefangen von unverbindlichen Beziehungen über unverheiratet zusammenlebende Paa-

re und nur standesamtlich Verheiratete bis hin zur kirchlich gültigen und sakramentalen Ehe. Diese Menschen auf den unterschiedlichen Stufen seelsorgerisch zu begleiten, ist eine große pastorale Aufgabe, aber auch Freude."

Dafür ist die Gedanke der Parallelisierung der Entstehung der heilsgeschichtlichen Ehelehre mit der biographisch-geschichtlichen Erfahrung von Partnerschaften unserer Tage auf dem Weg zur sakramentalen Ehe geradezu genial:

„Deutlich wurde uns auch, dass wir in vielen Diskussionen und Wahrnehmungen zu statisch und zu wenig biographisch-geschichtlich denken. Die kirchliche Ehelehre hat sich geschichtlich entwickelt und vertieft. Zunächst ging es um die Humanisierung der Ehe, die sich in der Überzeugung der Monogamie verdichtet hat. Im Licht des christlichen Glaubens wurde die personale Würde der Ehepartner tiefer erkannt und die Gottebenbildlichkeit des Menschen in der Beziehung von Mann und Frau wahrgenommen. In einem weiteren Schritt wurde die Kirchlichkeit der Ehe vertieft und sie als Hauskirche verstanden. Schließlich wurde der Kirche die Sakramentalität der Ehe ausdrücklich bewusst. Dieser geschichtliche Weg der Vertiefung zeichnet sich heute auch in der Biographie vieler Menschen ab. Sie sind zunächst berührt von der humanen Dimension der

Ehe, sie lassen sich von der christlichen Sicht der Ehe im Lebensraum der Kirche überzeugen und finden von daher den Weg zur Feier der sakramentalen Ehe. Wie die geschichtliche Entwicklung der kirchlichen Lehre Zeit beansprucht hat, so muss die kirchliche Pastoral auch den Menschen heute auf ihrem Weg hin zur sakramentalen Ehe Zeit der Reifung gewähren und nicht nach dem Prinzip „Alles oder Nichts" handeln. Hier ist der Gedanke eines „Prozesses von Stufe zu Stufe" (FC 9) auf die Gegenwart hin weiter zu entfalten, den Johannes Paul II. bereits in Familiaris consortio grundgelegt hat: „Das pastorale Bemühen der Kirche beschränkt sich nicht nur auf die christlichen Familien in der Nähe, sondern kümmert sich, indem es den eigenen Horizont nach dem Maßstab des Herzens Jesu ausweitet, noch intensiver, um alle Familien in ihrer Gesamtheit und vor allem um jene, die sich in einer schwierigen oder irregulären Lage befinden." (FC 65) Die Kirche steht dabei unausweichlich in dem Spannungsfeld zwischen einer notwendigen Klarheit der Lehre von Ehe und Familie einerseits und der konkreten pastoralen Aufgabe andererseits, auch diejenigen Menschen zu begleiten und zu überzeugen, die in ihrer Lebensführung nur teilweise mit den Grundsätzen der Kirche übereinstimmen. Mit ihnen gilt es Schritte auf dem Weg zur Fülle eines Lebens in Ehe und Familie zu gehen, wie es das Evangelium von der Familie verheißt."

Der letzte Passus widmet sich der Betonung Bedeutung der 'Pastoralen Sorge' (pastoral care), die schon als Fokus dieser Synode mehrfach beschrieben wurde und sich auf die *„verborgenste Mitte [...] im Menschen"* beziehen muss:

„Notwendig ist dabei eine personal ausgerichtete Seelsorge, die die Normativität der Lehre und die Personalität des Menschen in gleicher Weise einbezieht, seine Gewissensfähigkeit im Blick behält und seine Verantwortung stärkt. „Denn der Mensch hat ein Gesetz, das von Gott seinem Herzen eingeschrieben ist, dem zu gehorchen eben seine Würde ist und gemäß dem er gerichtet werden wird. Das Gewissen ist die verborgenste Mitte und das Heiligtum im Menschen, wo er allein ist mit Gott, dessen Stimme in diesem seinem Innersten zu hören ist." (GS 16)

Die angefügten Nachbemerkungen der Eingabe der deutschen Sprachgruppe sind ebenfalls mehr als Fußnoten:

„Wir bitten für die Endfassung des Textes noch zwei Aspekte zu bedenken:

Es sollte jeder Eindruck vermieden werden, dass die Heilige Schrift nur als Zitationsquelle für dogmatische, juristische oder ethische Überzeugungen gebraucht wird. Das Gesetz des Neuen Bundes ist das

Werk des Heiligen Geistes im Herzen der Gläubigen (vgl. Katechismus der katholischen Kirche Nr. 1965-1966). Das geschriebene Wort ist zu integrieren in das lebendige Wort, das im Heiligen Geist in den Herzen der Menschen wohnt. Das gibt der Heiligen Schrift eine weite geistliche Kraft.

Schließlich haben wir uns schwergetan mit dem Begriff Naturehe. In der Geschichte der Menschheit ist die natürliche Ehe immer auch kulturell geprägt. Der Begriff Naturehe kann unterstellen, dass es eine natürliche Lebensform des Menschen gäbe ohne kulturelle Prägung. Wir schlagen deshalb vor zu formulieren: „Die in der Schöpfung begründete Ehe".

Hatte ich noch am Freitag in Hinblick auf die kurze Generaldebatte zum II. Teil Sorge, dass das Synodenplenum zu schnell und ohne theologisches Fundament auf die z.T. schwierigen, z.T. umstrittenen pastoralen Einzelfragen des III. Teils zugehen könnte, bin ich nun mehr als zuversichtlich, dass die Synodalen im Zusammentragen ihrer einander bereichernden Eingaben, die Fragen angehen können, die „die Berufung und Mission der Familie in der Kirche in der modernen Welt" herausfordern – wie sie im III. Teil des Instrumentum laboris dem Synodenplenum vor Augen stehen werden.

Donnerstag, 15. Oktober 2015

‚Mission impossible' – oder wie ich ein hinweisendes Zeichen auf Jesus, ein Zeuge seiner liebevollen Umarmung bin

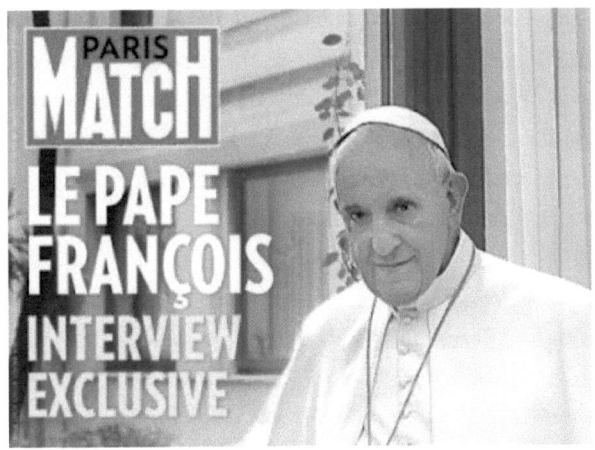

„Mission impossible", sagte Pressesprecher Federico Lombardi angesichts der Aufgabe, die 93 Redebeiträge in einer einstündigen Pressekonferenz vorzustellen und im Pressegespräch zu vertiefen. Neben Federico Lombardi kamen jeweils für die verschiedenen Sprachgruppenbeiträge – wie schon zu Wochenbeginn, als die Redebeiträge zum II. Teil des Instrumentum laboris kurzgefasst wurden – Romilda Ferrauto (französisch), Manuel Dorantes (spanisch), Thomas Rosica (englisch) und P. Bernd Hagenkord (italienisch) zu Wort. P. Hagenkord berichtet von den wichtigsten Inhalten:

"Ein wichtiges Anliegen bleibt die Aus- und Weiterbildung von Familien, Ehepaaren und Seelsorgern. Vielleicht brauche es eine neue Methodik in der Katechese, ein Weglassen der Kirchensprache von „Ehevorbereitungskurs", vielleicht sollte man das auch gemeinsam mit anderen Ehepaaren machen, mit der Perspektive, dass diese Gruppen dann zusammen bleiben. Und immer wieder betont wurde, dass Eheleute und Familien Subjekt, nicht Objekt, also Handelnde der Pastoral sein sollen.

Auch ‚Armut' und ‚Migration' kamen wieder auf den Tisch: Migrantenpaare seien oft gezwungen, einfach so zusammen zu leben, weil sie zu arm seien, weil sie keine Papiere hätten, weil sie vom Staat ihrer Aufnahme her nicht heiraten dürften. Sollte es hier nicht aus pastoralen Gründen eine „Gewissensehe" geben, also eine anerkannte Verbindung, die aber nicht in der Kirche eingegangen wurde?
Natürlich kamen auch die schwierigen pastoralen Probleme zur Sprache. Staatliche Versuche, Ehe umzudefinieren, um damit auch gleichgeschlechtliche Partnerschaften zu fassen wurden mehr als einmal genannt. Und natürlich die wiederverheirateten Geschiedenen und ihr Zugang zu den Sakramenten, dann auch der Status von Zivilehen, der Prozess der Ehenichtigkeit, den der Papst neulich erst modifiziert hatte, das alles waren ebenfalls Themen der Aussprache." (Radio Vatikan vom 15.10.2015)

P. Thomas Rosica überrascht mit der Anführung einer Wortmeldung zur – gestern schon angedeuteten – Verbindung der Themen der Familiensynode mit der Enzyklika 'Laudato si", die bei mir auf besonders offene Ohren trifft (s. auch Blogbeiträge vom 18.6.2015 und fortgeführt am 19.8.2015) und ggf. bei einem möglichen, nachsynodalen Lehrschreiben deutlicher ausgearbeitet werden könnte:

Die nach den Berichten der Pressesprecher eingeladenen Gäste der heutigen Pressekonferenz, Kardinal Stanislaw Gadecki, Erzbischof von Posen und Vorsitzender der Polnischen Bischofskonferenz, und Carlos Aguiar Retes, Erzbischof von Tlalnepantla (Mexiko) und Vorsitzender des Lateinamerikanischen Bischofsrates CELAM, sind in gewisser Weise auch repräsentativ für die Breite der Diskussion der Synodalen zu den verschiedenen auf der Synode besprochenen Einzelfragen zwischen 'alles oder nichts', 'null und hundert'.

Kann sich Erzbischof Retes vorstellen, dass die Synode dem Papst gegebenenfalls neue pastorale Wege hinsichtlich der Zulassung wiederverheiratet Geschiedener zu den Sakramenten vorschlagen könnte, steht Erzbischof Gadecki für diejenigen Synodenväter, von denen P. Hagenkord die Position zu Beginn der Pressekonferenz referierte, nach der *„die Kirche keine Macht habe die Worte Gottes zu verändern".*

Papst Franziskus – auf den synodalen Beratungen stets präsent – zeigt demgegenüber in Ansprachen, Predigten und Interviews an, dass 'Gottes Liebe über die Grenzen der Lehre' hinweggehen könne; so wie heute Morgen (mit Bezug auf Teresa von Avila, deren Gedenktag heute ist) in der Frühmesse im Gästehaus St. Martha:

„Deshalb sagt Jesus: ‚Die größte Liebe ist es, Gott mit dem ganzen Leben zu lieben, von ganzem Herzen, mit ganzer Kraft, und den Nächsten zu lieben wie dich selbst. Dies sei die einzige Vorschrift, die dem bedingungslosen Heil Jesu entspreche. Hierin steckten alle anderen Regeln. Jesus sagt: Die Quelle ist die Liebe. Hast du die Türe zugeschlagen und den Schlüssel weggeworfen, so wirst du nicht das bedingungslose Heil empfangen. Dieser Kampf um das Heil ist nicht mit Jesus und Paulus vorbei."

Franziskus erinnerte an die Heiligen Teresa von Avila und Jeanne d'Arc. Diese Frauen hätten den Horizont der Liebe des Herrn verstanden und seien deshalb von den Lehrmeistern ihrer Zeit verurteilt und verfolgt worden. Dieser Kampf höre auch heute nicht auf, „wir tragen ihn in uns", so der Papst.

„Wir müssen uns heute fragen: Glaube ich, dass mich der Herr bedingungslos gerettet hat? Und weiter: Glaube ich, dass ich dieses Heil verdiene? ... Lassen wir uns nicht von jenen täuschen, die die Liebe Gottes begrenzen wollen." (Radio Vatikan vom 15.10.2015)

In einem heute veröffentlichten Interview mit der französischen Zeitschrift Paris Match (15.10.2015) sagt Franziskus von sich:

„Chaque jour, j'implore la grâce de pouvoir être celui qui renvoie à la présence de Jésus, d'être le témoin de sa miséricorde quand il nous serre dans ses bras."

„Chiedo ogni giorno la grazia di poter essere segno che rimanda alla presenza di Gesù, testimonianza del suo abbraccio di misericordia." (L'Osservatore Romano vom 15.10.2015)

„Jeden Tag erbitte ich die Gnade, ein hinweisendes Zeichen auf die Gegenwart Jesu, ein Zeugnis seiner barmherzigen Umarmung zu sein." (Eigene Übersetzung)

Freitag, 16. Oktober 2015

„In the Heart of the Synod is Human Sexuality!" – „Im Herzen dieser Synode ist die menschliche Sexualität!"

Bereits auf der vergangenen III. Außerordentlichen Synode – wie im Blog-Beitrag am 9.10.2014 zitiert – hatte es das Thema Sexualität schon unter die 'Top 5' der ersten Synodentage gebracht:

Gestern Nachmittag und heute kam der Begriff – über das schon wiederholt angesprochene Thema der Homosexualität hinaus – auch im Synodenplenum an. *"Menschliche Sexualität steht im Herzen dieser Synode."* P. Thomas Rosica referierte in der heutigen Pressekonferenz das Statement eines Synodenvaters, der die Erfahrung eines Ehepaares ins Wort brachte, nach der die sexuelle Erfahrung des gegenseitigen

Übereignens zweier Körper der Darbringung des eucharistischen Leibes gleiche – ein Gedanke, der in derselben Pressekonferenz auch von dem Brüderlichen Delegierten der anglikanischen Kirche, Bischof Timothy Thornton (Truro/England), noch einmal aufgenommen und als besonders nahegehend beschrieben wurde. Kirche dürfe sich des Themas der Sexualität nicht enthalten, wenn sie dieses zentrale Feld der personalen Bildung – gerade in der Sexualerziehung – nicht säkularen Kräften überlassen wolle. Allein – das bemerkte Abtpräses Jeremias Schröder heute völlig zu Recht – hat sich die kirchliche Sprache dieses Themas eher noch nicht angenommen:

„Bei so einer Synode geht es natürlich auch um Sex, aber das heißt dann ‚ehelicher Akt' oder – besonders gelungen – ‚unitive Dimension des ehelichen Lebens'. Man kann auch auf dieser Sprachebene wichtige und kluge Sachen sagen, aber es ist doch wohltuend, wenn dann einmal Tacheles geredet wird. Ein Erzbischof: ‚Versöhnung in der Ehe passiert beim Liebe-Machen – when making love'. Ein Ehepaar hat mir gesagt: 'Wir haben eine Dreifaltigkeit des Ehelebens: Bett, Tisch, Altar'. ... In der Eucharistie geht es auch um Sex. Hören Sie einmal hin: 'Das ist mein Leib, den ich für Euch hingebe.' Eucharistie ist sexuell, und Sexualität ist eucharistisch."

Tatsächlich – wie ebenfalls am 9.10.2014 schon erwähnt – fehlt der Begriff 'Sexualität' als solcher bislang in den kirchlichen Lehrschreiben und ist dem Worte nach weder in der Pastoralkonstitution 'Gaudium et spes' zu finden noch in der doch das Thema wie keine zweite umkreisenden Enzyklika 'Humanae vitae'.

Aber in einigen weiteren Redebeiträgen der Synodalen gestern und der anwesenden Paare heute taucht der Begriff, 'der im Herzen dieser Synode steht', auch als solcher auf. In dem heute veröffentlichten Redemanuskript von Kardinal Marx wird nach den Ausführungen über das neue, am Bundesgedanken und der gegenseitigen Liebe orientierte Eheverständnis durch das II. Vatikanische Konzil gesagt:

„Schließlich versteht das Konzil die menschliche Sexualität als Ausdruck der Liebe und schlägt damit einen neuen Weg in der Sexualethik ein. „Diese Liebe wird durch den eigentlichen Vollzug der Ehe in besonderer Weise ausgedrückt und verwirklicht. Jene Akte also, durch die die Eheleute innigst und lauter eins werden, sind von sittlicher Würde; sie bringen, wenn sie human vollzogen werden, jenes gegenseitige Übereignetsein zum Ausdruck und vertiefen es, durch das sich die Gatten gegenseitig in Freude und Dankbarkeit reich machen." (GS, Nr. 49) Zu diesem Reichtum gehören zweifellos auch die Zeugung und

die Erziehung von Kindern, aber eben nicht nur. Denn ausdrücklich betonen die Konzilsväter, dass auch ohne Kinder die Ehe als „volle Lebensgemeinschaft bestehen [bleibt] und ihren Wert behält" (vgl. GS, Nr. 50)."

Sexualität hat für die Liebesgemeinschaft von Ehepaaren eine Bedeutung, die nicht allein auf die Fortpflanzung beschränkt ist. Ein Gedanke, der um so wichtiger ist, als er die Perspektiven der heutigen Sexualpädagogik unterstreicht, die auf die verschiedenen Sinndimensionen menschlicher Sexualität (Liebe, Hingabe, Lust, Fruchtbarkeit, Spiritualität) hinweist, die allesamt Grundlage dafür sind, sich dem von P. Rosaci eingeforderten Engagement für eine Sexualpädagogik auf der Höhe der Zeit stellen zu können.

Dass 'Sexualität das Herz dieser Synode' betrifft, hat aber auch noch einen über das Thema der Sexualerziehung hinausgehenden Sinn. Denn im Grunde betreffen alle auf dieser XIV. Ordentlichen Bischofssynode (im engeren oder weiteren Sinn) umstrittenen Themen – gerade diejenigen, in denen das Verhältnis von 'Doktrin' und 'Pastoral' (bzw. Disziplin) diskutiert wird – das Thema der Sexualität.
Die Wertschätzung und Begleitung der Paare auf dem Weg hin zur ehelichen Partnerschaft bezieht sich nach den Umfragen im Vorlauf der Synode auch auf

Paare, die zu einem hohen Prozentsatz schon miteinander leben. Jenseits der vorehelichen Sexualbeziehungen (die nach KKK 2390 vom Kommunionempfang ausschließen) betrifft das Thema vor allem auch den Umgang mit wiederverheiratet Geschiedenen. Nach dem Familien-Lehrschreiben von Papst Johannes Paul II. begründet gerade der Vollzug sexueller Gemeinschaft den Ausschluss von den Sakramenten (der bei völliger Enthaltsamkeit für wiederverheirate Geschiedene nach FC 84 möglich wäre).

Dazu zitiert Abtpräses Schröder heute eine weitere Meinung eines Synodenvaters:

„Wir betrachten Ehe als eine Berufung, ebenso wie wir die Berufung zum ehelosen Leben kennen. Zur Eheberufung gehört Sexualität aber wesentlich dazu. Nur weil jemand von seinem Ehepartner alleingelassen wurde, kann man deshalb doch nicht davon ausgehen, dass damit auch eine ganz neue Berufung zur Enthaltsamkeit gegeben ist."

Und auch Homosexualität, deren Nichtdiskriminierung mittlerweile akzeptiert ist, fällt bei Formen gelebter Homosexualität bislang gänzlich aus der Wertschätzung heraus bzw. gilt derzeit weiterhin als 'widernatürliche Handlung' (vgl. KKK 2357). Und auch der Umgang mit der eigenen Fruchtbarkeit – ein gestern und heute ebenfalls mit Bezug auf die Enzyklika Humanae vitae (1968) von Papst Paul VI. aufgenommenes Thema – bezieht sich auf das Verständnis von Sexualität und ihren Sinndimensionen: Im Statement von Sharron Cole, Präsidentin von Parents Centres (Neuseeland), wird die unterschiedslose Ablehnung kontrazeptiver Empfängnisregelungsmethoden als 'in sich falsch' als Ursache für einen grundlegenden Dissens und für einige gar für einen Abschied von der Kirche benannt.

„However its declaration that 'sexual intercourse which is deliberately contraceptive [is] so intrinsically wrong' provoked massive dissent from the moment the encyclical was promulgated. Many Catholic married couples have made their own decision in conscience about how to exercise responsible parenthood which may mean the use of artificial contraception. For some, this has meant leaving the church. Others remain but often with a sense of unease."

„Jedoch hat die Lehre, die Geschlechtsverkehr unter Verwendung von Empfängnisverhütungsmitteln ausnahmslos als 'in sich falsch' verurteilt, einen massiven Dissens seit dem Moment der Veröffentlichung der Enzyklika provoziert. Viele katholische Ehepaare haben ihre eigenen Entscheidungen in ihrem persönlichen Gewissen gefunden hinsichtlich der verantworteten Elternschaft, die ggf. auch die Verwendung von Kontrazeptiva nicht ausschließt. Für andere aber

hat es den Abschied von der Kirche bedeutet. Wieder andere sind geblieben, aber mit einem unguten Gefühl." (eigene Übersetzung)

Kardinal Marx merkt in seinem heute veröffentlichten Statement zum zweiten Mal an, dass es einer erneuerten Ehetheologie bedarf, die jenseits des 'alles oder nichts', ausgerichtet auf eine weitere Entfaltung, gerade auch die darauf hingeordneten Stufen weder überspringen noch geringachten darf. Bezogen auf den Bericht zum II. Teil des Instrumentum laboris der deutschen Sprachgruppe, scheint mir die positive Bezugnahme von Sexualität auch angedeutet bzw. mit gemeint zu sein in der

„stufenweise[n] Hinführung der Menschen zum Sakrament der Ehe, angefangen von unverbindlichen Beziehungen über unverheiratet zusammenlebende Paare und nur standesamtlich Verheiratete bis hin zur kirchlich gültigen und sakramentalen Ehe."

Allen diesen Themenbereichen muss sich die Kirche auch direkt annehmen – und sei es im Nachgang zu offeneren Äußerungen der Synode zu allen oder einzelnen der genannten Themenkreise.
Ein wichtiger Türöffner, wenn nicht der Schlüssel für den Einstieg in eine Diskussion auf der Höhe der Zeit scheinen mir die die Umfragen aller Teilkirchen einbeziehenden Ausführungen in der Nr. 137 des

Instrumentum laboris zu sein, in der jenseits einer deduktiven Aktmoral die Bedeutung des Gewissens (hier in Hinblick auf die verantwortete Elternschaft) grundgelegt ist – worin die von Kardinal Marx angesprochene Theologie der Liebe ihre Begründung wie Bestätigung erfährt. In allen diesen Themenstellungen geht es um's Ganze, letztlich auch um den Erfolg dieser XIV. Ordentlichen Bischofssynode, an dem am Freitagnachmittag in den Sprachgruppen weiter gearbeitet wird.

„In the heart of the Synod is human Sexuality!"

Samstag, 17. Oktober 2015
Der Weg ist das Ziel: oder Kollegialität und Synodalität als Wesensvollzug einer sich erneuernden Kirche

Der Festakt aus Anlass von 50 Jahren Bischofssynode wurde für die anwesenden Synodenväter und zahlreichen Gäste in der Audienzhalle Paul VI. zu einer Lehrstunde über *„die Synode als Ort der Manifestation der bischöflichen Kollegialität, der Erneuerung der Kirche in Treue zum Evangelium und des unberechenbaren Wirkens des Heiligen Geistes"*, wie der Generalsekretär der Bischofssynode, Kardinal Lorenzo Baldisseri, Papst Franziskus aus seiner Ansprache zur Eröffnung der Generaldebatte der Bischofssynode am 5.10.2015 zitierte.

Papst Franziskus in seiner Ansprache über die "Synodalität, welcher der Weg ist, den Gott von seiner Kirche im 3. Jahrtausend erwartet."

27 Synodenversammlungen haben seit der Einsetzung dieses päpstlichen Beratungsgremiums durch das Motu proprio Apostolica Sollicitudo durch Papst Paul VI. stattgefunden, von denen – einschließlich der aktuellen – 14 ordentliche Bischofssynoden waren und ergänzt wurden durch 3 Außerordentliche Generalversammlungen und 10 Spezialversammlungen regionaler Art.

Die Festrede hielt der Erzbischof von Wien, Kardinal Christoph Schönborn, der zugleich auch Mitglied des

Synodenrates ist, und beschreibt die Eigenschaften der in Can. 342 in formaler Weise kurzgefassten Aufgaben der Bischofssynoden näher. Seit dem Apostelkonzil lag der Gewinn dieser Bischofsversammlungen in der „organischen Entwicklung" der Lehre der Kirche, die Kardinal Schönborn aus dem unter seiner redaktionellen Mitarbeit 1992 veröffentlichten Weltkatechismus wie folgt zitiert:

„Dank des Beistands des Heiligen Geistes kann das Verständnis der Wirklichkeiten wie auch der Formulierungen des Glaubenserbes im Leben der Kirche wachsen:

- ‚aufgrund des Nachsinnens und des Studiums der Gläubigen, die sie in ihrem Herzen erwägen' (DV 8); insbesondere, die theologische Forschung soll sich ... um eine tiefe Erkenntnis der geoffenbarten Wahrheit bemühen' (GS 62,7);

- ‚aufgrund der inneren Einsicht in die geistlichen Dinge, die sie erfahren' (DV 8); ‚die göttlichen Worte wachsen mit den Lesenden' (Gregor d. Gr., hom. Ez. 1,7,8);

- ‚aufgrund der Verkündigung derer, die mit der Nachfolge im Bischofsamt die sichere Gnadengabe der Wahrheit empfangen haben' (DV 8)'(KKK 94).

So ist die theologische Debatte der letzten Monate ein wichtiger Beitrag zum Weg der Synode, wie ja auch das Werk des Zweiten Vatikanums nicht denkbar gewesen wäre, ohne die große Arbeit der Theologen in den Jahrzehnten vor dem Konzil und während des Konzils."

Die Aufgaben der anstehenden Bischofssynode beschreibt Kardinal Schönborn ähnlich der Herausforderung des Apostelkonzils der Urkirche.

„Und genau das ist der entscheidende Punkt: In Jerusalem ging es nicht um Beratung oder Entscheidung, sondern um das Unterscheidende des Willens und Weges Gottes. Natürlich gehören heftige Diskussionen, ja sogar Streit und intensives Ringen zum synodalen Weg. So war es schon in Jerusalem. Aber Ziel der Debatten, Ziel der Zeugnisse ist das gemeinsame Unterscheiden des Willens Gottes. Auch dort, wo abgestimmt wird (wie am Ende jeder Synode), geht es nicht um Machtkämpfe, Parteibildungen (über die die Medien dann gerne berichten), sondern um diesen gemeinschaftlichen Prozess zur Bildung eines Urteils, wie wir es in Jerusalem gesehen haben. Am Ende kommt, so hoffen wir, nicht ein politischer Kompromiss heraus, auf einem niedrigen gemeinsamen Nenner, sondern dieser „Mehr-Wert", den der Heilige Geist schenkt, sodass es am Schluss heißen

kann: „Der Heilige Geist und wir haben beschlossen" (Apg 15,28)."

Papst Franziskus hebt am Ende des Festaktes in einer Ansprache die Bedeutung und Charakteristika der 'Synodalität' auf den drei Ebenen der Orts-, Teil- und Weltkirche heraus. Für die Umsetzung des Ergebnisses dieser Bischofssynode wird von besonderer Bedeutung sein, dass Papst Franziskus die von ihm bereits im Lehrschreiben Evangelii Gaudium – wie von vielen Synodalen im Rahmen der Generaldebatte dieser Bischofssynode mehrfach – angesprochene stärkere Bedeutung der Teilkirchen 'cum et sub Petro' auf Zukunft hin noch höher einschätzt. Man müsse noch weiter darüber nachdenken, jene Strukturen, die Zwischenebenen der Kollegialität gemäß der frühkirchlichen Ordnung zu erneuern. Mit dem Hinweis, dass die Hoffnung des Konzils, dass solche Einrichtungen, den Geist der bischöflichen Kollegialität zu erhöhen, noch nicht vollständig realisiert seien, kommt er zu einer zentralen Stelle seiner Rede, die mit anhaltendem Applaus bedacht wurde:

„Wir sind auf halbem Weg, auf einem Teil des Weges. Wie ich bereits gesagt habe, ist es in einer synodalen Kirche „nicht angebracht, dass der Papst die örtlichen Bischöfe in der Bewertung aller Problemkreise ersetzt, die in ihren Gebieten auftauchen. In

diesem Sinn spüre ich die Notwendigkeit, in einer heilsamen „Dezentralisierung" voranzuschreiten" (EG 16)." (Radio Vatikan 17.10.2015)

Wie schon in diesem Blog am 19.5.2015 angedeutet, ist der Weg das Ziel, die Kollegialität und Synodalität der Wesensvollzug einer sich erneuernden Kirche.

Sonntag, 18. Oktober 2015
Über den Primat des Papstes, die Mitte des Evangeliums „unendlicher Zärtlichkeit" und warum deshalb das heute heiliggesprochene Ehepaar in der Predigt des Papstes kaum zu Wort kam

Noch nicht einmal zwei Sätze seiner Predigt widmete Papst Franziskus direkt dem heute heiliggesprochenen Ehepaar Louis Martin und Marie-Azélie Guérin, den Eltern der Hl. Thérèse von Lisieux. Aber ihr Lebenszeugnis stand dennoch im Mittelpunkt, als er mit großem Ernst und beinahe als Verstärkung seiner gestrigen Ansprache auf die Mitte des Evangeliums zu sprechen kam.

Screenshot aus der Heiligsprechungsmesse am 18.10.2015 in Rom

Die Erzählung aus dem heutigen Tagesevangelium (Mk 10,35-45), so Papst Franziskus in seiner Predigt, „beschreibt die Szene, in der Jesus sich mit seinen Jüngern Jakobus und Johannes abmüht, die – unterstützt von ihrer Mutter – den Wunsch äußern, im Reich Gottes an seiner Rechten und seiner Linken zu sitzen (vgl. Mk 10,37), und damit Ehrenplätze beanspruchen, wie sie ihrer hierarchischen Vorstellung ebendieses Reiches entsprechen." Papst Franziskus geißelt deren Sicht, „die noch getrübt ist durch Träume von irdischer Verwirklichung":

„Angesichts der Menschen, die sich eifrig um Macht und Erfolg bemühen, sind die Jünger aufgerufen, das Gegenteil zu tun. Daher ermahnt Jesus sie: »Ihr

wisst, dass die, die als Herrscher gelten, ihre Völker unterdrücken und die Mächtigen ihre Macht über die Menschen missbrauchen. Bei euch aber soll es nicht so sein, sondern wer bei euch groß sein will, der soll euer Diener sein« (V. 42-44). Mit diesen Worten weist er darauf hin, dass in der christlichen Gemeinschaft der Stil der Autorität das Dienen ist. Wer den anderen dient und wirklich kein Ansehen genießt, übt in der Kirche die wahre Autorität aus."

Wer diese Tage in Rom mit offenen Augen und Ohren mit verfolgt, dem wird es kaum als Zufall erscheinen können, dass Papst Franziskus beim Festakt aus Anlass des 50-jährigen Jubiläums der Bischofssynode die genaue Parallelstelle aus dem Matthäusevangelium zitierte, die auch Gegenstand der heutigen Predigt war. Schon gestern sagte er:

„Vergessen wir das nie! Für die Jünger Jesu, gestern, heute und immer, ist die einzige Autorität die Autorität des Dienstes, die einzige Macht die Macht des Kreuzes, getreu den Worten des Meisters: „Ihr wisst, dass die Herrscher ihre Völker unterdrücken und die Mächtigen ihre Macht über die Menschen missbrauchen. Bei euch soll es nicht so sein, sondern wer bei euch groß sein will, der soll euer Diener sein, und wer bei euch der Erste sein will, soll euer Sklave sein." (Mt 20,25.27) Unter euch soll es nicht so sein: in diesem Ausdruck kommen wir zum Kern des

Dienstes der Kirche – „bei euch soll es nicht so sein" – und wir erhalten die notwendige Einsicht, um den hierarchischen Dienst zu verstehen."

Und in dieses Verständnis des Dienens ist die ganze Kirche inbegriffen, *„befindet sich der Gipfel wie bei einer umgekehrten Pyramide unterhalb der Basis. Deswegen heißen diejenigen, die Autorität ausüben, „Diener": weil sie im Ursprungssinn des Wortes die Kleinsten von allen sind. Dem Volk Gottes dienend wird ein jeder Bischof für den ihm anvertrauten Teil der Herde, vicarius Christi (LG 27), Stellvertreter dieses Jesus, der sich beim letzten Abendmahl niedergekniet hat, um die Füße der Apostel zu waschen (Joh 13,1-15). In gleicher Sichtweise ist der Nachfolger Petri selbst nichts anderes als der Diener der Diener Gottes."*

Das Dienstamt des Papstes sieht Papst Franziskus in der jetzigen Zeit in besonderer Weise herausgefordert, ja zu einer Umgestaltung genötigt. Mit der Einsicht in die gestern bereits betonte Notwendigkeit, in Richtung einer heilsamen „Dezentralisierung" voranzuschreiten, besteht Papst Franziskus zugleich auch auf die „Bekehrung" des Papstamtes (vgl. EG 32) als Teil eines auf der Höhe der Zeit stehenden Neuverständnisses des päpstlichen Primats. Dabei bezieht sich Papst Franziskus auf seinen Vorvorgänger Papst

Johannes Paul II. der schon 1995 in seiner Ökumene-Enzyklika ein Neuverständnis andeutete:

„Als Bischof von Rom weiß ich sehr wohl, und habe das in der vorliegenden Enzyklika erneut bestätigt, dass die volle und sichtbare Gemeinschaft aller Gemeinschaften, in denen kraft der Treue Gottes sein Geist wohnt, der brennende Wunsch Christi ist. Ich bin überzeugt, diesbezüglich eine besondere Verantwortung zu haben, vor allem wenn ich die ökumenische Sehnsucht der meisten christlichen Gemeinschaften feststelle und die an mich gerichtete Bitte vernehme, eine Form der Primatsausübung zu finden, die zwar keineswegs auf das Wesentliche ihrer Sendung verzichtet, sich aber einer neuen Situation öffnet" (Ut unum sint, 95).

Wenn Papst Franziskus im direkten Anschluss gestern bereits seinen „Blick auch auf die ganze Menschheit" richtet, ist das die weitere Perspektive, die in Bezug auf die nächsten Tage der Bischofssynode sich schon bewähren wird, wenn es um das Abwägen gemeinsamer pastoraler Leitlinien geht angesichts der in den Teilkirchen und Kulturen dieser Welt sehr unterschiedlichen Herausforderungen im Bereich von Ehe und Familie. Am Ende dieser letzten Synodenwoche wird es das Amt des Papstes sein, seinem auf dem II. Vatikanischen Konzil konkretisierten Selbstverständnis zu genügen:

„Tatsächlich ist der Papst dank dem Willen des Herrn „das immerwährende, sichtbare Prinzip und Fundament für die Einheit der Vielheit von Bischöfen und Gläubigen" (LG 23, vgl. 1. Vat. Konzil Pastor Aeternus)."

Aber bei allem Ausgleich und aller Sympathie für eine ‚Symphonie der Verschiedenheit' ist Papst Franziskus schneidend scharf, wenn es um die Mitte des Evangeliums geht, dessen Entschiedenheit für ein adäquates Verständnis sich heute – analog etwa zur Geißelung der Krankheit der Eitelkeit und Ruhmsucht in der Ansprache an die Mitglieder der Kurie vor dem Weihnachtsfest des Jahres 2014 – einmal mehr an einem hierarchischen Standesdenken elektrisierte. Demgegenüber stellt Papst Franziskus die Botschaft der menschgewordenen Liebe Gottes:

„Jesus übt im Wesentlichen ein Priestertum der Barmherzigkeit und des Mitleids aus. Er hat unsere Schwierigkeiten unmittelbar selbst erfahren und kennt unsere menschliche Lage von innen her; dass er nicht gesündigt hat, hindert ihn nicht daran, die Sünder zu verstehen. Seine Würde besteht nicht im Ehrgeiz oder in der Herrschsucht, sondern darin, die Menschen zu lieben, ihre Schwäche anzunehmen und zu teilen, ihnen die heilende Gnade zu schenken und ihren mühevollen Weg mit unendlicher Zärtlichkeit zu begleiten."

Dieses Bekenntnis zur barmherzigen, überfließenden Liebe Gottes, der Revolution der Zärtlichkeit, wird die Botschaft sein, an der die bestehende und sich je neu entstehende Vielfalt in der katholischen Kirche unter dem Primat des Papstes zu messen sein wird – und sie wird auch den Fokus bilden, unter dem der Papst den Verlauf dieser Bischofssynode beobachtet. In dem Bekenntnis der barmherzigen Liebe Gottes ist aber auch jeder einzelne ‚berührt' und auch aufgefordert zum ‚Kanal' dieser Liebe und des Mitleids zu werden, wie Papst Franziskus im Anschluss forderte. Und nun – im Grunde an der richtigen Stelle – kommen ganz am Ende der Predigt auch diejenigen Personen zu Wort, deren Heiligsprechung heute Anlass für die gemeinsame Messfeier im Kreis aller Synodalen der Bischofssynode war:

„Diejenigen, die heute heiliggesprochen wurden, haben in außergewöhnlicher Demut und Liebe unentwegt ihren Mitmenschen gedient und so ihren göttlichen Meister nachgeahmt. [...] Die heiligen Eheleute Louis Martin und Marie-Azélie Guérin haben den christlichen Dienst in der Familie gelebt, indem sie Tag für Tag eine Umgebung voller Glauben und Liebe aufbauten; und in diesem Klima sind die Berufungen ihrer Töchter aufgekeimt, darunter auch die der heiligen Thérèse vom Kinde Jesu."

Die dritte und entscheidende Synodenwoche könnte nicht besser beginnen!

Montag, 19. Oktober 2015
"The one thing that's certain about next Sunday is that we might have finish the task. The journey will continue!"

Diese auch auf die synodale Struktur der Kirche gemünzte Feststellung machte der australische Erzbischof von Brisbane, Mark Coleridge, der zusammen mit dem italienischen Erzbischof von Parma, Enrico Solmi, und dem Lateinischen Patriarchen von Jerusalem, Fouad Twal, zu der heutigen Pressekonferenz geladen war.

Erzbischof Enrico Solmi, Erzbischof Mark Coleridge,
Patriarch Fouad Twal und P. Federico Lombardi (v.l.)

Die Arbeit der Synode hat Erzbischof Coleridge im Vergleich zu den bisherigen Synoden als einen Wechsel von einem 'wohlorganisierten Event' zu einem 'arbeitsreichen Prozess' erlebt, der aber – trotz verschiedenster Herausforderung und mancher Konfusion – eine 'faszinierende Reise' sei. Schon jetzt ist er sich aber sicher, hinsichtlich der von ihm als beeindruckend und spektakulär erlebten Ansprache des Papstes über die Synodalität der Kirche aus Anlass des 50-jährigen Synoden-Jubiläums, dass sie ein Höhepunkt der Synode gewesen ist und ggf. auch die abschließenden Arbeit in den Kleingruppen heute und morgen stimulieren werde.

Wie aber jetzt genau in dieser letzten Synodenwoche all die einzelnen Punkte mit zum Teil schwierigen pastoralen Einzelfragen des III. Teils des Instrumentum laboris in seiner eigenen Kleingruppe diskutiert und zu Vorschlägen ausgearbeitet und mit den anderen 13 Arbeitsgruppenergebnissen zu einem gemeinsamen Text zusammengefasst, vorgetragen und in dem Gesamttext aller drei Teile zur Abstimmung gebracht werden können, formuliert Erzbischof Coleridge – als Relator für seine Sprachgruppe 'Englisch C' – als offene Frage. Doch jenseits der vielen Einzelfragen und -themen ist für ihn gewiss:

"But I think that there is a confidence deep down that something can emerge from the process of fermentation."

"Ich denke, es gibt eine tiefgehende Überzeugung, dass etwas aus dem Fermentierungsprozess entstehen könne."

Was er damit meint, wird durch eine bereits in der Pressekonferenz am Samstag von dem spanisch sprechenden Pressesprecher Manuèl Dorantes berichteten Episode auf Nachfrage noch einmal deutlich. Ein mexikanischer Bischof hatte in einem Statement von einem Jungen erzählte, der bei seiner Erstkommunion seinen wiederverheiratet geschiedenen Eltern ein Stück von seiner Hostie abgab. Diese Geschichte habe viele Synodalen angerührt und stand als eines von vielen Beispielen aus der Lebenswirklichkeit von Menschen für die Notwendigkeit des diese Synode kennzeichnenden pastoralen Ansatzes, der bei speziellen und kulturspezifischen Themen – wie es der Sakramentenempfang von wiederverheiratet Geschiedenen etwa in einigen Teilen der Welt bedeutet – in vielen Fällen nur auf eine Einzelfallerwägung (pastoral approach on a 'case by case'-basis) hinauslaufen könne.

In allem sei das gelebte Vorbild in Wort und Tat von Papst Franziskus für die Synode entscheidend, auf alle Themen "mit den Augen des Herrn" zu schauen (wie Erzbischof Solmi sagte), "anstatt sich in wunderschönen Diskursen zu ergehen, die aber keine

Wurzeln mehr auf den Boden der menschlichen Erfahrung zu schlagen vermögen."

"Otherwise we indulge in a discourse which is beautiful in itself, but not pull down roots on the soil of human experience." (Erzbischof Coleridge)

Mit diesem pastoralen Ansatz, der jenseits einer enthobenen Kirchensprache (Church speak) sich auch um eine wertschätzende und ermutigende Sprache (new language) bemüht, werden die Eingaben der Sprachgruppen für Erzbischof Coleridge sicher viele Vorschläge für das Schlussdokument zusammentragen. Umgekehrt steht – um den Titel dieses Blog-Beitrages noch einmal aufzunehmen – nicht nur für ihn, sondern auch für P. Bernd Hagenkord bereits jetzt schon fest, dass "der Weg nicht mit der Synode endet":

"Immer wieder wurde in der Synode der Ursprung des Wortes betont, „Σύνοδος/Synodos", „gemeinsam unterwegs sein" oder auch „Reisegesellschaft". Dementsprechend ist Synode weniger ein dreiwöchiges Ereignis als vielmehr Teil eines synodalen Prozesses, den der Papst will. Und dieser Weg wird am kommenden Wochenende nicht zu Ende sein. [...]

Ganz gleich, was der Ratschlag an den Papst sein wird, alles muss danach den Weg gehen, den es ge-

kommen ist: zurück in die Ortskirchen. Nicht das Papier zählt, sondern was dann der Papst entscheidet und was dann vor Ort gelebt wird. Wirklichkeit ist wichtiger als Idee, sagt der Papst, das konkrete Leben der Ortskirche ist wichtiger als bedrucktes Papier, übersetze ich, oder besser: was das Papier kann, zeigt sich erst vor Ort." (Radio Vatikan vom 19.10.2015)

Auf ein weiteres, schon jetzt festzuhaltendes Ergebnis wies heute in einem Interview der bereits zum achten Mal teilnehmende Erzbischof von Washington, Kardinal Donald Wuerl hin, bevor er seinen Ärger über einige Bischöfe ausdrückt, denen immer noch am liebsten sei, dass über viele der in Frage stehenden Themen gar nicht erst gesprochen würde:

"...but for me the great accomplishment of this Synod, was to say to the whole world, in the Catholic Church, the Pope was telling us there is room for discussion. The principle of God's love and bringing people to God, is the norm. We need to understand how we bring people to God." (Vatican Insider 19.10.2015)

"Die große Leistung dieser Synode war es, der ganzen Welt zu zeigen, dass der Papst uns darauf hinweise, dass es in der katholischen Kirche Raum für Diskussion gibt. Das Prinzip der Liebe Gottes und

Menschen in die Begegnung mit Gott zu bringen, ist die Norm. Wir müssen verstehen lernen, wie wir Menschen zu Gott bringen." (eigene Übersetzung)

Dienstag, 20. Oktober 2015
„Die bei weitem beste und offenste Synode, die ich erlebt habe."
(Kardinal Christoph Schönborn)

Kardinal Christoph Schönborn, Moderator des 'Circulus Germanicus'

Dass die Synodalen mit den Gästen, Beratern und brüderlichen Delegierten in einem sehr guten „Klima der Synodalität" (Kardinal Martínez Sistach) in den Plenarphasen, aber besonders intensiv in den Kleingruppen zusammengearbeitet hätten, war heute die einmütige Botschaft der zur Pressekonferenz eingeladenen Gäste in Bezug auf den Abschluss der 'Circoli minori' zum III. Teil des Instrumentum laboris. Neben Kardinal Sistach, dem Erzbischof von Barcelona, bestätigte auch der ebenfalls bereits von der III. Außerordentlichen Bischofssynode bekannte Erzbischof von Durban (Südafrika), Kardinal Wilfried Fox Napier, die sehr gute Arbeitsatmosphäre: Nachdem Papst Franziskus zu Beginn der ersten Synodenwoche seine letzten Bedenken an einem transparenten Arbeiten der Synode eindrucksvoll ausgeräumt hatte, ist Kardinal Napier – der zusammen mit den ebenfalls in den Pressebriefings der vergangenen Wochen bereits erlebten Kardinälen Vingt-Trois, Tagle und Assis als Präsident der Bischofsversammlung vorstand – nun voll des Lobes:

„The new Synod procedure is a great help because it leaves plenty of time for reflection in the language groups. It gives us the chance to exchange views with people from different parts of the world, as well as lay auditors and fraternal delegates". (Vatican Insider 20.10.2015)

„Die neue Synoden-Prozedur ist eine große Hilfe, weil sie viel Zeit für die Refelxion in den Sprachgruppen lässt. Sie gibt uns eine Chance zum Gedankenaustausch mit Menschen von unterschiedlichen Teilen der Welt, ebenso mit Laien-Hörern und den brüderlichen Delegierten." (eigene Übersetzung)

Wenn die Synode bereits vor ihrem Ende – und beinahe von allen Gästen der Pressekonferenzen – aufgrund der neuen Kleingruppen-Arbeitsstruktur gelobt wird, wird ihr möglicher Erfolg sicherlich am meisten der hier geleisteten Text-, Moderations-, Übersetzungs- und vor allen Dingen Beziehungsarbeit unter- und miteinander zu verdanken sein. Einer, der in den Kleingruppen gewählten Moderatoren, war in der deutschen Sprachgruppe der Erzbischof von Wien, Kardinal Christoph Schönborn, für den diese Bischofsversammlung „die bei weitem beste und offenste Synode gewesen ist", die er bislang erlebt habe. (Kathpress 19.10.2015) Dazu hat er selbst bereits eine Menge beigetragen durch seine theologische Weite und Tiefe in der Rede beim Festakt des Synoden-Jubiläums am vergangenen Samstag, aber auch schon vorher im Synodenplenum der ersten Arbeitswoche, in der er seine integrierende Kraft unter Beweis stellte, wie es Abtpräses Jeremias Schröder in seinem Synodenblog am 12.10.2015 beschrieb:

„Segensreich sind da Männer wie Kardinal Schönborn, der es schafft, eine kontroverse Äußerung aufzugreifen und zu würdigen, und dann so zu wenden, dass die ganze Synode dahinterstehen kann. Zum Ende der Synode hin wird das hoffentlich noch öfter gelingen, auch bei den ganz großen Fragen."

Und mit Sicherheit ist auch und gerade ihm der erfolgreiche Verlauf der mit Spannung verfolgten deutschen Sprachgruppe zu verdanken, dessen einfühlsame und kluge Moderation auch in dem mir gestern Abend zugesandten Bericht unseres aus Deutschland in Rom teilnehmenden Ehepaares Petra und Aloys Buch erwähnt wird.

„Was ist nicht alles vermutet, behauptet, erwartet worden von der einzigen deutschsprachigen Gruppe unter den ‚Circoli minori' der ‚Familien-Synode'. Aber dann kam manches ganz anders: der englische Kardinal Vincent Nichols war nicht der Einzige, den Dichte und Tiefgründigkeit der ersten Arbeitsergebnisse ‚der Deutschen' überzeugt haben. Aber das eigentlich Überraschende war etwas anderes. Zu Beginn hatte der Moderator die Frage, ob auch die ‚Auditoren' aktiv beitragen sollten, mit einer ausdrücklichen Einladung zur Mitwirkung beantwortet. Je mehr es dann ‚zur Sache' ging, umso intensiver wurden alle Zirkel-Teilnehmer ‚Hörer'. Die gemeinsame Suche nach Klärungen und treffenden Formulierungen erforderte präzises Sprechen, sie verlangt vor allem genaues Hinhören auf Einschätzungen, Voten und Argumente. Was man aus Trockenübungen zur Problemlösung in Familien, Verbänden und Unternehmen kennt, wurde hier von Synodenvätern, Experten und Auditoren aus sechs Ländern im Mühen um eine gemeinsame Sprache praktiziert. Zentral

waren nicht unterschiedliche Verantwortlichkeiten und Funktionen, sondern das Miteinander in ernstem und respektvollem Dialog. Das sorgsame Hinhören war wohl das eigentliche Geheimnis für das Beratungsergebnis. Eine wunderbare Erfahrung für alle, die dies miterlebt haben."

Auch Bischof Bode äußerte sich heute kurz vor Abschluss der letzten Kleingruppenphase in einem Interview. Auf die Frage – nach der großen Anerkennung auf den einstimmigen Bericht der deutschsprachigen Arbeitsgruppe zum II. Teil des Instrumentum laboris –, ob der deutsche 'Circulus Minor' mit seinen theologischen Schwergewichten (u.a. neben Kardinal Schönborn, Kardinal Walter Kasper, Kardinal Kurt Koch, Kardinal Reinhard Marx auch der Präfekt der Glaubenskongregation, Kardinal Gerhard Ludwig Müller), aufgrund des vorausgegangenen, theologisch ausgefeilten Zwischenberichts bei dieser Synode womöglich den Ausschlag geben könnte, sagte er:

„Diese Erwartung wurde von außen geschürt wegen der wissenschaftlichen Qualität vieler ihrer Mitglieder und der Unterschiedlichkeit der Positionen. Ich hoffe, dass unser Ringen um Begriffe und den richtigen Weg für viele eine Hilfe sein kann, die sich über einige Punkte noch nicht im Klaren sind. Wenn eine Gruppe mit so verschiedenen Ansichten wie die deutschsprachige in ihren Texten zu einmütigen Er-

gebnissen kommt, kann sich das womöglich auf die ganze Synode übertragen." (domradio 20.10.2015)

Davon ist auch das Ehepaar Buch überzeugt:

„Papst Franziskus hat anlässlich des Rückblicks auf 50 Jahre seit Einrichtung der heutigen Form von Bischofssynoden vom ‚synodalen Weg der Kirche' gesprochen. Welche Chancen diese beinhaltet, aber auch welche Anstrengungen dies erfordert, wird bei dieser Synode nicht nur in der großen Aula deutlich – dafür bietet in diesen Tagen der konzentrierte, hinhörende Dialog im deutschsprachigen ‚kleinen Zirkel' ein besonders eindrucksvolles und mutmachendes Beispiel."

Papst Franziskus machte zu Beginn des Tages ebenfalls allen Mut. Und ich zitiere ihn in Verbindung mit einer persönlichen Erinnerung an Kardinal Schönborn, dem ich im WS 89/90 in Fribourg den mein Leben prägenden Hinweis verdanke, dass der zentrale Begriff der Erlösungslehre bei Thomas von Aquin 'Freundschaft' sei. Und genau dieser Gedanke war heute auch Thema in der morgendlichen Predigt von Papst Franziskus im Gästehaus St. Martha, in der das Motiv der diese Synode prägenden, barmherzigen und zärtlichen Liebe auch über den zitierten Absatz hinaus anklingt: *"Unsere Rettung"*, erklärte Papst

Franziskus, *"liegt in dieser Freundschaft zwischen uns und Gott."* Und er fährt fort:

"Come dà Dio, in questo caso l'amicizia, la salvezza tutta nostra? Dà come dice che darà a noi quando facciamo un'opera buona: ci darà una misura buona, pigiata, colma, traboccante... Ma questo fa pensare all'abbondanza e questa parola, 'abbondanza', in questo brano viene ripetuta tre volte. Dio dà nell'abbondanza fino al punto di dire, Paolo, come il riassunto finale: 'Dove abbondò il peccato sovrabbondò la grazia'. Sovrabbonda, tutto. E questo è l'amore di Dio: senza misura. Tutto se stesso". (Radio Vatikan vom 20.10.2015)

„Wie schenkt uns Gott seine Freundschaft, sein Heil an uns alle? Er gibt sie uns, wenn wir eine gute Tat tun. Er gibt sie uns im vollen Maße, bis zum Rand, überbordend. Das lässt uns an Überfluss denken – und das Wort Überfluss wird dreimal in der Lesung wiederholt. Gott gibt im Überfluss bis zu dem Punkt, von dem Paulus schreibt. Und wo die Sünde übermächtig wurde, war die Gnade immer größer. Sie durchwirkt alles. So ist die Liebe Gottes: ohne Maß. So wie es ihr eigen ist." (eigene Übersetzung)

Mittwoch, 21. Oktober 2015
„Überlegungen und Vorschläge für den Heiligen Vater, Papst Franziskus" und über die Sorge, „dass der Text sich durch das Einfügen von Änderungen dramatisch verändert."

Dass der letzte Bericht der deutschen Arbeitsgruppe mit dem Titel „Überlegungen und Vorschläge für den Heiligen Vater, Papst Franziskus" überschrieben ist, berichtete Kardinal Marx – anders als im vergangenen Jahr in englischer Sprache – auf der heutigen Pressekonferenz, zu der auch der irische Primas, Erzbischof Eamon Martin, und Montevideos Kardinal Daniel Fernando Sturla Berhouet (Uruguay) eingeladen waren.

Kard. Daniel Sturla Berhouet, Kard. Reinhard Marx, Federico Lombardi

In ähnlicher Weise sind auch manche andere Berichte der 13 Kleingruppen überschrieben, die anzeigen, dass sie in einer noch einmal deutlich akzentuierteren

Weise ‚Modi' sind als die Änderungsvorschläge zu den ersten beiden Teilen des Instrumentum laboris, die sich also ergänzend, alternativ, komplementär oder aber gegensätzlich ausnehmen können. Das ist eine gute Nachricht insofern, als die Arbeitsgruppen selber ihre eigenen Eingaben – auch wenn sie mit Überzeugung vertreten werden und z.T. auch dieses Mal einstimmig (wie in der deutschsprachigen Kleingruppe) gefasst worden sind – relativieren bzw. beziehen auf die Beratungsaufgabe, zu der Papst Franziskus sie und alle Teilkirchen der Welt auf einem zweijährigen synodalen Weg eingeladen hat.

Die heute vorgestellten Berichte umfassen alle Bereiche und spezifizieren Vorschläge für eine erweiterte Ehevorbereitung und ehekatechumenale Ansprache junger Paare, beziehen sich aber auch auf die zu berücksichtigenden kulturellen Traditionen, z.B. bezogen auf die Stufenehe, wie sie in ähnlicher Weise auch in den vorehelichen Beziehungen Westeuropas Einzug gehalten haben. „Ein breiter Konsens herrscht unter den Synodenteilnehmern hingegen offenbar darüber, dass die Kirche gegenüber Paaren und Familien, deren Lebenssituation von der katholischen Lehre abweicht, anders auftreten muss: nicht verurteilend und belehrend, sondern zuhörend und barmherzig. Die helfende Hand soll nach dem Willen vieler Bischöfe den moralischen Zeigefinger ersetzen. Die Kirche soll mehr mit der Bibel und weniger mit dem Kirchenrecht argumentieren. In diesem Punkt folgen die Bischöfe der Botschaft, die Papst Franziskus seit seinem Amtsantritt unermüdlich verkündet." (Kathpress vom 21.10.2015)

Abtpräses Jeremias berichtet in seinem Blog aus der Synodenaula, dass, wenngleich immer wieder gesagt wird, dass die Zulassung geschiedener Wiederverheirateter zur Eucharistie nicht das einzige oder wichtigste Thema der Synode ist, man doch erkennen könne, dass hier am meisten gerungen wurde. Eine Zusammenfassung der verschiedenen Vorschläge auf diese Fragestellung von ihm zeigt die ganze Bandbreite der Diskussion:

„Ganz grob gesagt ist bei den italienischen und spanischen Gruppen eine Öffnung in diese Richtung erkennbar, häufig verbunden mit der Bitte an den Papst, sich dieses Themas weiter anzunehmen um es entweder zu vertiefen oder um Umsetzungsmöglichkeiten zu prüfen. Bei den anderen Sprachgruppen, die eher die ganze Vielfalt der Weltkirche repräsentieren, sind eindeutige Positionen oft nicht mehrheitsfähig. Zwei englische Gruppen bekräftigen den jetzigen Stand. Eine weitere wünscht sich, dass eine päpstliche Kommission im Blick auf das Jahr der Barmherzigkeit andere Möglichkeiten prüft, und eine vierte glaubt, dass nur ein Konzil solch weitreichende Änderungen verfügen könne. Bei den drei französischen

Gruppen gibt es keine Einigung; eine will den Sachverhalt allerdings dem Papst anheimstellen."

Über 500 Modi bzw. Eingaben mit konkreten Änderungsvorschlägen sind zum III. Teil des Instrumentum laboris zusammengetragen worden, die alle der insgesamt 78 Ziffern des III. Teils der Arbeitsvorlage betreffen und nun bis Freitagnachmittag von der zehnköpfigen Endredaktionsgruppe in eine Vorlage für den Abschlusstext gebracht werden müssen. Der Relator der deutschsprachigen Arbeitsgruppe, Erzbischof Heiner Koch, äußerte sich in einem Interview von daher „sorgenvoll, dass der Text sich durch das Einfügen von Änderungen dramatisch verändert".

„Das hat mir am mir am meisten Sorgen gemacht: Kann man das dann noch in einen gemeinsamen Text kriegen?"

Umgekehrt ist Erzbischof Koch demgegenüber jetzt schon davon überzeugt, dass das Abschlussdokument „sicher nicht alles umfassen" und vermutet auch, dass es kein „großer Text, der auch literarische Kraft hat", werden könne. Und einen anderen Umstand spricht er an, der heute auch in der Synodenaula von sich reden machte:

"Bedrückt hat mich, das muss ich ganz deutlich sagen, manche Äußerungen – das waren aber ganz vereinzelte Äußerungen von Synodenvätern –, die für uns in Sprache und Inhalt nicht akzeptabel sind."

Weil genau dieser Passus auch im ersten Absatz der deutschsprachigen Eingabe aufgenommen wurde, erläuterte Kardinal Marx in der Pressekonferenz, dass damit eine abfällige Stellungnahme Kardinal Pells in der Zeitschrift 'Le Figaro' gegenüber Kardinal Kasper gemeint sei, die nicht nur dem Verständnis synodalen Arbeitens widerspreche. Gerade weil die deutschsprachige Kleingruppe in den zurückliegenden Wochen es sich zur Pflicht gemacht (und in einstimmig verabschiedeten Vorlagen auch eingelöst) hat, zunächst auseinanderliegende Positionen zusammenzubringen, ist der ungewöhnliche Einstieg der direkten Konfliktansprache sicher zum jetzigen Zeitpunkt eine angemessene Form der Intervention, die auf jeden Fall wieder die Aufmerksamkeit auf die abermals theologisch dichte und weiterführende Vorlage der deutschen Arbeitsgruppe steigerte.

Die weiteren Punkte möchte ich zum Abschluss aus dem Pressebulletin insgesamt zitieren, weil sie deutlich machen, wie sehr und wie viele der in dem zweijährigen synodalen Prozess benannten Punkte (auch und gerade aus den Umfragen der in Deutschland benannten Themen) auf dieser Synode vorkommen und auf hohem Niveau weiterentwickelt und besprochen werden. Sie umfassen nach der theologischen Grundlegung in dem Bericht zum II. Teil des Instrumentum laboris beinahe alle relevanten und einige überraschend weiterführende Vorschläge, die ich in einem eigenen Absatz diesem Blog-Eintrag anfüge. Erzbischof Koch äußerte sich in dem zitierten Interview erwartungsvoll und gespannt, welche der folgenden Abschnitte der deutschsprachigen Eingabe sich im Abschlussdokument wiederfinden werden:

Relatio – Circulus Germanicus (21.10.2015)

"Mit großer Betroffenheit und Trauer haben wir die öffentlichen Äußerungen einzelner Synodenväter zu Personen, Inhalt und Verlauf der Synode wahrgenommen. Dies widerspricht dem Geist des Zusammengehens, dem Geist der Synode und ihren elementaren Regeln. Die gebrauchten Bilder und Vergleiche sind nicht nur undifferenziert und falsch, sondern verletzend. Wir distanzieren uns entschieden.

In der deutschsprachigen Gruppe war es ein gemeinsames Anliegen, den Titel der Relatio finalis „Die Berufung und Sendung der Familie in Kirche und Welt von heute" durch den Untertitel „Überlegungen und Vorschläge für den Heiligen Vater, Papst Franziskus" zu ergänzen, um so die Einordnung des Tex-

tes, der kein Beschlussdokument darstellt, klar zum Ausdruck zu bringen. Für die Einleitung regen wir an, auf die weltweiten Umfragen Bezug zu nehmen und Dank und Wertschätzung zum Ausdruck zu bringen.

Im Sinn einer deutlicheren Betonung der Familie als Subjekt der Pastoral soll benannt werden, dass christliche Familien berufen sind, das Evangelium von der Ehe, das ihnen anvertraut ist, durch ihr Leben zu bezeugen. Die christlichen Eheleute und Familien sind damit Teil der neuen Familie Christi, seiner Kirche. So dürfen die Eheleute Sakrament sein für die Welt. Die „neue Familie Jesu Christi", die Kirche, soll die Eheleute zu diesem Zeugnis ermutigen, stärken und befähigen. Dabei lernt die Kirche immer auch selbst von den Lebens- und Glaubenserfahrungen der Eheleute und Familien.

An dieser Stelle war uns ein Bekenntnis wichtig: Im falsch verstandenen Bemühen, die kirchliche Lehre hochzuhalten, kam es in der Pastoral immer wieder zu harten und unbarmherzigen Haltungen, die Leid über Menschen gebracht haben, insbesondere über ledige Mütter und außerehelich geborene Kinder, über Menschen in vorehelichen und nichtehelichen Lebensgemeinschaften, über homosexuell orientierte Menschen und über Geschiedene und Wiederverheiratete. Als Bischöfe unserer Kirche bitten wir diese Menschen um Verzeihung.

Ausführlich haben wir uns auch über den Zusammenhang von Sprache, Denken und Handeln gerade im Hinblick auf eine humane Gestaltung der menschlichen Sexualität ausgetauscht. Eine angemessene und erneuerte Sprache ist entscheidend vor allem für die Hinführung heranwachsender Kinder und Jugendlicher zu einer gereiften menschlichen Sexualität. Diese ist in erster Linie Aufgabe der Eltern und darf nicht allein dem schulischen Unterricht oder den Medien und sozialen Medien überlassen werden. Vielen Eltern und in der Seelsorge Tätigen fällt es schwer, eine sachgerechte und zugleich respektvolle Sprache zu finden, die die Aspekte der biologischen Geschlechtlichkeit in den Gesamtzusammenhang von Freundschaft, Liebe, bereichernder Komplementarität und gegenseitiger Hingabe von Frau und Mann stellt.

Der Arbeitsgruppe war wichtig zu betonen, dass die christliche Überzeugung grundsätzlich davon ausgeht, dass Gott den Menschen als Mann und Frau geschaffen und sie gesegnet hat, damit sie ein Fleisch seien und fruchtbar werden (vgl. Gen 1, 27 f; 2, 24). Mann und Frau sind in ihrer ebenbürtigen personalen Würde wie in ihrer Unterschiedenheit Gottes gute Schöpfung. Nach christlichem Verständnis einer Einheit von Leib und Seele lassen sich biologische Geschlechtlichkeit („sex") und sozio-kulturelle Geschlechtsrolle („gender") zwar analytisch voneinan-

der unterscheiden, aber nicht grundsätzlich oder willkürlich voneinander trennen. Alle Theorien, die das Geschlecht des Menschen als nachträgliches Konstrukt ansehen und seine willkürliche Auswechselbarkeit gesellschaftlich durchsetzen wollen, sind als Ideologien abzulehnen. Die Einheit von Leib und Seele schließt ein, dass das konkrete soziale Selbstverständnis und die soziale Rolle von Mann und Frau in den Kulturen verschieden ausgeprägt und einem Wandel unterworfen sind. Daher ist das Bewusstwerden der vollen personalen Würde und der öffentlichen Verantwortung der Frauen ein positives Zeichen der Zeit, welches die Kirche wertschätzt und fördert (Papst Johannes XXIII. Pacem in terris 22).

Wir haben über den Zusammenhang von Tauf- und Ehesakrament und der Notwendigkeit des Glaubens gesprochen. Das katholische Glaubensbekenntnis zur Ehe gründet auf den Worten des Herrn in der Heiligen Schrift und der Apostolischen Tradition und wurde durch das Lehramt in seiner Substanz treu bewahrt. Dennoch gibt es in der theologischen Ausarbeitung Spannungen zwischen dem dogmatischen, moraltheologischen und kanonistischen Zugang, die in der pastoralen Praxis zu Schwierigkeiten führen können. So muss das Axiom „Jeder Ehevertrag unter Christen ist per se ein Sakrament" neu bedacht werden. In nicht mehr homogenen christlichen Gesellschaften oder Ländern mit unterschiedlicher kulturel-

ler und religiöser Prägung kann ein christliches Verständnis der Ehe auch bei Katholiken nicht ohne weiteres vorausgesetzt werden. Ein Katholik ohne Glauben an Gott und seine Offenbarung in Jesus Christus kann nicht automatisch eine sakramentale Ehe vollziehen ohne oder sogar gegen sein Wissen und seinen Willen. Es fehlt die Intention, wenigstens das mit diesem Geschehen zu wollen, was die Kirche darunter versteht. Zwar kommen die Sakramente nicht durch den Glauben des Empfängers zustande, aber auch nicht ohne ihn oder gar gegen ihn; zumindest bleibt die Gnade unfruchtbar, weil sie nicht mit dem Glauben, der durch die Liebe bestimmt ist, frei willentlich aufgenommen wird.

Auch stellt sich die Frage bei unseren Mitchristen, die ihrem Bekenntnis gemäß die Sakramentalität der Ehe (mit ihren darauf sich ergebenden Wesenseigenschaften) ablehnen, ob ihrer Glaubensüberzeugung entgegen eine sakramentale Ehe zustande gekommen ist. Das würde nicht bedeuten, dass man von katholischer Seite die Legitimität nicht-katholischer Ehen bestreitet oder auch das Gnadenwirken Gottes in nichtsakramentalen Ehen in Frage stellt. Wir erkennen die Vielfalt der Studien zu dieser Frage an und empfehlen ein vertieftes Studium dieser Fragen mit dem Ziel einer lehramtlichen Neubewertung und einer größeren Kohärenz der dogmatischen, moral-

theologischen und kanonistischen Aussagen zur Ehe mit der pastoralen Praxis.

Eine Ergänzung haben wir zu den interkonfessionellen Ehen: Im Hinblick auf das Thema der interkonfessionellen Ehe müssen vor allem die positiven Aspekte und die besondere Berufung einer solchen Ehe erwähnt werden, da die nicht katholischen Christen keineswegs außerhalb der einen Kirche stehen, sondern ihr durch die Taufe und einer gewissen, wenn auch unvollständigen, Gemeinschaft angehören (vgl. UR 3). Auch die interkonfessionelle Ehe ist als Hauskirche anzusehen und hat eine spezifische Berufung und Aufgabe, die im Austausch der Gaben innerhalb des Ökumenismus des Lebens besteht.

Im Hinblick auf die Bedeutung der Familie in Gesellschaft und Staat unterstrich die Arbeitsgruppe als Ausgangspunkt, dass Ehe und Familie dem Staat vorausgehen. Sie sind Grundlage und „Lebenszelle der Gesellschaft" (AA 11). Ohne Familien kann kein Gemeinwesen bestehen. Deshalb ist das politische Gemeinwesen verpflichtet, alles zu tun, um diese „Lebenszelle" zu ermöglichen und dauerhaft zu fördern. Die immer wieder beklagte „strukturelle Rücksichtslosigkeit" gegenüber Familien ist zu überwinden. Mittel dazu sind vor allem der Zugang zu Wohnung und Arbeit, die Ermöglichung von Bildung und Kinderbetreuung sowie ein fairer Familienleistungs-

ausgleich in der Steuergesetzgebung, der das, was Familien der Gesellschaft geben, in gerechter Weise anerkennt. Es muss klar sein: Nicht die Familie hat sich wirtschaftlichen Interessen unterzuordnen, sondern umgekehrt. Der Einsatz für die Familie steht im Zentrum der katholischen Soziallehre, die ein unverzichtbarer Teil der kirchlichen Verkündigung und der Evangelisierung ist. Alle Christen sind aufgerufen, sich im Feld der politischen Gestaltung des gesellschaftlichen Zusammenlebens zu engagieren und so zu helfen, dass Familien besser leben und sich entfalten können. Dabei muss die Politik besonders das Prinzip der Subsidiarität beachten und darf die Rechte der Familien nicht einschränken. Hier ist an die „Charta der Familienrechte" zu erinnern. Die Kirche insgesamt soll sich mit ihrem Engagement im Bereich von Familienbildung, Kindergärten, Schulen, Beratungsstellen und Einrichtungen der Familienhilfe aktiv und exemplarisch einbringen.

Im Hinblick auf die Ehevorbereitung war es der Arbeitsgruppe ein Anliegen, darauf hinzuweisen, dass ein kurzes Gespräch oder eine knappe Einführung hier nicht ausreichen. Da viele Brautleute nicht auf eine vom Glauben geprägte Erziehung aufbauen können, wird die Einführung eines Ehekatechumenats dringend empfohlen, das wenigstens einige Monate dauert, um wirklich zu einem reifen, vom Glauben getragenen Ja-Wort zu kommen, das auch um die

Endgültigkeit des Ehebundes weiß und auf die Treue Gottes vertraut.

Auch der Aspekt der verantworteten Elternschaft war einer der zentralen Gesprächsgegenstände der Arbeitsgruppe. Nach der Schöpfungsordnung Gottes sind die eheliche Liebe von Mann und Frau und die Weitergabe des menschlichen Lebens aufeinander hingeordnet. Gott hat Mann und Frau zur Teilnahme an seinem schöpferischen Wirken und gleichsam zu Interpreten seiner Liebe berufen und die Zukunft der Menschheit in ihre Hände gelegt. Diesen Schöpfungsauftrag sollen Mann und Frau im Sinne einer verantworteten Elternschaft verwirklichen. Sie sollen sich im Angesicht Gottes unter Erwägung ihrer gesundheitlichen, wirtschaftlichen, seelischen und sozialen Situation, ihres eigenen Wohles und des Wohles ihrer Kinder, wie des Wohles der Gesamtfamilie und der Gesellschaft ein Urteil über Zahl und zeitlichen Abstand ihrer Kinder bilden (GS 50). Dem personalen und menschlich ganzheitlichen Charakter der ehelichen Liebe entsprechend ist der rechte Weg der Familienplanung das einvernehmliche Gespräch der Eheleute, die Rücksicht auf den Rhythmus und der Respekt vor der Würde des Partners. In diesem Sinne sollen die Enzyklika Humanae vitae (10–12) und das Apostolische Schreiben Familiaris consortio (14, 28–35) neu erschlossen werden und entgegen einer oft lebens- und teilweise kinderfeindlichen Mentalität die Bereitschaft zu Kindern geweckt werden.

Immer wieder sollen junge Eheleute ermutigt werden, Kindern das Leben zu schenken. Damit wächst die Offenheit für das Leben in Familie, Kirche und Gesellschaft. Dabei kann die Kirche durch ihre zahlreichen Einrichtungen für Kinder zu einer höheren Kinderfreundlichkeit in der Gesellschaft, aber auch in der Kirche beitragen. Die Wahrnehmung der verantworteten Elternschaft setzt die Bildung des Gewissens voraus. Das Gewissen ist „die verborgenste Mitte und das Heiligtum im Menschen, wo er allein ist mit Gott, dessen Stimme in diesem Innersten zu hören ist" (GS 16). Je mehr sich Eheleute auf den Weg machen, um im Gewissen auf Gott zu hören und je mehr sie sich dabei geistlich begleiten lassen, umso mehr werden sie in ihrer Entscheidung innerlich frei von affektiver Neigung und von Anpassung an Verhaltensweisen ihrer Umwelt. Um dieser Freiheit des Gewissens willen weist die Kirche aufgezwungene staatliche Maßnahmen zugunsten von Empfängnisverhütung, Sterilisation oder gar Abtreibung mit aller Kraft zurück.

Wir haben ausführlich diskutiert über die Integration der zivil wiederverheirateten Geschiedenen in die kirchliche Gemeinschaft.

Es ist bekannt, dass in beiden Sessionen der Bischofssynode intensiv über die Frage gerungen wurde, ob und inwieweit wiederverheiratete Geschiede-

ne, wenn sie am Leben der Kirche teilnehmen wollen, unter bestimmten Voraussetzungen die Sakramente der Buße und der Eucharistie empfangen können. Die Debatten haben gezeigt, dass es hier keine einfachen und generellen Lösungen gibt. Wir Bischöfe haben die mit diesen Fragen verbundenen Spannungen ebenso erlebt wie viele unsere Gläubigen, deren Sorgen und Hoffnungen, Warnungen und Erwartungen uns in unseren Beratungen begleitet haben.

Die Diskussionen zeigen deutlich, dass es einiger Klärungen und Vertiefungen bedarf, um die Komplexität dieser Fragen im Licht des Evangeliums, der Lehre der Kirche und mit der Gabe der Unterscheidung weiter zu vertiefen. Einige Kriterien können wir freilich nennen, die zur Unterscheidung helfen. Das erste Kriterium gibt der hl. Papst Johannes Paul II. in FC 84, wenn er dazu einlädt: „Die Hirten mögen beherzigen, dass sie um der Liebe willen zur Wahrheit verpflichtet sind, die verschiedenen Situationen gut zu unterscheiden. Es ist ein Unterschied, ob jemand trotz aufrichtigen Bemühens, die frühere Ehe zu retten, völlig zu Unrecht verlassen wurde oder ob jemand eine kirchlich gültige Ehe durch eigene schwere Schuld zerstört hat. Wieder andere sind eine neue Verbindung eingegangen im Hinblick auf die Erziehung der Kinder und haben manchmal die subjektive Gewissensüberzeugung, dass die frühere, unheilbar zerstörte Ehe niemals gültig war." Es ist deshalb Aufgabe der Hirten, zusammen mit dem Betroffenen diesen Weg der Unterscheidung zu gehen. Dabei wird es hilfreich sein, gemeinsam in ehrlicher Prüfung des Gewissens Schritte der Besinnung und der Buße zu gehen. So sollten sich die wiederverheirateten Geschiedenen fragen, wie sie mit ihren Kindern umgegangen sind, als die eheliche Gemeinschaft in die Krise geriet? Gab es Versuche der Versöhnung? Wie ist die Situation des verlassenen Partners? Wie ist die Auswirkung der neuen Partnerschaft auf die weitere Familie und die Gemeinschaft der Gläubigen? Wie ist die Vorbildwirkung auf die Jüngeren, die sich für die Ehe entscheiden sollen? Eine ehrliche Besinnung kann das Vertrauen in die Barmherzigkeit Gottes stärken, die niemandem verweigert wird, der sein Versagen und seine Not vor Gott bringt.

Ein solcher Weg der Besinnung und der Buße kann im forum internum, im Blick auf die objektive Situation im Gespräch mit dem Beichtvater, zur persönlichen Gewissensbildung und zur Klärung beitragen, wie weit ein Zugang zu den Sakramenten möglich ist. Jeder muss sich selber prüfen gemäß dem Wort des Apostels Paulus, das für alle gilt, die sich dem Tisch des Herrn nähern: „Jeder soll sich selbst prüfen; erst dann soll er von dem Brot essen und aus dem Kelch trinken. Denn wer davon ißt und trinkt, ohne zu bedenken, daß es der Leib des Herrn ist, der zieht sich das Gericht zu, indem er ißt und trinkt. (...) Gingen wir mit uns selbst ins Gericht, dann würden wir nicht gerichtet." (1 Kor 11, 28–31)"

Donnerstag, 22. Oktober 2015
Erste Lesung der Relatio finalis – „Wir können nicht einfach Familiaris consortio wiederholen."

Ein Mitglied der zehnköpfigen Synodenkommission, die für die Fertigstellung des Abschlussdokuments zuständig ist, der indische Kardinal Oswald Gracias (Erzbischof von Mumbai), verriet heute in der Pressekonferenz, dass es der ursprüngliche Plan gewesen sei, die den Synodalen heute Nachmittag vorgelegte Relatio vorzulesen. Stattdessen führte der Generalrelator Kardinal Péter Erdö in die Grundgedanken und Struktur der Textvorlage der Relatio finalis ein, nachdem der Generalsekretär der Bischofssynode, Kardinal Baldisseri, zuvor die Arbeitsweise der zehnköpfigen Textkommission erläutert hatte. Das eingehende Studieren des um die 100 Paragraphen umfassenden Abschlussdokumentes ist damit in der ‚ersten Lesung' der privaten Lektüre am heutigen Donnerstagabend bzw. dieser Nacht vorbehalten, bevor der Text morgen Vormittag in der Generalversammlung in einer offenen Debatte zur Diskussion gestellt wird.

Die Rückfragen und Antworten des Pressebriefings ergeben bereits einen guten Einblick in einige Grundgedanken der Abschlussrelatio, die in Hinblick auf eine möglichst hohe Akzeptanz manche Detailfragen wahrscheinlich im Kontext eines übergeordneten Themenkreises ansprechen wird:

„Journalisten wollten wissen, ob die von Papst Franziskus gewünschte Dezentralisierung bei pastoralen Fragen eine Rolle spielen würde. Gracias verwies darauf, dass in Afrika Probleme mit Polygamie, in Europa mit Geschiedenen und „sein" Asien wiederum andere Probleme habe und dennoch sei die Kirche eine Einheit und der Glaube derselbe. „Aber man muss die verschiedenen kulturellen Kontexte beachten", fügte er an. Spezifische Probleme für einzelne Regionen bedürfen gezielter Lösungen." (Radio Vatikan 22.10.2015)

Der Erzbischof von Los Angeles José Horacio Gómez (USA) betonte, dass er sich gerne mehr Zeit für die Diskussion und Vertiefung einzelner Themen gewünscht hätte und verwies insbesondere auf die Herausforderungen durch Migration und Wirtschaftskrise in der Welt. Wichtig sei es, dass die Kirche dazu beigetrage, dass Menschen in ihrer Not gesehen und unterstützt werden und ihr Potenzial in allen Aspekten ihres Lebens erreichen können.

Erzbischof Gracias, der bereits 1980 an der 5. Generalversammlung der Bischofssynode „Die christliche Familie" teilgenommen hatte, erläuterte, dass heute nicht einfach die ein Jahr später veröffentlichte Enzyklika 'Familiaris consortio' für das Abschlussdokument dieser Synode übernommen werden könne, weil sich die Herausforderungen in den vergangenen 35 Jahren erheblich verändert hätten. In dem heute vielzitierten Absatz 84 des genannten Lehrschreibens habe Papst Johannes Paul II. bereits zu unterscheiden versucht, dass nicht jede/r in derselben Kategorie eingeordnet werden dürfe und zu unterscheiden sei, ob jemand ein Ehebündnis gebrochen habe oder dies erlitten und mit allen Mitteln versucht habe, daran festzuhalten. Daraufhin werde heute neu gesucht und gefragt, ohne schon fertige Antworten zu haben.

Kardinal Schönborn erläuterte heute noch einmal diese Kriterien bezogen auf den von der deutschsprachigen Kleingruppe einstimmig verabschiedeten Vorschlag an den Papst:

„Zu den Kriterien, nach denen im seelsorglichen Gespräch die Situation der wiederverheirateten Geschiedenen beleuchtet werden soll, gehören nach Ansicht der deutschsprachigen Gruppe etwa die Fragen, wie sie mit ihren Kindern umgegangen sind, als die eheliche Gemeinschaft in die Krise geriet. Habe es Versuche der Versöhnung geben und wie sei die

Situation des verlassenen Partners jetzt? Was seien die Auswirkungen der neuen Partnerschaft auf die weitere Familie und die Gemeinschaft der Gläubigen? Oder wie sei die Vorbildwirkung auf die Jüngeren, die sich auf die Ehe entscheiden sollen?"
(Kathpress 22.10.2015)

Auch der gestern in der Pressekonferenz angesprochene – von einer italienischen Sprachgruppe und der einzigen deutschsprachige Gruppe vorgetragene – Gedanke, dass ggf. ein "Forum Internum" eine Möglichkeit sei, nach der einige wiederverheiratete Personen nach intensiver Beratung und der Genehmigung durch den Bischof im Einzelfall wieder zum Sakramentenempfang zugelassen werden könnten, betrachtete Kardinal Garcias als erwägenswert. Das Presseamt erläuterte den Unterschied zwischen dem 'Forum externum" (von Lehre und Doktrin) und "Forum internum" (des persönlichen Bereiches der intensiven Gewissenprüfung und Beratschlagung mit einem Geistlichen) anhand eines am Vortag bereits angekündigten Beschreibung.

Ob aber diese Gedanken ebenfalls in der Abschlussrelatio enthalten seien, konnte Erzbischof Gracias nicht sagen, betonte aber, dass sie ein vertieftes Studium verdienen.

„I don't think that we have seen the solutions, but at least we have begun to speak about the problem and begun to say that this has got to be tackled and this has got to be studied. [...] As we deepen our understanding, I'm sure we'll find a way forward."

„Ich denke nicht, dass wir schon fertige Antworten haben, aber wir haben begonnen über das Problem zu sprechen und zu sagen, dass es angegangen und studiert werden muss. [...] Indem wir unser Verständnis vertiefen, werden wir Wege nach vorne finden!" (eigene Übersetzung)

Der hl. Papst Johannes Paul II. war an seinem heutigen Gedenktag mit dem wiederholten Bezug auf das Apostolische Schreiben *'Familiaris consortio'* in mehrfacher Weise einbezogen; am eindringlichsten aber vielleicht mit der Erinnerung von Erzbischof Gómez an folgenden, am 28. Januar 1979 in Puebla geäußerten Gedanken aus den ersten zwölf Monaten seines Pontifikats:

„Man hat sehr schön und tiefgehend gesagt, unser Gott sei in seinem tiefsten Geheimnis nicht ein Einzelner, sondern Familie, weil er in sich selbst Vaterschaft, Kindschaft und Liebe darstellt, die das Wesentliche einer Familie ist."

Freitag, 23. Oktober 2015

„Eine Kirche voller Zärtlichkeit für alle Menschen [...] der Beginn einer neuen Kirche!"

Kardinal Peter Turkson, Federico Lombardi, Erzbischof Lucas Van Looy

Dies sagte der belgische Erzbischof von Gent, Lucas Van Looy, in seinem Schlussstatement der heutigen Pressekonferenz, das er in ähnlicher Weise auch in der Synodenaula vorgetragen habe. Er wie auch die beiden anderen zum vorletzten Pressebriefing dieser Synode geladenen Gäste, Kurienkardinal Peter Turkson (Ghana) und der kanadische Kardinal Gérald Cyprien Lacroix, Erzbischof von Quebec, bestätigten, dass die Synodenversammlung den Entwurf des 'ratio finalis' genannten Abschlussdokumentes mit hoher Zufriedenheit und Dankbarkeit aufgenommen hätten. 1135 Änderungsanträge – die meisten zum dritten

Teil des Arbeitsdokumentes 'Instrumentum laboris' – hat das zehnköpfige Redaktionsteam berücksichtigt und eingearbeitet.

51 Redebeiträge nahmen am heutigen Vormittag zu dem Entwurf Stellung, die breit gefächert biblische Bezüge und Ergänzungen zu den Themen Migranten, Bildung, Seelsorge, Begleitung, Bildung, Spiritualität und des Leidens von Familien einbrachten. Eine Reihe von Eingaben – neben Kardinal Lacroix auch von den Kardinälen Marx, Müller, Nichols, Schönborn, Sarah und Sistach - konzentrierten sich daneben auf das zentrale Thema von Gewissen und Moral. Dennoch würde darüber kein „verwässerter Text" entstehen, wie Kardinal Turkson betonte, sondern ein Abschlussdokument, das die unterschiedlichsten Gesichtspunkte und kulturellen Besonderheiten berücksichtige und darin auch die Kollegialität der Bischöfe der Weltkirche einbringe.

Der morgen zur Pressekonferenz eingeladene Präsident der Synodenversammlung, Kardinal Raimundo Damasceno Assis prognostiziert schon heute gegenüber 'Rome Reports':

„*El documento expresa sin duda ninguna, si no el consenso de la totalidad, por lo menos de la gran mayoría de los padres sinodales*".

„Das Dokument bringt ohne Zweifel den Konsens aller, zumindest die überwiegende Mehrheit der Synodenväter zum Ausdruck." (eigene Übersetzung)

Ebenfalls zur morgigen Pressekonferenz ist der Moderater der deutschen Sprachgruppe und – gestern wiedergewähltes – Mitglied des Synodenrates, Kardinal Christoph Schönborn, eingeladen. Er wurde heute von Vatican Insider zu den Überlegungen der deutschen Sprachgruppe zu dem Umgang mit wiederverheiratet Geschiedenen befragt. Kardinal Schönborn antwortet auf die Frage, die auch in der Pressekonferenz erneut gestellt wurde, ob hierzu Familiaris consortio nicht schon ausführlich Stellung bezogen habe mit einem konkreten Beispiel:

„The classic case of th woman with young children who is abandoned by her husband. She must survive if she meets a man who is willing to embrace her and her children: this cannot simply be seen as a case of adultery as a result of the second union. There is also another act of generosity and virtue in this new situation, even though it is not sacramental. Here, it is important we follow the words of St. Thomas, because during the Synod, we did witness a minor conflict between a radical Augustinianism and classical Thomism. In "Civitas Dei", Augustine puts forward the idea that all acts performed by pagans were immoral, that they lack virtue. But St. Thomas strongly

rejects this position and even Church Fathers such as Clement of Alexandria and St. Maximus the Confessor referred to the virtues of pagans. The Bible itself does so with Job, a pagan... St. Thomas explained: even though paganism is idolatry, despite this fact, pagans are capable of performing some truly virtuous acts. "

"Der klassische Fall der Frau mit kleinen Kindern, die von ihrem Mann verlassen wird. Sie müssen überleben, und wenn sie einen Mann findet, der bereit ist, sie und ihre Kinder zu umarmen, kann das nicht einfach als ein Fall von Ehebruch als Folge einer Zweitbeziehung angesehen werden. Hier ist eine andere Weise von Liebe und Tugend verwirklicht in dieser neuen Situation, auch wenn sie nicht sakramental ist. An dieser Stelle ist es wichtig, dass wir den Worten des hl. Thomas folgen, weil wir während der Synode Zeuge eines geringfügigen Konflikts zwischen einem radikalen Augustinismus und dem klassischen Thomismus wurden. In "Civitas Dei" vertritt Augustinus die Idee, dass alle von 'Heiden' vorgenommenen Handlungen unmoralisch sind und der Tugend entbehren. Aber Thomas von Aquin verwarf diese Position, und sogar Kirchenväter wie Clemens von Alexandrien und der Hl. Maximus Confessor sprachen explizit von Tugenden der Heiden. Die Bibel selbst tut dies etwa mit Hiob, ebenfalls ein Heide... Der hl. Thomas erklärt: auch wenn das Heiden-

tum Götzendienst ist, sind Heiden trotz dieser Tatsache zu tugendhaften Handlungen fähig." (eigene Übersetzung)

Was hier beim ersten Lesen vielleicht etwas 'philosophisch-abgehoben' klingt, hat ganz lebenspraktische Bedeutung – gerade für die Kirche. Denn der theologisch sehr bedeutsame Hinweis auf die 'praktische Perspektive' des Thomas von Aquin in seinem theologischen Gesamtentwurf ist zugleich ein Plädoyer für die bei Thomas grundgelegte Philosophische Ethik, eine eigenständige praktische Vernunft und darüber hinaus für eine Schöpfungstheologie, die unmittelbar mit den Gedanken und theologiegeschichtlichen Hintergründen der Schöpfungsenzyklika 'Laudato si'' verbunden ist, wie es auch in diesem Blog am 19.8.2015 beschrieben wurde. Kardinal Schönborn sieht dies bestätigt – und nimmt darin die Worte von Papst Franziskus auf – in der Sicht- und Handlungsweise Jesu.

„Jesus was moved by human suffering, we read about this in the Gospels. Today, Jesus embraces and in this merciful embrace, a person feels loved and recognises their sin. In last year's catecheses, Pope Francis taught us an important lesson, they are tear-jerkingly beautiful, because we learn all about closeness though life but with the watchful eye of the pastor, who does not coldly observe reality, like a scien-

tist or an ideologue does: this truly is the pastor's school".

„Jesus wurde von menschlichem Leid bewegt, wie wir in den Evangelien lesen. Heute umarmt uns Jesus, und in dieser barmherzigen Umarmung, fühlt sich ein Mensch geliebt und erkennt dadurch zugleich seine Sünden. In seinen Katechesen dieses und des letzten Jahres hat Papst Franziskus uns teilweise zu Tränen angerührt, indem er uns die Nähe zum Leben im liebevoll aufmerksamen Blick des Hirten nahbrachte, der nicht kalt Wirklichkeit analysiert, wie ein Wissenschaftler oder Ideologe: eine wahre Schule des Hirten." (eigene Übersetzung)

Kardinal Turkson wird in der Pressekonferenz auf die damit verbundene, wiederholt gestellt Frage, ob in Familiaris consortio nicht schon alle Fragen beantwortet seien, noch einmal deutlicher: Dass sich gerade in Hinblick auf 'die Familie' wirklich niemals etwas aufhöre zu ändern; und von daher auch Beurteilungen zu Familienfragen sich ändern müssten. Wenn sich die Situation der Familien ändert, verliere die Kirche ihre Begleitung und Zeitgenossenschaft, wenn sie nur lehramtliche Weisungen von früher zitiere. "Die Begleitung hört niemals auf. Die Pastoralkonstitution 'Gaudium et spes' des II. Vatikanischen Konzils lädt uns ein, die Begleitung der Familien kontinuierlich fortzusetzen."

Zur Wahrnehmung der Zeichen der Zeit forderte auch Papst Franziskus heute in der Frühmesse im Gästehaus St. Martha auf:

„Wir haben diese Freiheit, Dinge zu beurteilen. Doch damit wir das tun können, müssen wir das zu Beurteilende auch kennen. Und wie geht das? Die Kirche bezeichnet das als das ‚Erkennen der Zeichen der Zeit'. Denn die Zeiten ändern sich. Und es gehört zur christlichen Weisheit dazu, diese Änderungen wahrzunehmen, zu verstehen, was das Ganze soll, ohne Angst davor zu haben und in völliger Freiheit." (Radio Vatikan 23.10.2015)

Samstag, 24. Oktober 2015

"La diversità e la unità nella synodalità" – der Konsens der 'Relatio finalis' und die Ermutigung zur pastoralen Unterscheidung in einer synodal verfassten Kirche

Zum Abschluss: das Te Deum nach der Abstimmung im Synodenplenum
(Bild: © Mazur/catholicnews.org.uk)

„*L'Esprit Saint a bien soufflé - Der Heilige Geist hat gut geweht*", sagte Fr. Hervé Janson, der als Generalprior der Kleinen Brüder Jesu neben den gestern schon angekündigten Kardinälen Christoph Schönborn und Raymundo Damasceno Assis als Gast in der mittäglichen Pressekonferenz geladen war. Und er wehte wohl nicht minder auch am Nachmittag: Denn nachdem das entsprechend den gestrigen Rückmeldungen überarbeitete Abschlussdokument – in der Reihenfolge seiner drei, der Struktur des Vorbereitungsdokumentes entsprechenden Teile – bereits am

Vormittag von Kardinal Assis, Kardinal Péter Erdö und dem Spezialsekretär, Erzbischof Bruno Forte, in der Synodenaula vorgetragen worden war, folgte am Nachmittag die mit Spannung erwartete Abstimmung aller 94 Absätze in einer Einzelabstimmung. Und entsprechend der Synodenordnung wurde eine Zweidrittelmehrheit von mindestens 177 (bei 265 anwesenden Synodalen) benötigt und tatsächlich erreicht, die notwendig war, damit das Dokument als Ganzes dem Papst als Beratungsergebnis dieser Bischofssynode übergeben werden konnte.

Zwei Paragraphen waren – wie sich bei der Abstimmung herausstellte – insbesondere gefährdet, mit 178 bzw. 188 Stimmen nur mit qualifizierter Mehrheit angenommen zu werden. Pressesprecher Federico Lombardi erläuterte, dass dazu insbesondere der Umgang mit wiederverheiratet Geschiedenen (Nr. 84, 85 und 86 der 'Relatio finalis') und sodann die das Zusammenleben unverheirateter oder in ziviler Ehe verbundener Paare betreffenden Ziffern gehörten.

In einer klugen Einordnung des Synodenergebnisses durch Kardinal Schönborn und Kardinal Assis wiesen beide in ihren Statements auf die Größe, die Bedeutung, aber auch Grenze des Abschlussdokumentes hin. Über drei Wochen der Bischofssynode ist nach Statistik des Vatikans in 54 Stunden Arbeit im Synodenplenum und 36 Stunden in den Sprachgruppen ein ca. 50 DIN A4-Seiten umfassender Text entstanden, der de facto einen zweijährigen Vorlauf hatte und über eine vorausgehende III. Außerordentliche Bischofssynode und insgesamt zwei Umfragen alle Teil- und Ortskirchen der Welt in einem Ausmaß einbezogen hat, dass das heute dem Papst übergebene Dokument mit Recht als Ergebnis eines synodalen Prozesses bezeichnet werden kann. Als solches ist neben der Hauptbotschaft, dass die Kirche der Familie ihre höchste Aufmerksamkeit widmet, das über die neu eingeübte Arbeitsweise und das Selbstverständnis beim Festakt zum Synoden-Jubiläum bekräftigte Selbstverständnis der synodalen Verfasstheit der katholischen Kirche eines der wichtigsten Ergebnisse dieser Synode, das sich vielleicht gerade auch an den konkreten Inhalten der Beratung bewährt hat und gewachsen ist. Vor allem die Kleingruppenarbeit habe Verständnis dafür geweckt, wie kulturell unterschiedlich und kulturspezifisch bedeutsam familiale Traditionen in der katholischen Kirche verwirklicht sind. Papst Franziskus brachte dies in seiner Ansprache am Abend für alle Teilnehmenden folgendermaßen ins Wort:

„E – aldilà delle questioni dogmatiche ben definite dal Magistero della Chiesa – abbiamo visto anche che quanto sembra normale per un vescovo di un continente, può risultare strano, quasi come uno scandalo, per il vescovo di un altro continente; ciò

che viene considerato violazione di un diritto in una società, può essere precetto ovvio e intangibile in un'altra; ciò che per alcuni è libertà di coscienza, per altri può essere solo confusione. In realtà, le culture sono molto diverse tra loro e ogni principio generale ha bisogno di essere inculturato, se vuole essere osservato e applicato."

„Und – obwohl die dogmatischen Fragen durch das Lehramt der Kirche klar definiert schienen – sahen wir, dass das, was dem einen Bischof von einem Kontinent normal war, den anderen befremdete, und fast wie ein Skandal vorkam, wenn ein Bischof von einem anderen Kontinent entstammte; was in einer Gesellschaft als ein Verstoß gegen das Gesetz gilt, kann ein unantastbares Gebot in einer anderen sein; was für manche Teil der Gewissensfreiheit ist, gilt anderen nur als Verwirrung. In der Tat sind Kulturen sehr unterschiedlich und jedes generelle Prinzip bedarf der Inkulturation, um beachtet und angewendet werden zu können." (eigene Übersetzung)

Genau diesen Zusammenhang meinte Kardinal Christoph Schönborn in der mittäglichen Pressekonferenz als er die 'Diversität und Einheit in der Synodalität' als Kennzeichen der Katholischen Kirche mit weltweit 1,3 Milliarden Gläubigen bezeichnete. Und er bat um Verständnis – vor dem Hintergrund der Erwartungen in West- und Nordeuropa –, dass das

Thema der Homosexuellen Partnerschaften nur am Rande angesprochen wurde, da auf weltkirchlicher Ebene die kulturellen Bewertungen in dieser Frage zu weit auseinander liegen. Einschließlich dieser Frage muss sich die Kirche auf dem synodalen Weg an dem Gleichgewicht, an der Balance zwischen Zentralisierung und Dezentralisierung messen, will sie die Herausforderung der heutigen Zeit annehmen.

Kardinal Assis, der als Erzbischof von Aparecida auch auf die Erfahrungen der Generalkonferenzen des lateinamerikanischen Episkopats in Aparecida zurückblicken kann, ergänzt:

„Sempre si mantiene la comunione col Papa, che è fondamentale, la testa del collegio episcopale, ma c'è il principio di sussidiarietà: gli episcopati possono avere proprie competenze. Bisogna rispettare le diversità di ogni paese e continente, fare ciò che ci compete, rispettando quel che compete a Santo Padre e la Santa Sede nel governo della Chiesa."

„Unter der Voraussetzung, dass die Gemeinschaft mit dem Papst, die grundlegend ist, als dem Haupt des Bischofskollegiums gewahrt ist, ist das das Prinzip der Subsidiarität: Dass die Bischöfe eigene Kompetenzen haben. Es braucht die Rücksicht auf die Unterschiedlichkeit jedes Landes und Kontinents, das zu tun, wie es uns erscheint, und das zu respektieren, was dem Heiligen Vater und dem Heiligen Stuhl in

der Aufgabe der Leitung der Kirche zusteht." (eigene Übersetzung)

Für die komplexen und kulturell unterschiedlichen Situationen rät das Abschlussdokument der Synodenversammlung dem Papst die 'Unterscheidung' im Einzelfall auf der Ebene der Teil- oder Ortskirche, um in der pastoralen Begleitung jeweils die praktische Wahrheit zu finden, die nicht einfach als Ableitung aus abstrakten Normvorstellungen verwirklicht werden kann.

Papst Franziskus nimmt diesen Gedanken ebenfalls in seiner Abschlussansprache auf:

„L'esperienza del Sinodo ci ha fatto anche capire meglio che i veri difensori della dottrina non sono quelli che difendono la lettera ma lo spirito; non le idee ma l'uomo; non le formule ma la gratuità dell'amore di Dio e del suo perdono. Ciò non significa in alcun modo diminuire l'importanza delle formule, delle leggi e dei comandamenti divini, ma esaltare la grandezza del vero Dio, che non ci tratta secondo i nostri meriti e nemmeno secondo le nostre opere, ma unicamente secondo la generosità illimitata della sua Misericordia."

„Die Synode lehrte uns auch, dass die wahren Verteidiger der Lehre nicht diejenigen sind, die den Buchstaben, sondern den Geist derselben verteidigen; nicht Ideen, sondern den Menschen; nicht die Formel, sondern die Freigebigkeit der Liebe Gottes und seiner Vergebung. Das heißt aber umgekehrt nicht die Bedeutung der Formeln, der Gesetze und der göttlichen Gebote zu verringern, sondern die Größe des wahren Gottes herauszustellen, der uns nicht nach unseren Verdiensten und nicht nach unseren Werken behandelt, sondern einzig nach dem Maß der unbegrenzten Großzügigkeit seiner barmherzigen Liebe." (eigene Übersetzung)

Für die im Blog-Beitrag zu Beginn der III. Außerordentlichen Synode am 4.10.2014 benannten 'heißen Eisen' bedeuten die Empfehlungen der 'Relatio finalis' – unbeschadet des neu und mit Kraft verkündeten Bekenntnisses für Ehe und Familie – den wertschätzenden Blick auch für nichteheliche Partnerschaften und Freundschaften und eine Zuwendung, die auch dann nicht versagt und in pastoraler Begleitung und Unterscheidung nach Möglichkeiten der Wiederherstellung der Gemeinschaft mit der Kirche sucht, wenn durch eine Trennung oder Scheidung eine gültig geschlossene Ehe unwiederherstellbar auseinander gegangen ist, wie gestern bereits im Blog-Beitrag vom 23.10.2015 ausgeführt.

Auch wer die Schlussansprache des Papstes nur oberflächlich liest, bleibt an dem in großen Lettern gesetzten Schriftzitat aus dem 1. Timotheusbrief 2,4 hängen:

„E, senza mai cadere nel pericolo del relativismo oppure di demonizzare gli altri, abbiamo cercato di abbracciare pienamente e coraggiosamente la bontà e la misericordia di Dio che supera i nostri calcoli umani e che non desidera altro che «TUTTI GLI UOMINI SIANO SALVATI» (1 Tm 2,4), per inserire e per vivere questo Sinodo nel contesto dell'Anno Straordinario della Misericordia che la Chiesa è chiamata a vivere".

„Und ohne jemals in die Gefahr des Relativismus zu fallen oder andere zu dämonisieren, haben wir versucht, voll und mutig die Güte und Barmherzigkeit Gottes zu umarmen, die unsere menschlichen Berechnungen übertrifft und die nichts anderes ersehnt als dass "ALLE MENSCHEN GERETTET WERDEN" (1 Tim 2,4), um diese Synode zu durchleben im Ausblick das Außerordentliche Jubiläum der Barmherzigkeit, das die Kirche zu begehen gerufen ist."

Im Einklang mit der Schöpfungsenzyklika sind nicht nur 'Ehe und Familie' Teil von Gottes Schöpfungsplan, sondern darüber hinaus jeder Mensch Gegenstand der überfließenden, barmherzigen Liebe Gottes, der in seiner Liebe die gesamte Schöpfung durchwirkt. Aus der geeigneten Perspektive ist dieser schöpfungstheologische Ansatz – eine wahrnehmbare Veränderung zugleich der Erlösungsvorstellung mit vielen theologiegeschichtlichen Bezügen (von denen Thomas von Aquin etwa ein wichtiger Bezugspunkt unter vielen anderen darstellt) – das eigentliche theologische Fundament der 'Revolution der zärtlichen Liebe' (wie in den Blog-Beiträgen am 19.8.2015 und am 1.9.2015 ausgeführt).

Dieses Vertrauen auf die Kraft der Liebe Gottes und die Aufgeschlossenheit jedes Menschen für seine Liebe mündet in der Schlussansprache von Papst Franziskus in den Wunsch, die Erfahrungen des zurückliegenden synodalen Weges weiterzutragen, weiterzugehen:

„In realtà, per la Chiesa concludere il Sinodo significa tornare a "camminare insieme" realmente per portare in ogni parte del mondo, in ogni Diocesi, in ogni comunità e in ogni situazione la luce del Vangelo, l'abbraccio della Chiesa e il sostegno della misericordia di Dio!"

„Ja wirklich, für die Kirche bedeutet, diese Synode zu beenden, zurückzukehren, um weiter "zusammenzugehen", um in die Welt, in jede Diözese, in jede Gemeinde und in jede Situation wirklich das Licht des Evangeliums zu bringen, die Umarmung der Kirche und die Zuwendung der barmherzigen Liebe Gottes!"

Sonntag, 25. Oktober 2015
„Heute ist die Zeit der Barmherzigkeit!" – Papst Franziskus zum Abschluss der XIV. Ordentlichen Bischofssynode in Rom

(Bild: © Mazur/catholicnews.org.uk)

„Ich glaube, dass dies die Zeit der Barmherzigkeit ist", sagte Papst Franziskus beim Rückflug vom Weltjugendtag am 28.7.2013, bevor er kurze Zeit später eine Außerordentliche Bischofssynode zu den „pastoralen Herausforderungen der Familie im Rahmen der Evangelisierung" für das Jahr 2014 einberief und alle Teilkirchen weltweit in einem insgesamt zwei Jahre währenden synodalen Prozess daran beteiligte. Nach der Auswertung eines mit dem Synoden-Schlussdokument des letzten Jahres versandten Fragebogens bildete die vom 4. bis 25.10.2015 sich anschließende XIV. Ordentliche Bischofssynode zur „Berufung und Mission der Familie in der modernen Welt" die entscheidende Schlussetappe, welche für die Katholische Kirche zugleich eine Reformation im

Geist der Synodalität und der Neuausrichtung ihrer Lehre bedeutet.

„Heute ist die Zeit der Barmherzigkeit!", sagte Papst Franziskus auch in der Predigt der feierlichen Abschlussmesse der Bischofsversammlung und lenkte über die theologische Deklinierung des Verhältnisses von „Einheit und Verschiedenheit in der Synodalität" anhand der kulturspezifischen Familienthemen die Aufmerksamkeit auf den theologischen Neuansatz der heute zu Ende gegangenen Familiensynode: den liebevollen Blick auf den einzelnen Menschen im Rahmen eines schöpfungstheologischen Gesamtentwurfes im *„großen Strom der barmherzigen Liebe"* (MV 25).

Diese *„pastorale Wende"* (Lineamenta) ist auch der zentrale Aspekt in der Presseerklärung der Teilnehmer der Deutschen Bischofskonferenz zum Abschluss der Weltbischofssynode in Rom:

„Grundlagen unserer Beratungen waren neben der Heiligen Schrift und der Tradition die Worte des Zweiten Vatikanischen Konzils: ‚Freude und Hoffnung, Trauer und Angst der Menschen von heute, besonders der Bedrängten aller Art, sind auch Freude und Hoffnung, Trauer und Angst der Jünger Christi' (Gaudium et spes 1). In diesem Geist haben

wir uns theologisch und praktisch mit den Bedürfnissen der Familien auseinandergesetzt.

Die Bischofssynode hat die Situation von Familien ernstgenommen wie sie ist: offen, ehrlich, global differenziert, aber doch in vielem ähnlich. Ehe und Familie sind über alle kulturellen Unterschiede hinweg eine konstante Größe menschlichen Zusammenlebens. Deshalb sind wir Papst Franziskus dankbar, dass er den synodalen Weg der Kirche bei diesem Thema beschreitet. Er begann mit den weltweiten Umfragen des Vatikans und der Synode im vergangenen Jahr. Der heutige Abschluss ist nicht das Ende, sondern ein Doppelpunkt: Wir müssen diesen Weg für und mit den Familien weitergehen. Keine andere globale Institution unternimmt eine solche Reflexion mit weltweiter Partizipation zum Thema Familie.

Die Synode hat gezeigt, welche große Bedeutung die Kirche Ehe und Familie beimisst. Gerade in dieser Frage bestand während der Beratungen ein breiter Konsens. Die Kirche ermutigt Menschen, Ehe und Familie zu leben und sich darauf einzulassen, diesen Weg in Treue weiterzugehen und Schwierigkeiten durchzustehen. Die Synode hat betont, dass der ganz normale familiäre Alltag ein Zeugnis ist. Gleichzeitig sind wir aufgerufen, Wege zu suchen, die Familie zu stärken und zu begleiten. Das kann anwaltschaftlich zum Beispiel im sozialpolitischen Einsatz zu Gunsten der Familie geschehen, gerade auch für kinderreiche Familien oder für Alleinerziehende, im Einsatz für eine staatliche Gesetzgebung, die Familie fördert und ihren Wert für die Gesellschaft anerkennt. Das muss insbesondere auch innerkirchlich geschehen, zum Beispiel durch eine entsprechende Ausbildung der pastoralen Mitarbeiter zur Begleitung der Familien, durch eine bessere Ehevorbereitung und -begleitung, gerade in den ersten Jahren der Ehe, aber auch durch Beratungsangebote und Einrichtungen.

In der Synode ist deutlich geworden, dass die kirchliche Begleitung insbesondere in Situationen der Bedrängnis gefordert ist, zum Beispiel wenn Erziehung schwierig wird, Familienmitglieder krank sind oder Behinderungen viel Aufmerksamkeit und Fürsorge erfordern, wenn Ehepaare im Streit leben, wenn Menschen geschieden sind und erneut heiraten. Hier gilt es nicht nur anzuerkennen, was die Kirche leistet, sondern auch ehrlich zu sagen, was wir als Kirche versäumt haben: Im falsch verstandenen Bemühen, die kirchliche Lehre hochzuhalten, kam es in der Pastoral immer wieder zu harten und unbarmherzigen Haltungen, die Leid über Menschen gebracht haben, insbesondere über ledige Mütter und außerehelich geborene Kinder, über Menschen in vorehelichen und nichtehelichen Lebensgemeinschaften, über homosexuell orientierte Menschen und über Geschiedene und Wiederverheiratete. Als Bischöfe bitten wir diese Menschen um Verzeihung, so haben wir es in unserem Arbeitskreis formuliert.

Wir sind dankbar, dass die Synode eine Wertschätzung der interkonfessionellen Ehen ausgesprochen und den Wegcharakter des Lebens in Ehe und Familie unterstrichen hat, indem auch eine positivere Sicht auf den Weg vor der Ehe diskutiert wurde. Beim Thema der wiederverheiratet Geschiedenen sind notwendige Differenzierungen der Situationen im Text aufgegriffen. Es ist gelungen, Pauschalierungen zu vermeiden. Der Synode ist klar, dass es jede Lebenssituation individuell zu betrachten gilt. Im Rückblick hätten wir uns manches Mal mehr Mut gewünscht, sich intensiver mit den Realitäten zu befassen und sie als Zeichen der Zeit anzuerkennen, in denen Gott uns etwas sagen will, aber wir anerkennen auch, dass wir gelernt haben, uns auf andere Kulturen und Erfahrungen einzulassen.

Die Bischofssynode berät den Papst. Wir werden den weiteren Weg mit unseren Gebeten begleiten. Vor Papst Franziskus liegt jetzt die Aufgabe, die Fülle von Ergebnissen für die Kirche zu nutzen. Der Heilige Vater kann nun Entscheidungen für die ganze Kirche treffen, wobei er immer für die Einheit der Kirche steht und den weiteren synodalen Weg, wie er selbst in seiner historischen Rede vor einer Woche gesagt hat.

Wir werden das, was in der Synode bedacht wurde, zu Hause vertiefen und nach Konkretionen suchen. Als Kirche gehen und leben wir mit den Menschen, den Ehepaaren, den Familien, gerade auch mit den Bedrängten, mit deren Freude und Hoffnung, Trauer und Angst. Fragen, die uns jetzt begleiten, sind etwa: Wie öffnen wir Wege hin zu Christus und verschließen sie nicht? Wie integrieren wir die Menschen ganz in die Kirche? Wie werden wir eine Kirche mit offenen Türen? Und wie verhalten wir uns gegenüber Familien in schwierigsten Lebenssituationen wie zum Beispiel Flüchtlingsfamilien, um ihnen ein Leben in Würde zu ermöglichen, wie es das Evangelium aufzeigt? Wie können wir die Familienpastoral insgesamt mit neuem Schwung voranbringen?"

Die Deutschen Bischöfe schreiben im letzten Absatz ihrer Presseerklärung: *„Der synodale Weg der Kirche geht weiter. Vielleicht hat er gerade erst begonnen."* Und dies gemeinsam mit Papst Franziskus, dessen letzte Worte der Predigt zum Ende der XIV. Ordentlichen Generalversammlung der Bischofssynode ebenfalls dazu auffordern, „gemeinsam weiterzugehen" (camminare insieme') und mit einer Bekräftigung seines schöpfungstheologischen, den einzelnen Menschen in den Blick nehmenden, theologischen Ansatz enden:

„Gehen wir weiter auf dem Weg, den der Herr wünscht. Erbitten wir von ihm einen geheilten und erlösten Blick, der Licht zu verbreiten weiß, weil er sich an den Lichtglanz erinnert, der ihn erleuchtet hat. Ohne uns je vom Pessimismus und von der Sünde verdunkeln zu lassen, wollen wir die Herrlichkeit Gottes suchen und sehen, die im lebendigen Menschen aufscheint."

Dienstag, 8. Dezember 2015

„Heute ist die Zeit der Barmherzigkeit!" – Das Jahr der Barmherzigkeit hat am 50. Jahrestag des Endes des II. Vatikanischen Konzils begonnen!

Das offizielle Logo des Heiligen Jahres zeigt Jesus mit dem verlorenen Menschen auf den Schultern / Bild: © 2015 KNA

"Dieses Außerordentliche Heilige Jahr ist selbst ein Geschenk der Gnade. Durch diese Pforte einzutreten bedeutet, die Tiefe der Barmherzigkeit des Vaters zu entdecken, der alle aufnimmt und jedem persönlich entgegengeht. Es wird ein Jahr sein, in dem man sich immer mehr von der Barmherzigkeit überzeugen kann. Wie viel Unrecht wird Gott und seiner Gnade getan, wenn man vor allem behauptet, dass die Sünden durch sein Gericht bestraft werden, anstatt allem voranzustellen, dass sie von seiner Barmherzigkeit vergeben werden (vgl. Augustinus, De praedestinatione sanctorum 12,24)! Ja, genauso ist es. Wir müssen die Barmherzigkeit dem Gericht voranstellen, und in jedem Fall wird das Gericht Gottes immer im Licht seiner Barmherzigkeit stehen. Möge das Durchschreiten der Heiligen Pforte uns also das Gefühl vermitteln, Anteil zu haben an diesem Geheimnis der Liebe. Lassen wir jede Form von Angst und Furcht hinter uns, denn das passt nicht zu dem, der geliebt wird; erleben wir vielmehr die Freude über die Begegnung mit der alles verwandelnden Gnade!

Wenn wir heute durch die Heilige Pforte gehen, wollen wir auch an eine andere Pforte denken: an die Tür, welche die Väter des Zweiten Vatikanischen Konzils vor fünfzig Jahren zur Welt hin aufgestoßen haben. Dieses Jahresgedenken darf aber nicht nur wegen des Reichtums der erstellten Dokumente erwähnt werden, die bis in unsere Tage erlauben, den großen Fortschritt festzustellen, der im Glauben gemacht wurde. An erster Stelle war das Konzil eine Begegnung. Eine wirkliche Begegnung zwischen der Kirche und den Menschen unserer Zeit. Eine von der Kraft des Geistes gekennzeichnete Begegnung, der seine Kirche drängte, aus der Dürre, die sie viele Jahre lang in sich selbst verschlossen gehalten hatte, herauszukommen, um mit Begeisterung den missionarischen Weg wieder aufzunehmen. Es war ein neuer Aufbruch, um auf jeden Menschen dort zuzugehen, wo er lebt: in seiner Stadt, in seinem Haus, am Arbeitsplatz... wo auch immer er sich befindet, da muss die Kirche ihn erreichen, um ihm die Freude des Evangeliums zu bringen. Ein missionarischer Impuls, also, den wir nach diesen Jahrzehnten mit derselben Kraft und derselben Begeisterung wieder aufnehmen. Das Jubiläum fordert uns zu dieser Öffnung heraus und verpflichtet uns – entsprechend der Mahnung des seligen Pauls VI. beim Konzilsabschluss –, die aus dem Vaticanum II hervorgegangene Mentalität des barmherzigen Samariters nicht zu vernachlässigen." (Papst Franziskus in seiner Predigt zur Eröffnung des Heiligen Jahres am 8.12.2015)

"Das habe ganz konkrete Folgen, auch für die Kirche, etwa in der Reform der Strukturen. Diese sei nötig, weil die Kirche Mittel sein müsse, die Barmherzigkeit erlebbar zu machen. „Wenn wir für einen Augenblick die Barmherzigkeit vergessen, dann wird jede unsere Anstrengung nichtig, denn dann werden wir Sklaven unserer Institutionen und unserer Strukturen, wie reformiert sie auch sein mögen." [...]

Er wünsche sich, dass die gesamte Kirche im Heiligen Jahr die Erfahrung der Barmherzigkeit Gottes machen könne, schloss der Papst seine Gedanken ab. *„Ist es naiv zu glauben, dass das die Welt verändern könne? Ja, menschlich gesprochen ist das eine Dummheit, aber, das Törichte an Gott ist weiser als* *die Menschen',"* zitierte Papst Franziskus in der Generalaudienz am 9.12.2015 den Apostel Paulus. (1 Kor 1,25)

Am 8.12.2015, dem 50. Jahrestag des Endes des II. Vatikanischen Konzils, hat das Jubiläum der Barmherzigkeit begonnen. Wie in meinem Resümee des zurückliegenden zweijährigen synodalen Prozesses für die ZDK-Salzkörner (21. Jg. Nr. 6) im letzten Satz schließend, wird Papst Franziskus "im Jubiläumsjahr der Barmherzigkeit [...] diese Gedanken der jeden Menschen einbeziehenden, barmherzigen Liebe Gottes weiter entfalten und zugleich mehr als bisher zu einem synodalen Auftrag der Ortskirchen erklären."

Montag, 8. Februar 2016

Ecclesia semper reformanda – oder über das doppelte Paradox der Familiensynode und seine Bedeutung für die Erneuerung der Kirche

(Bild: © Mazur/catholicnews.org.uk)

Vom 4. bis 25. Oktober 2015 trat die XIV. Ordentliche Generalversammlung der Bischofssynode unter dem Thema "Die Berufung und Sendung der Familie in Kirche und Welt von heute" zusammen. Sie führte die nach einem über zweijährigen synodalen Prozess – mit den Zwischenstationen zweier Umfragen und der vorausgegangenen Außerordentlichen Bischofssynode des Jahres 2014 – den theologischen Neuansatz der Wertschätzung familialer Lebensformen in einer Vervollkommnungsperspektive göttlicher Pädagogik weiter. Sie machte andererseits aber auch die Grundsatzfrage und Herausforderung in diesem Zentralbereich menschlicher Lebenswirklichkeit deutlich, wie man "angesichts der Vielfalt von Kulturen bei einem Thema wie Ehe, Familie und Sexualität eine gemeinsame Sprache finden" könne (Kardinal Marx am 19.10.2014). Papst Franziskus brachte es in einem vielzitierten Absatz in seiner Abschlussansprache am 24. Oktober 2015 in folgender Weise auf den Punkt:

"Und – obwohl die dogmatischen Fragen durch das Lehramt der Kirche klar definiert schienen – sahen wir, dass das, was dem einen Bischof von einem Kontinent normal war, den anderen befremdete und fast wie ein Skandal vorkam [...]; was in einer Gesellschaft als ein Verstoß gegen das Gesetz gilt, kann ein unantastbares Gebot in einer anderen sein; was für manche Teil der Gewissensfreiheit ist, gilt anderen nur als Verwirrung. In der Tat sind Kulturen sehr unterschiedlich und jedes generelle Prinzip bedarf der Inkulturation, um beachtet und angewendet werden zu können."

Noch bei der Abschlusspressekonferenz der Bischofssynode am 24. Oktober 2015 stand neben den mit deutlicher (oder knapperer) Zweidrittelmehrheit verabschiedeten Beratungsergebnissen genau dieser Zusammenhang im Mittelpunkt, als die "Diversität und Einheit in der Synodalität " als Kennzeichen der katholischen Kirche mit weltweit 1,3 Milliarde Gläubigen bezeichnet wurde. Deutlich wurde betont, dass sich die Kirche auf dem synodalen Weg an dem Gleichgewicht, an der Balance zwischen Zentralisierung und Dezentralisierung messen müsse, wenn sie die Herausforderung der heutigen Zeit annehmen will. Neben dem Abschlussdokument ‚Relatio Synodi' mit seinen vielen, z.T. sehr weiterführenden Einzelvoten ist diese formale Feststellung tatsächlich aus meiner Sicht das Hauptergebnis des zweijährigen synodalen Prozesses. Und es markiert noch nicht einmal ein Ergebnis im eigentlichen Sinn, sondern einen Zwischenstand, wie Papst Franziskus in einer als historisch bezeichneten Rede am Ende der zweiten Synodenwoche – im Rahmen eines Festaktes anlässlich des 50jährigen Jubiläums der Bischofssynode – am 17. Oktober 2015 ausführte:

"Wir sind auf halbem Weg, auf einem Teil des Weges. Wie ich bereits gesagt habe, ist es in einer synodalen Kirche 'nicht angebracht, dass der Papst die örtlichen Bischöfe in der Bewertung aller Problemkreise ersetzt, die in ihren Gebieten auftauchen. In diesem Sinn spüre ich die Notwendigkeit, in einer heilsamen 'Dezentralisierung' voranzuschreiten' (Evangelii gaudium 16)."

Das doppelte Paradox der Familiensynode

„Synodalität ist der Weg der Kirche im dritten Jahrtausend", so die deutliche Ansage von Papst Franziskus während der Versammlung der Bischofssynode im vergangenen Oktober, die hohe Wellen geschlagen hat. Sie ist in dreifacher Weise paradox. In Hinblick auf das noch ausstehende Synodenergebnis, kommt es nämlich zunächst – Paradox dieser Synode – auf das nachsynodale Schreiben von Papst Franziskus an, das für Ende des ersten Quartals dieses Jahres erwartet wird. Dass nach der derzeitigen Kirchenverfassung nicht nur Fragen der Lehrverkündigung und -entwicklung, sondern auch alle Veränderungen in Hinblick auf eine Änderung der Kirchenverfassung – das bedeutet einer ‚Dezentralisierung' –, nur ‚top down' erfolgen können, ist das zweite, damit verbundene Paradox. Nicht minder paradox ist aber, dass gerade die vermeintliche Ergebnislosigkeit der Synode mit ihren teilweise konträren und zuweilen entgegengesetzten Positionen im Abschlussdokument dafür eine Argumentationsbasis bietet. Schon in seinem ersten Apostolischen Schreiben *Evangelii gaudium* des Jahres 2013 hatte Papst Franziskus das päpstliche Dienstamt als zu einer Umgestaltung herausgefordert beschrieben, in der Kollegialität und Synodalität Wesensvollzüge einer sich erneuernden Kirche sind. In dem Willen, in Richtung einer "heilsamen Dezentralisierung" voranzuschreiten, spricht Papst Franziskus in dem o.g. Lehrschreiben von einer "Bekehrung" des Papstamtes (vgl. EG 32). Er bezieht sich dabei auf Papst Johannes Paul II., der schon 1995 in seiner Ökumene-Enzyklika dieses Neuverständnis andeutet, dass es notwendig sei "eine Form der Primatsausübung zu finden, die zwar keineswegs auf das

Wesentliche ihrer Sendung verzichtet, sich aber einer neuen Situation öffnet" (Ut unum sint 95).

Wenn Papst Franziskus im direkten Anschluss bereits seinen "Blick auch auf die ganze Menschheit" richtet, ist das die weitere Perspektive (die etwa auch schon in seinem Plädoyer in der Enzyklika 'Laudato si'' für die Schöpfungsverantwortung und -sorge im 'gemeinsamen Haus' deutlich geworden ist), die sich zunächst an den Herausforderungen innerhalb der katholischen Kirche zu bewähren hat: in dem Abwägen gemeinsamer pastoraler Leitlinien angesichts der in den Teilkirchen und Kulturen dieser Welt sehr unterschiedlichen Herausforderungen im Bereich von Ehe und Familie. Das Abschlussdokument der diesjährigen Synode vor Augen, das die Synodalen dem Papst als Beratungsergebnis übergeben haben, wird es das Amt des Papstes sein, seinem auf dem II. Vatikanischen Konzil konkretisierten und von ihm selbst noch einmal in derselben Jubiläumsansprache zitierten Selbstverständnis zu genügen, nämlich "das immerwährende, sichtbare Prinzip und Fundament für die Einheit der Vielheit von Bischöfen und Gläubigen" (Lumen gentium 23, vgl. 1. Vatikanisches Konzil, Pastor Aeternus) zu repräsentieren.

Erwartungen an das nachsynodale Schreiben

Die erwartete Antwort von Papst Franziskus wird deshalb aus zwei Teilen bestehen: Einerseits wird er sich zu dem Beratungsergebnis des vorausgegangenen, zweijährigen synodalen Prozesses in einem nachsynodalen Schreiben verhalten und inhaltlich die ausgezogene Argumentation bündeln und orientieren. Dabei wird er sowohl pastorale Leitlinien ausziehen, die hinsichtlich des Synodenthemas "Berufung und Mission der Familie in der Kirche in der modernen Welt" die Einheit in der Weltkirche beschreiben, als auch die notwendige 'Symphonie der Verschiedenheit', die die Inkulturation der Thematik weltweit erfordert, unterstreichen. Es ist dabei zu erwarten, dass das Lehrschreiben den theologischen Grundgedanken der ‚barmherzigen Liebe Gottes' aufnimmt und weiterführt und auch viele umstrittene Einzelthemen in neuer Weise anspricht. In einem "Fluss der barmherzigen Liebe", der aus der Erfahrung gespeist ist, selbst zuerst von Gott geliebt zu sein, erscheinen bereits im Abschlussdokument der Synode die zu Beginn angesprochenen 'heißen Eisen' in einem anderen Licht. Auch wenn Aussagen zu gelebter Homosexualität fehlen, finden sich statt verurteilender Einschätzungen in Hinblick auf vor- und nichteheliche Familienformen nunmehr einfühlsame und wertschätzende Worte bis dahin, dass selbst die Möglichkeit der Wiederherstellung der vollen Sakramentsgemeinschaft für wiederverheiratet Geschiedene im Wortlaut angesprochen wird.

Diese Gedanken werden mit an Sicherheit grenzender Wahrscheinlichkeit auch in dem nachsynodalen

Schreiben aufgenommen sein. Nicht zuletzt wegen der in diesen Themenstellungen sich dokumentierenden Pluralität wird Papst Franziskus daneben – angesprochen in demselben Schreiben oder einem darauf bezogenen Schreiben zur Kirchenverfassung – die Voraussetzungen für die Übernahme von Lehrverantwortung auf der Ebene der Teil- und Ortskirche schaffen müssen, indem er die synodale Verfasstheit der katholischen Kirche als gestufte Teilhabe an der Ausübung des kirchlichen Lehramtes erklärt, in Kraft setzt und mit ebendiesem Auftrag versieht. Der vermeintlich revolutionäre Neuansatz knüpft dabei an Gedanken an, die weit über das Erbe des Zweiten Vatikanischen Konzils für heute hinausgehen. Dass Synodalität der Kirche – gerade bezogen auf die Vergangenheit – nicht fremd sei, sagte der emeritierte Dogmatiker Peter Hünermann im Gespräch mit Radio Vatikan (s. Pressemeldung vom 17.12.2015) anlässlich eines Kongresses zum 50jährigen Jubiläum des Endes des II. Vatikanischen Konzils in Rom im November 2015:

Synodalität als Weg der Kirche

„Es habe zum Leben der Kirche dazu gehört, ‚dass man in den Kirchenprovinzen jedes Jahr oder dann alle drei Jahre eine Diözesansynode hatte, wo im Grunde genommen die Pfarrer und die entsprechenden Autoritäten zusammenkamen und man die großen Fragen, die örtlich anlagen, behandelt und geregelt

hat', erklärt der Dogmatiker. Im Mittelalter habe es auch gar keine anderen Möglichkeiten gegeben, Dinge zu regeln, ‚man musste sich einfach treffen', so Hünermann. ‚Im Grunde gab es damals immer Gremienentscheidungen.' Erst in den vergangenen Jahrhunderten habe sich das verändert. *‚Im Laufe der späteren Zeit wurden diese regelmäßigen Synoden dann abgelöst, wir haben im Kirchenrecht von 1917 noch die Verpflichtung, alle zehn Jahre in einer Diözese eine Synode abzuhalten, das wurde aber schon im 19. Jahrhundert kaum mehr praktiziert. Das muss auf neue Füße gestellt werden.'* Damit ergeben sich für das, was der Papst die Synodalität für das dritte Jahrtausend nennt, schon Erfahrungen und Formen in der Kirche, auf die man zurückgreifen könne."

Genau das geschehe nach Hünermann etwa im Vatikan, der in der Einberufung des K9-Rates zur Kurienreform bereits eine Vorform für ein regelmäßiges Konsistorium sieht. Nicht von ungefähr tagte dieser Rat am 8. und am 9. Februar 2016 über die Möglichkeiten von "Synodalität" und einer "heilsamen Dezentralisierung" und ihre Verwirklichungsformen. Auf Ebene der Ortskirchen finden sich bereits schon jetzt mehr oder weniger ausgebaute, synodale Strukturen:

„'Wir haben auch eine gewisse Vorform von Synodalität in den Gemeinderäten, im Pastoralrat für die Diözesen. Was fehlt, ist gewissermaßen ein entsprechendes Gremium auf der Ebene der Bischofskonferenzen. Wir haben in Deutschland das Zentralkomitee der Katholiken, das wäre ein Gremium, das irgendwie mit dort hinein gehörte, durch sein Präsidium oder so etwa. Da muss man jetzt Formen auspacken, mit denen sich das wirklich praktisch realisieren lässt.' Regional und gestuft müsse das geschehen, den einzelnen Ebenen angemessen."
(s. Radio Vatikan vom 17.12.2015)

Ecclesia semper reformanda

„Ecclesia semper reformanda": Diese ursprünglich der reformatorischen Tradition entlehnte Formulierung für eine kontinuierliche Kirchenerneuerung wird oft mit dem II. Vatikanischen Konzil verbunden, wo sich dieses Verständnis unter der verwandten Formulierung „ecclesia purificanda" bereits ausdrücklich in der Konstitution Lumen gentium 8 findet. Papst Franziskus zitierte die erstgenannte Wendung „Ecclesia semper reformanda" hingegen wiederholt im Wortlaut: etwa im Rahmen einer Predigt am 9.11.2013 und insbesondere in seiner programmatischen Weihnachtsansprache des Jahres 2015, in der er betonte, dass „[d]ie Reform […] mit Entschlossenheit, klarem Verstand und Tatkraft fortgeführt [werde], denn Ecclesia semper reformanda."

Wir werden es erleben: Das angesprochene, mehrfache Paradox der Familiensynode – die medial sowohl nach der Synode 2014 als auch 2015 beklagte Umstrittenheit der Synodenergebnisse – wird rückblickend als Motor für die Erneuerung der Kirche gedeutet werden können: sowohl hinsichtlich der Lehrentwicklung als auch in Hinblick auf die Kirchenverfassung. „Synodalität ist der Weg der Kirche im dritten Jahrtausend", denn: „Zeitgemäße Erneuerung […] heißt ständige Rückkehr zu den Quellen […] und zum Geist des Ursprungs." (II. Vaticanum: Perfectae caritatis 2) Oder wie es der Konzilstheologe M.-Dominique Chenu in dem Interviewband ‚Von der Freiheit eines Theologen', Mainz 2005, ausdrückt: „Je näher ich meiner Zeit bin, desto mehr sehe ich mich auf die Ursprünge verwiesen; und je klarer ich meine Ursprünge wahrnehme, desto näher bin ich meiner Zeit."

Mit Chenu sieht auch Papst Franziskus in den Zeichen der Zeit eine Wirkweise des Evangeliums heute: „Es gehe nicht darum, sich in allem anzupassen und in die ‚Bequemlichkeit eines Konformismus' zu verfallen", so der Papst in seiner Predigt im Gästehaus Santa Marta am 23.10.2015. „Nötig sei vielmehr eine sorgfältige Unterscheidung der neuen Entwicklungen, […] die Zeichen der Zeit zu erkennen und zu deuten."

Dienstag, 1. März 2016

In Erwartung des nachsynodalen Schreibens von Papst Franziskus: Für eine Sexualpädagogik, die an der Zeit ist, für eine Theologie der Leiblichkeit

Leibfeindliches Christentum? Auf der Suche nach einer neuen Sexualmoral, HerKorr Spezial 2-2014 (Titelseite)

Dass sich die Kirche gar nicht mehr mit den Fragen von Sexualpädagogik und -moral beschäftigen brauche, weil sich vermeintlich eh niemand mehr in der Gesellschaft an ihren Maßstäben orientiere, heißt es öffentlichkeitswirksam in einem vorab verbreiteten Interview des März-Heftes der Herder Korrespondenz. Ob Manfred Lütz die Pädagogik in einem Bereich der grundlegenden personalen Bildung (nicht zuletzt der Primar- und Sekundarstufen) tatsächlich dem freien Spiel der gesellschaftlichen Kräfte überlassen, allein durch Rezeptblock oder das Strafgesetzbuch geregelt oder aber zur Überwindung einer "katholischen Identitätskrise" – wider den reißerischen Ersteindruck im wahrsten Sinn 'stillschweigend' – die überkommenen Lehren bereits aufgegeben hat oder ungeschichtlich überhöhen will, mag hier offen bleiben.

Für eine Sexualpädagogik, die an der Zeit ist

Dass die dringende Aufnahme der Themen rundum die kirchliche Sexualmoral und -pädagogik bei den Umfragen im Zuge der Vorbereitung der beiden Familiensynoden der Jahre 2014 und 2015 in den deutschen Diözesen in einer an Deutlichkeit nicht zu überbietenden Weise eingefordert wurde, mag die schillernde Einzelstimme – auch im differenzierenden Kontext anderer Beiträge in einem ebenfalls neu herausgegebenen Herder Korrespondenz-Dossier – relativieren, zumal die Thematik der Familiensynode um die "Herausforderungen der Familie im Kontext der Evangelisierung" und die ihre "Berufung und Sendung in der modernen Welt" genau auf jenes Zentrum des Glaubens zielt, das ja auch der Chefarzt des Kölner Alexianer-Krankenhauses in den Mittelpunkt gerückt sehen will. Der synodale Prozess hat in den vergangenen zwei Jahren gezeigt, wie wichtig es ist, sprachfähig zu sein bzw. zu werden in den Fragen von Sexualität – gerade bei der Hinführung und Begleitung junger Menschen und der Erziehung in der Familie. Die deutsche Sprachgruppe – eine von den 13 Circoli minori der XIV. ordentlichen Bischofssynode im Jahr 2015 – brachte es in einer später auch im Abschlussdokument (Nr. 56) der Synode beinahe wörtlich übernommenen Formulierung auf den Punkt:

"Ausführlich haben wir uns auch über den Zusammenhang von Sprache, Denken und Handeln gerade im Hinblick auf eine humane Gestaltung der menschlichen Sexualität ausgetauscht. Vielen Eltern und in der Seelsorge Tätigen fällt es schwer, eine sachgerechte und zugleich respektvolle Sprache zu finden, die die Aspekte der biologischen Geschlechtlichkeit in den Gesamtzusammenhang von Freundschaft, Liebe, bereichernder Komplementarität und gegenseitiger Hingabe von Frau und Mann stellt."

(Relatio - Circulus Germanicus)

Das Aufgreifen der Fragen rund um den Themenkomplex der "Sexualität, die im Herzen der Synode steht" (s. Blog vom 16.10.2015), ist umso wichtiger, als die Leibfeindlichkeit im Christentum eine lange Geschichte hat – das bestätigt gerade eine jüngst erschienene Veröffentlichung des Münsteraner Kirchengeschichtlers Arnold Angenendt – und reicht bis auf Augustinus (354-430) zurück. Augustinus selbst habe zwar sexuell recht entspannt gelebt, doch über seine Schriften die Lust mit der Erbsünde in Verbindung gebracht. In der Folge wurden – in Fortsetzung des neuplatonischen Denkansatzes und eines durch die Jahrhunderte immer wieder aufflammenden, unchristlichen Rigorismus – alle Verstöße gegen das Sechste Gebot als Todsünde gewertet. Heute scheint demgegenüber eine Sexualfeindlichkeit ferne gerückt: nicht nur – wie auch die Umfragen in Vorbereitung der Doppelsynode zu Ehe und Familie der Jahre 2014 und 2015 unterstreichen – im Leben der allermeisten Christen, sondern selbst in den kirchenamtlichen Stellungnahmen zuvor. Nach dem Tod von Papst Johannes Paul II. wurde aus seinen zwischen September 1979 und November 1984 gehaltenen Mittwochskatechesen eine ‚Theologie des Leibes' abgeleitet, die den Leib in einer konstitutiven Bedeutung für das personale Dasein des Menschen beschreibt.

"Die Theologie des Leibes ist nicht nur eine Theorie, sondern enthält eine ganz bestimmte, dem Evangelium gemäße christliche Pädagogik des Leibes."
Papst Johannes Paul II.

Für eine Theologie der Leiblichkeit

So kann man nur unterstreichen, dass auch die ‚Theologie des Leibes' schon einen Versuch darstellt, die Lehre der Kirche mit dem Leben der Menschen in neuer Weise zu verbinden – die ‚katholische Identitätskrise' und den Anschein der Leibfeindlichkeit zu überwinden. Aber wie schon der Konzilstheologe M.-Dominique Chenu (Von der Freiheit eines Theologen) immer „misstrauisch" gewesen ist, „wenn die

Kirche ein Vokabular übernimmt, gegen das sie früher gekämpft hat. Es sieht dann immer so aus, als wollte sie es entschärfen", müssen auch die Entwürfe einer Theologie der Leiblichkeit sich in einem Diskurs bewähren und mit ihren Größen und Grenzen gleichermaßen in den Blick genommen werden. Ohne dass die konkreten Wege und Methoden einer kulturspezifisch ja je eigen zu entwickelnden Sexualpädagogik als solche nominell in den bisherigen Abschlussdokumenten der Familiensynoden eine Rolle spielen würden bzw. könnten, und die Fragen rund um die zukünftigen Wege der Sexualpädagogik mit dem nachsynodalen Wort erst neu auf den Weg gebracht werden, kann man als ein Desiderat der im mitteleuropäischen Raum bereits in akademischen Studiengängen firmierenden ‚Theologie des Leibes' sicher die noch ausstehende Kontextualisierung mit der philosophischen Anthropologie oder der ‚Phänomenologie des Leibes' festhalten. Sie böten sich in einem wissenschaftlichen Kontext auf philosophischer Seite als Gesprächspartner ebenso an wie die verschiedenen Ansätze einer Leib-Psychologie – etwa über den im englischen Sprachraum und darüber hinaus seit Jahrzehnten eingeführten Begriff des ‚embodiment' – wie die Rezeption der zahlreichen sexualpädagogischen und moraltheologischen Grundlagenwerke gerade im deutschen Sprachraum. Ein solcher Diskurs würde dann vor allem auch eine Beschäftigung mit dem Leibbegriff als solchem ermöglichen, der zugleich weit über die Fragen von Geschlechtlichkeit und Sexualität hinausgeht und die Frage nach Leiblichkeit und Räumlichkeit religiös noch weiter- und tiefer führen könnte; wenn etwa der Psychiater und Philosoph Thomas Fuchs ganz selbstverständlich in einem 'Entwurf einer phänomenologischen Anthropologie' von ‚Inkarnation' spricht und hier eine genuin christliche Semantik in neuer Weise in Hinblick auf die menschliche Leibeinwohnung verwendet. Wo die Traditionslinie der philosophischen Anthropologie der letzten Jahrzehnte wie in einem Cantus firmus ein Neuverständnis des Leibbegriffes unterstreicht, nach dem der Mensch nicht nur einen Körper hat, sondern Leib ist, heißt es Veröffentlichungen zur ‚Theologie des Leibes' vornehmlich immer noch umgekehrt: dass der Mensch nicht nur Körper sei, sondern vielmehr den Körper als Mittel der Expression habe – mit der Konsequenz, dass eine rein naturrechtliche Deutung des ‚rechten Leibgebrauches' im personalistischen Gewand einen fröhlichen Urständ feiern kann.

Wohl verstanden: Den Leib als Ausdruck des vernunftgeleiteten Personzentrums zu verstehen, beschreibt eine Weise des menschlichen Leib-Seele-Verständnisses. Man sollte sich aber der damit eingenommenen Position bewusst sein und wissen, das um das rechte Leib-Seele-Verständnis seit der Aristoteles-Rezeption des Mittelalters "in der Theologie die

Problemstellungen kreisen und an dem die Denkweisen sich scheiden." (M.-D. Chenu, Leiblichkeit und Räumlichkeit). Von daher bleibt das Naturrecht ein theologiegeschichtlich bedeutsamer Ansatz in der Moraltheologie, der in sich viele unterschiedliche Zweige ausgebildet hat, von denen einige mit Ansätzen der Beziehungs- und Verantwortungsethik verbunden sind. Aber dass ein ausschließlich naturrechtlich argumentierender Denkansatz nicht die einzige Grundlage einer Theologie der Leiblichkeit bleiben und schon gar nicht dogmatistisch eine Deutungshoheit über die zukünftige christliche Moral- und Sexualpädagogik beanspruchen darf, ist gerade vor der Veröffentlichung des im März erwarteten nachsynodalen Schreibens von Papst Franziskus zu unterstreichen.

In Erwartung des nachsynodalen Schreibens

Mit den neu im Zuge des synodalen Prozesses der vergangenen Jahre aufgenommenen Fragen und ‚heißen Eisen', den Beratungsergebnissen der beiden Synoden und der Veröffentlichung des nachsynodalen Schreibens selbst, muss die nun folgende – und notwendig kulturell je spezifische – Suche in den Orts- und Teilkirchen nach geeigneten pädagogischen Ansätzen in einer Vervollkommnungsperspektive von Liebe, Freundschaft, Partnerschaft und Ehe in und für die heutige Zeit neu auf den Weg gebracht werden. Ja, wir brauchen neue Ansätze und pädagogische Konzepte zu den Fragen von Leib, Körper und Sexualität, zu Fragen von Geschlechtersensibilität und -gerechtigkeit auf der Höhe der Zeit, rückgebunden an die in neuer Weise hervorgehobene Schöpfungstheologie und auf Augenhöhe mit dem pädagogischen und philosophischen Diskurs in unserer Ortskirche und Gesellschaft „in dieser Zeit raschen Wandels und zunehmender Komplexität der Probleme". Die Kirche hat lange genug, viel zu lange geschwiegen in dem Bereich der nunmehr gottseidank im Herzen der Familiensynode steht. Und gerade und allein das mutige Anpacken, Ansprechen und das Aggiornamento in der Lehrentwicklung und Verkündigung wird die Katholische Kirche aus einer "katholischen Identitätskrise" und dem Eindruck, "öffentlich als sexualfixiert" zu gelten, herausführen.

Die Weltkirche erwartet das für Mitte März angekündigte, nachsynodale Schreiben von Papst Franziskus, die katholische Kirche in Deutschland in den Diözesen, Gremien, Verbänden – und im engen Verbund mit den Theologischen Ausbildungsstätten und Fakultäten – die im Zuge der angekündigten 'heilsamen Dezentralisierung' neuen Verantwortlichkeiten in der Lehrverkündigung und -entwicklung. Dann bleiben der Kirche hoffentlich in Zukunft Aussagen wie die des australischen Kurienkardinals George Pell erspart, der noch vorgestern in einer Prozessanhörung einer Missbrauchsuntersuchung das Nacktschwimmen und Küssen mit schutzbefohlenen, minderjährigen Jungen für "nicht sexuell" hielt. Ganz offensichtlich ist diesem in Lütz'scher Terminologie führenden Konservativen, der bei der vergangenen Familiensynode (s. Blog-Beitrag vom 21.10.2015) noch lautstark für 'unverhandelbare Prinzipien' eingetreten ist, „die katholische Sexualmoral auch zu lax" erschienen. Dass nach den vielen Missbrauchsskandalen erst die staatliche Rechtsprechung kirchliche Amtsträger beim Verletzen von Menschen- und Personrechten nachgehen und in gewisser Weise auch vorführen muss, zeigt, wie nötig „[d]ie Reform […] mit Entschlossenheit, klarem Verstand und Tatkraft fortgeführt" werden muss. (Papst Franziskus in der Weihnachtsansprache des Jahres 2015)

Freitag, 8. April 2016

‚Zeichen und Wunder sind uns geschehen!' – Zur Veröffentlichung des Apostolischen Lehrschreibens ‚Amoris laetitia'

(Bild: © Mazur/catholicnews.org.uk)

„Zeichen und Wunder werden geschehen", so lautete der Titel eines ersten Interviews im Zuge meiner über zweieinhalbjährigen Beobachtung und Öffentlichkeitsarbeit zu den beiden Familiensynoden der Jahre 2014 und 2015. Die Überschrift nahm eine Formulierung des Wiener Erzbischofs Christoph Kardinal Schönborn auf, der als Mitglied des Synodenrates schon kurz vor der ersten Familiensynode, der III. Außerordentlichen Bischofssynode, im Jahr 2014 optimistisch war in Hinblick auf Veränderungen in der Lehre bezüglich vieler ‚heißer Eisen', die nach den Rückmeldungen und Befragung aller Orts- und Teilkirchen beinahe weltweit unter den Nägeln brannten. In meinem Blog-Beitrag vom 4.10.2014 zu

Beginn dieser Synode habe ich die bis zum heutigen Tag geltenden und in einschlägigen Dokumenten nachzulesende Lehrmeinung zusammengestellt, die durch das heute veröffentlichte Apostolische Lehrschreiben *'Amoris laetitia'* – insbesondere durch eine erneuerte, ja eine 'wirklichen Bekehrung' der Sprache (wie es in einem begleitenden Schreiben des Synodensekretärs Kardinal Lorenzo Baldisseris an die Bischöfe heißt) – modifiziert wurden.

Die theologische Ausgangslage vor der Synode

„Nichteheliche Verhältnisse verstoßen gegen das moralische Gesetz, sind schwere Sünde und die in ihnen lebenden Menschen ebenso vom Empfang der Kommunion ausgeschlossen (vgl. KKK 2390) wie in homosexueller Partnerschaft lebende Menschen, die gegen das natürliche Gesetz verstoßen, wenn sie wider die ihnen auferlegte Keuschheit miteinander verkehren (vgl. KKK 2357). Und auch wiederverheiratet Geschiedene sind ihr Leben lang vom Empfang der Sakramente ausgeschlossen, insofern sie dauerhaft in einer Todsünde verharren (vgl. CIC Can. 915)." (s. Ebd.)

Dass diese und andere schwierige Themen – wie der Umgang mit Methoden der Empfängnisregelung – zur Diskussion gestellt werden könnten, war von der reinen Sachlage eigentlich so gut wie ausgeschlossen.

Und die Frage war von Anfang an diejenige, die in dem zu Beginn angesprochenen Interview der Kölner Kirchenzeitung vom 3.10.2014 in Bezug auf die genannten ‚heißer Eisen' in folgender Weise angesprochen wurde:

„Mit dem Thema der wiederverheirateten Geschiedenen ist das Thema von nichtehelichen Lebensgemeinschaften angesprochen und dort die Frage, ob wir den Menschen in irgendeiner Weise eine Anerkennung zusprechen können, ohne zu sagen, was sie jeweils nicht sind. Einige Überlegungen gehen sogar dahin, dass gegebenenfalls eine sakramentale Kongruenz, eine beschreibbare Form sakramentaler Entsprechung, bestehen kann, um wiederverheiratete Geschiedene auch zu den Sakramenten zuzulassen. Die anderen Fragen sind ganz ähnlich: Ob wir wertschätzend etwas zu neuen Familienformen, zu homosexuellen Partnerschaften und anderen Lebensgemeinschaften sagen können und wie wir das Thema Sexualität, verantwortete Elternschaft und die Bedeutung des Gewissens neu ansprechen." (Kirchenzeitung für das Erzbistum Köln Nr. 40-41/14 vom 3.10.14)

Nach zwei, alle Orts- und Teilkirchen weltweit einbeziehenden Umfragen zur Rückbindung der kirchlichen Lehre an die gelebte Wirklichkeit der Gläubigen und einem über zwei Jahre währenden synodalen

Prozess, deren wichtigste Wegmarken die III. Außerordentliche Bischofssynode (5.10.-19.10.2014) und die XIV. Ordentliche Bischofssynode (4.10.-25.10.2015) darstellten, markiert das heute veröffentlichte nachsynodale Schreiben *'Amoris laetitia'* mit seinen neun Kapiteln und 325 Ziffern einen vorläufigen Schluss- und Höhepunkt dar. Ganz zu Beginn unterstreicht Papst Franziskus, dass durch "die Vielschichtigkeit der angesprochenen Themen die Notwendigkeit deutlich [wurde], einige doktrinelle, moralische, spirituelle und pastorale Fragen unbefangen weiter zu vertiefen." (AL 2). Mit dem Sekretär des Synodensekretariates stellten Kardinal Schönborn und das Ehepaar Prof. Francesco Miano und Prof. Giuseppina De Simone in Miano das neue Apostolische Schreiben von Papst Franziskus am 8.4.2016 in einer Pressekonferenz vor. Kardinal Schönborn übertreibt gewiss nicht, wenn er in seinen erklärenden Ausführungen herausstellt, dass die Kirche im Sinne einer "Inklusion" niemanden ausschließt und als "irregulär" oder als "in Todsünde lebend" verurteilt. Und tatsächlich: Alle in den vorangegangenen Absätzen zitierten ‚heißen Eisen' sind nicht nur angefasst worden, sondern haben sich über den über zweijährigen synodalen Prozess in der Sprache und darüber auch in der Sache verändert.

Die Lehrentwicklung im nachsynodalen Schreiben *Amoris laetitia*

Voreheliche Beziehungen werden nicht mehr im Defizitmodus als ‚Konkubinate', ‚sündige Verhältnisse' oder ‚irreguläre Beziehungen' apostrophiert, sondern in ihrem Eigenwert gegenseitiger Liebe und Verantwortung geachtet, ohne dabei das – im Grundsatz von den allermeisten Menschen angestrebte, wie die weltweiten Umfragen zeigten – Ideal des ehelichen Treue- und Liebesverhältnis tiefer zu hängen oder gar das Versprechen der Unauflöslichkeit infrage zu stellen. Im Gegenteil widmet sich das Apostolische Schreiben '*Amoris laetitia*' auf beinahe 60 Seiten in den von Papst Franziskus als die "zentralen Kapitel" (AL 6) hervorgehobenen Abschnitten der Beschreibung und theologischen Durchdringung der Ehe als der "größten Freundschaft" (AL 123; vgl. Thomas von Aquin, ScG 123, 6), ihrer Berufung zum Leben und zur Entfaltung in der Familie (Kap. 5). Mit Überraschung aber auch Stolz freue ich mich, dass dieser auch von mir selbst in Buchpublikationen (s. S. 461) wie in mehrsprachig aufbereiteten Blog-Beiträgen (s. S. 98-115) empfohlene "Freundschaftsgedanke" einen solchen Stellenwert erhält, dass er allein 15 x zur tieferen Beschreibung der ehelichen Partnerschaft aufgenommen wird (in der Relatio Synodi fehlte dieser Schlüsselbegriff noch). Aber diese in der Liebe gründende "besondere Freundschaft" (AL 125, 207) wird doch auch in ihrer Brechung in der je persönlich gelebten Lebenswirklichkeit gesehen, die nur in analoger Weise die göttliche Liebe repräsentieren (AL 73, 122), und nicht minder in Verbindung zu anderen Lebensformen beschrieben werden kann, auf die hin viele Wesenselemente der ehelichen Freundschaft auszustrahlen vermögen. Fern davon, Zivilehen oder vermeintlich losere Partnerschaftsformen als ‚irreguläre Beziehungen' zu titulieren, werden Umstände benannt, die diese oft nicht immer frei gewählten Partnerschaftsformen bedingen (vgl. AL 294), und die in ihnen verwirklichte Güte beschrieben. Und auf der Linie dieser Wahrnehmung liegt die noch in der Enzyklika 'Familiaris consortio' (FC 84) im Grundsatz ausgeschlossene Zulassung von wiederverheiratet Geschiedenen zu den Sakramenten: Im Gespräch und 'Forum Internum' mit einem Seelsorger und Beichtvater sollen – bezogen auf den je konkreten Einzelfall – Wege gesucht werden, die eine vollständige Teilnahme an den Sakramenten ermöglichen können (AL 300).

Schließlich: Selbst wenn im nachsynodalen Schreiben Aussagen zu gelebter Homosexualität und homosexuellen Partnerschaften in den Ziffern 250 und 251 fehlen – weder in ausdrücklich positiver Beschreibung, aber auch nicht in verurteilender Sprache –, bedeutet der grundlegende Perspektivwechsel doch auch einen Auftrag zu einer neuen Annäherung im Verantwortungsbereich der jeweiligen Ortskirche und

Kulturkreis, der auf Ebene der Weltkirche – wie die synodalen Beratungen auf den beiden Familiensynoden der Jahre 2014 und 2015 gezeigt haben – noch keinen gemeinsamen Nenner abzeichnen ließ. U.a. auf diese Frage wird der Hinweis zu Beginn von 'Amoris laetitia' zu lesen sein, dass unbeschadet der notwendigen Einheit der Lehre "verschiedene Interpretationen einiger Aspekte der Lehre oder einiger Schlussfolgerungen, die aus ihr gezogen werden, weiterbestehen" (AL 3) können, zu denen sich die deutschen Bischöfe während der Synoden zum Teil deutlich weitergehend geäußert haben: vgl. den Blog-Beitrag vom 10.10.2015.

Dafür wird auf weltkirchlicher Ebene in der seit der Enzyklika 'Humanae vitae' ausschließlich in naturrechtlicher Weise akzentuierten und beantworteten Frage der Verantwortung für das Leben und den Umgang mit der eigenen Fruchtbarkeit in neuer Weise auf die Bedeutung des Gewissens hin geöffnet (vgl. AL 222) und darin wieder an über einige Jahrzehnte an den Rand gedrängte, große Traditionen insbesondere der mittelalterlichen philosophischen Ethik wie des II. Vatikanischen Konzils angeknüpft. Gerade diese Passage und die Ziffern 280-286, die mit einem deutlichen "Ja zur Sexualerziehung" überschrieben sind, laden dazu ein sich des Themenkomplexes ‚Liebe-Freundschaft-Partnerschaft-Ehe-Sexualität-Fruchtbarkeit' in der Erziehung und Bildung in einer neuen Sprache anzunehmen, dem sich die Kirche - wie im vorausgegangenen Blog-Beitrag vom 1.3.2016 ausgeführt - in neuer Weise stellen muss.

Die theologischen Schlüssel: Der schöpfungstheologische Ansatz, der Freundschafts- und Gradualitätsbegriff und die Theologie der Barmherzigkeit

All diese Reform-Schritte wurden möglich durch den von Papst Franziskus eingeschlagenen, synodalen Weg des Einbezugs des gesamten Volkes Gottes und des oft hervorgehobenen synodalen Dreischrittes: Wahrnehmen – und Gewinnung von "Bodenhaftung" (AL 6) –, Rückbindung an die Botschaft Christi und das Unterscheiden und Beziehen auf Handlungsoptionen: der Dreischritt, der auch die Struktur der Abschlussdokumente der beiden Familiensynoden und damit auch das nachsynodale Schreiben kennzeichnet. Synodalität – für Papst Franziskus das große Thema der Katholischen Kirche zu Beginn des 3. Jahrtausends – ist ja das formale Ergebnis, das im Hintergrund all der bislang angesprochenen Reformschritte das dahinterliegende Strukturprinzip wirklicher Katholizität ist, wie im vorletzten Blogbeitrag am 8. Februar beschrieben. Damit verbunden ist eine – im letzten unumkehrbare – Wertschätzung und Rehabilitierung eines bereits das II. Vatikanische Konzil prägenden, schöpfungstheologischen Ansatzes, der Gottes Wirken und seine Güte in allen Kreaturen sieht (und darin weder die Personwürde des

Nächsten noch die eigene Subjektivität überspringt), wie es Papst Franziskus in seiner Schöpfungsenzyklika 'Laudato si" ausgedrückt hat. Und schließlich wird erst vor dem Hintergrund dieses theologischen Ansatzes auch der Gedanke der "Gradualität" deutlich, in der der Mensch sich in einem "dynamischen Prozess von Stufe zu Stufe entsprechend der fortschreitenden Hereinnahme der Gaben Gottes" entfalten kann (vgl. AL 122, 295) bis zur ehelichen Liebe als der „größten Freundschaft" (AL 123). Die Durchlässigkeit menschlichen Lebens auf allen seinen Entfaltungs- und Vervollkommnungsstufen für die göttliche Liebe prägt die revolutionäre, alle blickverengende Erstarrung aufbrechende Perspektive des nachsynodalen Schreibens.

'Revolution der zärtlichen Liebe' und 'Reformation im Geist der Synodalität'

Es wird den Versuch geben – und sie waren schon vor der Veröffentlichung des Apostolischen Schreibens *Amoris laetitia* wahrzunehmen in immer denselben einschlägigen Kreisen, Foren und Zirkeln –, das nachsynodale Schreiben als ‚pastoral orientiert' in seiner Lehrverbindlichkeit kleinzureden und die bleibende Gültigkeit der zuoberst zitierten Paragraphen zu betonen, so als habe es nicht schon immer eine Lehr- und Dogmenentwicklung zu den Fragen von Ehe und Familie in der katholischen Kirche gegeben. Aber gerade das zeichnet das nachsynodale

Schreiben aus, dass im Licht einer an die Lebenswirklichkeit anknüpfenden Lehre, des barmherzigen Blickes Jesu auf die Liebesempfänglichkeit und Liebenswürdigkeit jedes Menschen und einer schöpfungstheologischen Wertschätzung und Sichtung des bereits verwirklichten Guten eine neue ‚Wahrnehmung' und Verkündigung der frohen Botschaft im Licht der Zeichen der Zeit möglich ist. In Fortsetzung des II. Vatikanischen Konzils führt es eine Lehrentwicklung weiter, die an den ‚Spitzen' der zuoberst zitierten ‚heißen Eisen' am deutlichsten wird, aber durch die neu aufgenommene, schöpfungstheologische Perspektive einer ‚Revolution der zärtlichen Liebe' gleichkommt, aber mehr noch für die Katholische Kirche darüber hinaus eine wirkliche „Reformation im Geist der Synodalität" bedeutet.

Zeichen und Wunder sind uns geschehen!

(Das Anschreiben zu ‚Amoris laetitia' vom 8.4.2016)

Donnerstag, 8. Dezember 2016

Amoris laetitia und der „Weg der Synodalität, welcher der Weg ist, den Gott von der Kirche im dritten Jahrtausend erwartet"

(Nr. 3 von 16 Kartenmotiven; hier AL 131 © www.amoris-laetitia.de)

Vor einem Jahr, am 8.12.2015, begann das 'Jahr der Barmherzigkeit' nicht zufällig am 50. Jahrestag des Endes des II. Vatikanischen Konzils. Der Jahrestag fällt dieses Jahr zusammen mit Presseberichten zu einem bald erscheinenden Schreiben über „das Prinzip der Synodalität und seine theologische Bedeutung", das „Abstimmen in Versammlungen" sowie „das Einbeziehen von allen in pastorale Entscheidungsprozesse", das von Papst Franziskus bereits im Januar dieses Jahres in Auftrag gegeben wurde. Wie in einem eigenen Beitrag vor dem Erscheinen des nachsynodalen Schreibens

‚Amoris laetitia' angedeutet, wird Papst Franziskus mit der Inkraftsetzung einer solchen Erklärung

„die Voraussetzungen für die Übernahme von Lehrverantwortung auf der Ebene der Teil- und Ortskirche schaffen müssen, indem er die synodale Verfasstheit der katholischen Kirche als gestufte Teilhabe an der Ausübung des kirchlichen Lehramtes erklärt, in Kraft setzt und mit ebendiesem Auftrag versieht." (ZDK Salzkörner 21. Jg., Nr. 6 [2015], 9)

Implizit sind diese Gedanken zur ‚synodalen Verfasstheit der katholischen Kirche als einer gestuften Teilhabe an der Ausübung des kirchlichen Lehramtes' – diese Selbstvergewisserung markierte auf der Feier des Synodenjubiläums den unvergesslichen Höhepunkt der Familiensynode des Jahres 2015 – bereits ganz zu Beginn und konkret im nachsynodalen Lehrschreiben ‚Amoris laetitia' aufgenommen, ja vorausgesetzt, indem der Papst darauf hinweist,

„...dass nicht alle doktrinellen, moralischen oder pastoralen Diskussionen durch ein lehramtliches Eingreifen entschieden werden müssen. Selbstverständlich ist in der Kirche eine Einheit der Lehre und der Praxis notwendig; das ist aber kein Hindernis dafür, dass verschiedene Interpretationen einiger Aspekte der Lehre oder einiger Schlussfolgerungen, die aus ihr gezogen werden, weiterbestehen. [...] Außerdem können in jedem Land oder

jeder Region besser inkulturierte Lösungen gesucht werden, welche die örtlichen Traditionen und Herausforderungen berücksichtigen. Denn » die Kulturen [sind] untereinander sehr verschieden, und jeder allgemeine Grundsatz [...] muss inkulturiert werden, wenn er beachtet und angewendet werden soll «. (AL 3)

In jeder Ortskirche wird konkret durchzubuchstabieren und auszuführen sein – auch für die Deutsche Bischofskonferenz ist ein solches Wort der Bischöfe ja nun angekündigt –, was in der über drei Jahre synodal erarbeiteten Lehre zu Ehe und Familie auf einer obersten Ebene der Weltkirche – eben in dem am 8.4.2016 veröffentlichten nachsynodalen Schreiben *Amoris laetitia* – beschrieben wurde. Gegen eine den synodalen Prozess im Grundsatz konterkarierende Infragestellung durch einzelne Stimmen der Weltkirche erklärt Papst Franziskus in einem gerade veröffentlichten Interview:

"Sein postsynodales Schreiben ‚Amoris laetitia' sei ein Ergebnis des gesamten synodalen Prozesses, ‚interessanterweise' hätten dem, was da drinstehe, mehr als zwei Drittel der Väter zugestimmt. ‚Und das ist eine Garantie!'" (Radio Vatikan vom 7.12.2016)

Das nachsynodale Schreiben sei "das Ergebnis zweier Synoden, auf denen die ganze Kirche gearbeitet hat, und das der Papst sich angeeignet hat". Nach zwei weltweiten Umfragen ist das Apostolische Schreiben bereits in der Weise seiner Entstehung wie im Inhalt – auf beinahe paradoxe Weise – ein entscheidender Markstein auf dem „Weg der Synodalität, welcher der Weg ist, den Gott von der Kirche im dritten Jahrtausend erwartet." (Vgl. Blog-Beitrag vom 17.10.2015). "‚Amoris laetitia' ist Vorbild der Synodalität" und Beispiel für eine

„synodale Kirche, in der Petrus Petrus ist, aber die Kirche begleitet, sie wachsen lässt, sie anhört, von dieser Realität lernt und sozusagen harmonisiert." Eine solche „synodale Kirche" sei die, die ihm [Papst Franziskus] vorschwebe. „Das ist Einheit in der Vielfalt. Das ist Synodalität." (Radio Vatikan vom 7.12.2016)

Wie schon geschrieben, werden wir es erleben: "Das angesprochene [...] Paradox der Familiensynode – die medial sowohl nach der Synode 2014 als auch 2015 beklagte Umstrittenheit der Synodenergebnisse [und selbst noch die vereinzelte Infragestellung des nachsynodalen Schreibens] – wird rückblickend als Motor für die Erneuerung der Kirche gedeutet werden können: sowohl hinsichtlich der Lehrentwicklung als auch in Hinblick auf die Kirchenverfassung. 'Synodalität ist der Weg der Kirche im dritten Jahrtausend', denn: „Zeitgemäße Erneuerung [...] heißt ständige Rückkehr zu den Quellen [...] und zum Geist des Ursprungs." (Vgl. Blog-Beitrag vom 8.2.2016)

Samstag, 17. Dezember 2016
Amoris laetitia: oder eine Hommage anlässlich des 80. Geburtstags von Papst Franziskus über seinen synodalen Weg

(Bild: © Mazur/catholicnews.org.uk)

Dieser Blog über die Familiensynoden der Jahre 2014 und 2015, deren Vorbereitungen, weltweite Beteiligung und Rezeption macht im Blick auf alle Beiträge in den vergangenen drei Jahren deutlich, dass die im Verlauf der Zeit erarbeiteten Dokumente bis einschließlich des Apostolischen Schreibens *Amoris laetitia* als Ergebnisse eines mit überwältigender Zweidrittelmehrheit aller Synodalen getragenen und mit Rückhalt der gesamten Weltkirche versehenen synodalen Prozesses anzusehen sind – und nicht etwa als persönliche Ansichten eines wenn auch mit oberster Lehrautorität sprechenden Papstes. An einem Geburtstag – zumal wenn es ein 80er Geburtstag ist – kommt man dennoch nicht darum herum, diese gesamtkirchliche Entwicklung auch zu personifizieren. „Mit Papst Franziskus lernt die Kirche neu", schreibt Kardinal Marx anlässlich des runden Geburtstages in einer Würdigung für die Deutschen Bischöfe und unterstreicht zugleich:

„Mit Papst Franziskus geht die Kirche den künftigen Weg als ‚synodale Kirche'. Vor einem Jahr hat der Papst dieses Wort auf der Weltbischofssynode in Rom geprägt. Mit seinen Apostolischen Schreiben Evangelii gaudium und Amoris laetitia lässt er keinen Zweifel, wie dieser Weg der synodalen Kirche aussehen muss: im Miteinander und nicht im Gegeneinander, im Dialog und nicht im Monolog, im Austausch der Charismen und nicht im engen dogmatischen Verharren, in der Hinwendung zu den Ausgegrenzten und Suchenden und nicht in der Einmauerung in Normen und Vorschriften." (DBK Pressemeldung vom 15.12.2016)

Papst Franziskus ging diesen Weg seit Beginn seines Pontifikats. Und dennoch war es wahrscheinlich Fügung – mit den Worten eines früheren Blog-Eintrages gesagt -, dass der erste Synodentag der 'Amoris laetitia' unmittelbar vorausgehenden XIV. Ordentlichen Bischofssynode „auf den Gedenktag des Hl. Franziskus von Assisi am 4. Oktober fiel, von dem der damalige Papst Innozenz III. träumte, dass er das Haus der Kirche stützen und wieder aufrichten würde.

Der Traum Papst Innozenz III.; Basilika San Francesco, Assisi

Auch Papst Franziskus – nach der vom Erzbischof von Havanna, Kardinal Jaime Ortega, mit Genehmigung des Papstes veröffentlichten Ansprache aus dem Vorkonklave – wurde gewählt aufgrund seiner die Kirche aus einer Trance nach Vatileaks, Korruptions- und Missbrauchsskandalen aufrüttelnden Analyse, dass ihm scheine, dass Christus in demselben Haus der Kirche heute 'von innen klopft, damit wir ihn herauskommen lassen.'

'Die egozentrische Kirche beansprucht Jesus für sich drinnen und lässt ihn nicht nach außen treten. Die um sich selbst kreisende Kirche glaubt – ohne dass es ihr bewusst wäre – dass sie eigenes Licht hat. Sie hört auf, das ‚Geheimnis des Lichts' zu sein, und dann gibt sie jenem schrecklichen Übel der ‚geistlichen Mondänität' Raum [... in der] die einen die anderen beweihräuchern.'

Was den zu wählenden Papst angeht, plädierte der heutige Papst für eine Person, die 'aus der Betrachtung Jesu Christi und aus der Anbetung Jesu Christi der Kirche hilft, an die existenziellen Enden der Erde zu gehen, der ihr hilft, die fruchtbare Mutter zu sein, die aus der ‚süßen und tröstenden Freude der Verkündigung' lebt.' Diese viele Kardinäle beindruckenden Worte aus dem Vorkonklave – noch bevor der damalige Kardinal Bergoglio wusste, dass die Wahl auf ihn fallen und er den Namen Franziskus annehmen würde – lesen sich im Blick auf den bisherigen synodalen Prozess wie eine Kurzfassung der auf dem zurückliegenden Weg veröffentlichten Dokumente." (s. Blog-Beitrag vom 29.9.2015)

Bliebe es bei solchen personifizierten Erinnerungen, würde Papst Franziskus dennoch auf seinem Weg allein gelassen, wenn sie nicht zugleich münden in einen Aufruf zum innerkirchlichen Commitment. Erneut mit den Worten des Vorsitzenden der Deutschen Bischofskonferenz Kardinal Marx gesagt:

„Ich wünsche uns und der Kirche in Deutschland, dass wir den Heiligen Vater gerade auf diesem Weg, der sich ja bis in unsere tägliche Arbeit in den Gemeinden auswirkt, tatkräftig unterstützen, wo immer dies möglich ist. [...] Vor drei Jahren hat Papst Franziskus von der ‚Kirche des Aufbruchs' gesprochen. Zum 80. Geburtstag danken wir ihm von Herzen für diesen Aufbruch, den wir mitgehen, von dem wir uns angespornt fühlen, Gott und der Kirche zu dienen. Zum Geburtstag wünsche ich Papst Franziskus alles Gute im Namen der Kirche in Deutschland. Versprechen wir gemeinsam, weiter für den Papst zu beten, so wie es sein sehnlichster Wunsch war, als er am 13. März 2013 gewählt wurde."

(DBK Pressemeldung vom 15.12.2016).

Sonntag, 8. Januar 2017
Ohne jeden Zweifel: Gottes Liebe ist unauflöslich! Über den gemeinsamen Nenner des synodalen Prozesses bei der Frage der Zulassung wiederverheiratet Geschiedener zu den Sakramenten

(Bild: © Mazur/catholicnews.org.uk)

Das sei ja wohl ein 'Insiderproblem', dass wiederverheiratet Geschiedene zur Kommunion gehen können, war bereits vor zweieinhalb Jahren zu hören. Man las von einer um sich selbst kreisenden Kirche nicht nur bei diesem Punkt. Was diese Frage mit der realen Welt und den wirklich drängenden Fragen von heute zu tun habe, wurde gefragt, und ob sich das Problem in der Praxis überhaupt noch so stelle, man nicht hier vor Ort schon z.T. ohne große Worte viel weiter sei. Dass es bei diesem Thema – wie ein hochaltriger Kurienkardinal kürzlich etwas salopp sagte – tatsächlich "um die Wurst" gehen könne, also um eine Grundsatzfrage gehe, kann von außen kaum nachvollzogen werden. Was in der manchmal unfreiwillig, aber nicht selten auch bewusst skandalisierenden Berichterstattung über 'heftig geführte Wortgefechte unterschiedlicher Lager' meist nicht wahrgenommen wird, ist, dass es in den verschiedenen Statements tatsächlich im Grunde um dasselbe geht: die Unendlichkeit und Unauflöslichkeit der Liebe.

Die Kirche in Deutschland hat sich – wie alle Teilkirchen der Welt im Rahmen des synodalen Prozesses – in den vergangenen drei Jahren dazu viele Gedanken gemacht und auch im Rahmen zweier Weltbischofssynoden eingebracht. Sie hat erinnert, dass die Ehe in analoger Weise abbildlich zur Liebe Gottes 'unauflöslich' ist; hat aber ebenso angefragt, dass der ausnahmslose Ausschluss wiederverheiratet Geschiedener von den Sakramenten – unbeschadet der Begleitung und Unterscheidung der Einzelfälle mit der Möglichkeit der Wiedereingliederung – eine noch größere Verwirrung über die Unauflöslichkeit der Liebe Gottes zur Folge habe.

Verwirrung – *hinsichtlich der unauflöslichen Liebe ?*	
Familiaris consortio (1981)	**Die deutschen Bischöfe (2014)**
„Ließe man solche [wiederverheiratet geschiedene] Menschen zur Eucharistie zu, bewirkte dies bei den Gläubigen hinsichtlich der Lehre der Kirche über die Unauflöslichkeit der Ehe Irrtum und Verwirrung."	„Jedenfalls ist in der gegenwärtigen Situation festzustellen, dass die [...] Sorge, dass die Zulassung zur Eucharistie von wiederverheiratet Geschiedenen bei den Gläubigen hinsichtlich der Lehre der Kirche über die Unauflöslichkeit der Ehe Irrtum und Verwirrung bewirkt, in eine umgekehrte Richtung gegangen ist: Die Nicht-Zulassung wird als Verdunkelung des Zeugnisses der Verkündigung der Barmherzigkeit angesehen."

(Vgl. Blog-Beitrag vom 19.3.2015)

Papst Franziskus hat das einmütige Votum der Bischofssynode hinsichtlich der Möglichkeit der Zulassung von wiederverheiratet Geschiedenen zu den Sakramenten nach einer gewissenhaften Unterscheidung und seelsorgerischen Begleitung als Synodenergebnis in seinem Schreiben *'Amoris laetitia'* auch als gemeinsamen Nenner für die Weltkirche festgestellt: So ist das Synodenergebnis klar darin, dass es keine generelle Zulassung (vgl. AL 300f) von wiederverheiratet Geschiedenen zur Kommunion, zu den Sakramenten, die für die Katholische Kirche Zeichen der unauflöslichen Liebe sind, gebe. Wer an der Klarheit dieser Aussage zweifelt, sollte das Schreiben *Amoris laetitia* noch einmal lesen. Aber andererseits schließt es diese Möglichkeit auch nicht mehr in dergleichen Weise und Wortwahl aus, wie das noch vor über 35 Jahren in einem anderen Synodenschreiben ausgedrückt wurde, als aber schon in *'Familiaris consortio'* (nr. 84) die Unterschiedlichkeit der einzelnen Lebenssituationen hervorgehoben und die Möglichkeit der Wiederzulassung bereits bei dem Verzicht auf gelebte Sexualität beschrieben wurde.

Das Bistum Rom konkretisierte nunmehr durch den Kardinalsvikar Agostino Vallini Richtlinien zur Anwendung des päpstlichen Schreibens „*Amoris laetitia*', nach denen Priester übermäßige Strenge ebenso wie Laxheit vermeiden und Paare in dieser Lebensfrage begleiten sollen.

"Eine Zulassung zu dem Sakrament soll im Bistum Rom laut Vallini nur dann möglich sein, wenn eine Nichtigkeitserklärung der ersten Ehe durch ein kirchliches Gericht nicht möglich ist. Dies ist zuvor durch das Gericht zu klären. Der zuständige Pfarrer soll die betreffenden Paare nach dem Willen Vallinis zunächst dazu ermutigen, die Gültigkeit ihrer Ehe vor einem Gericht klären zu lassen. Sollte sich ein Prozess als undurchführbar erweisen, sei die seelsorgerische Initiative des Pfarrers nötig. Sie müsse dem Grundsatz folgen, dass die Person vor dem Gesetz komme. Hierbei müsse der Priester jeden Einzelfall sorgfältig prüfen und die jeweiligen Situationen unterscheiden. Hierzu seien regelmäßige Gespräche mit den Betroffenen nötig, um sich der 'Reife des Gewissens' und ihrer Reue zu vergewissern."
(KNA vom 8.1.2016)

Die Wahrnehmung der einzelnen Personen und Paare, die Unterscheidung der je individuellen Situationen, die Begleitung der einzelnen Paare in ihren konkreten Lebenszusammenhängen, das sind die pastoralen Zugänge, die eine Klärung der Frage der Zulassung zu den Sakramenten im persönlichen Gegenüber bzw. Miteinander von Seelsorger/in und Gläubigen möglich, ja nötig machen. "Annahme, Begleitung, Unterscheidung und Integration" und ein bewusstes Einzelfall-Denken bedeutet dies, wie es der Synodensekretär Kardinal Baldisseri unlängst ausdrückte. Das ist keine Grauzone, sondern ein Ort des Lichtes, des unauslöschlichen Lichtes und der unauflöslichen Liebe Gottes. Das ist die strahlende und klare Botschaft in die Welt, die die katholische Kirche bereits im vergangenen Jahr, mit dem 'Jahr der Barmherzigkeit' zum Ausdruck gebracht hat: Gottes Liebe ist unendlich, unermesslich, unauflöslich. Das ist die zentrale Botschaft der Kirche nach einem knapp dreijährigen synodalen Weg, die mit der Frage der Zulassung von wiederverheiratet Geschiedenen zur Kommunion verbunden ist. Diese Frage berührt deshalb kein 'Insiderproblem', sondern ist Fundament der Kirche. Mit dieser Botschaft der barmherzigen Liebe erfüllt sie zugleich eine unersetzliche Funktion für die Gesellschaft. Gottes Liebe ist unauflöslich, unendlich, unermesslich, wie dies Papst Franziskus in seinem Schreiben 'Misericordia et misera' zum Ende des 'Jahres der Barmherzigkeit' auf den Punkt gebracht hat.

„Wenn man erst einmal von der Barmherzigkeit überkleidet worden ist, dann ist der Zustand der Schwachheit aufgrund der Sünde, auch wenn er fortbesteht, übertroffen von der Liebe, die erlaubt, darüber hinauszusehen und anders zu leben." (MM 1)

Mittwoch, 1. Februar 2017
"Synodal oder: Wie möglich wurde, was unmöglich erschien" – Das Wort der deutschen Bischöfe über eine erneuerte Ehe- und Familienpastoral im Licht von Amoris laetitia

(AL 100; Bildkarte 9/16 © www.amoris-laetitia.de)

Über neun Monate nach der Veröffentlichung des Papstschreibens *Amoris laetitia* am 8.4.2016 ist heute ein 'Wort der deutschen Bischöfe' der Wertschätzung und des Dankes, ergänzt mit ersten Ausführungen zu „wichtigen Leitpunkten" und „Konsequenzen" für die Ehe- und Familienseelsorge in Deutschland, vorgestellt worden. Es nimmt im Titel dieselbe Formulierung auf, mit der auch das nachsynodale Schreiben zu Beginn auf den ersten Satz der das II. Vatikanische Konzil kennzeichnenden Pastoralkonstitution *Gaudium et spes* (1) anspielt: „Die Freude der Liebe, die in den Familien gelebt wird, ist auch die Freude der Kirche". Das lang erwartete deutsche Bischofswort (s. Auszug S. 375-382) würdigt, wie Papst Franziskus in *Amoris laetitia* die

„Erträge des synodalen Weges zusammen[]fasst und weiter[]führt, den die Kirche in den Jahren 2014 und 2015 mit ihm beschreiten konnte. Gerade die alltagsnahe und lebensbejahende Sprache, in der Papst Franziskus von Ehe, Partnerschaft, Sexualität, Elternschaft, Familie und vor allem von Familien spricht, macht Amoris laetitia zu einer inspirierenden Quelle für das Leben von Ehe und Familie."

Im Zuge der „Vorbereitung und Begleitung des synodalen Weges [...], bei den Befragungen im Vorfeld und in der fachlichen Aufbereitung", in denen der „synodale Weg ein Weg der ganzen Kirche war", wurden die vielfältigsten Lebenssituationen der Ehepaare und Familien von heute deutlich. Vor dem Hintergrund dieses synodalen Prozesses formulieren die deutschen Bischöfe mit dem heutigen Tag „erste Schwerpunkte" für die Kirche in Deutschland zu den Stichwörtern ‚Ehevorbereitung', ‚Ehebegleitung', ‚Stärkung der Familie als Lernort des Glaubens', ‚Umgang mit Zerbrechlichkeit: begleiten - unterscheiden - eingliedern'.

Die ersten drei Leitpunkte unterstreichen die Bedeutung einer intensiven Begleitung von Paaren auf dem Weg zur Eheschließung und ihrer fortwährenden pastoralen Un terstützung. Wie Papst Franziskus vor wenigen Tagen in seiner Ansprache vor dem Vatikangerichtshof, der Rota Romana, am 21.1.2017 ein „neues Katechumenat" in der Ehevorbereitung ähnlich dem Taufkatechumenat anregte, fordern auch die deutschen Bischöfe „Anstrengungen zur Entwicklung eines Ehekatechumenates", das kirchenferne und glaubensentwöhnte Paare ebenso erreicht, wie die kirchliche Ehe-, Beziehungspastoral und –beratung ebenso auch interkonfessionellen Paaren sowie allen Paaren in schwierigen Situationen zu gelten habe. Im selben Maße, wie den deutschen Bischöfen „die Entfaltung einer Ehe- und Familienspiritualität besonders am Herzen" liegt, plädieren sie in dem Abschnitt „Familie als Lernort des Glaubens" für eine Erziehung der Kinder, die „von einem Weg der Glaubensweitergabe geprägt sein" muss. Dabei wissen sie einzuschätzen, dass „die Gestaltung religiöser Elemente und Rituale im Familienleben nicht das Außergewöhnliche braucht, sondern die Nähe zum Alltag." Gegen Ende dieses dritten Leitpunktes betonen die deutschen Bischöfe: „Diese Prozesse wollen wir verstärkt seelsorglich begleiten."

Bei einem quantitativen Vergleich fällt auf, dass der vierte Schwerpunkt des Bischofswortes ‚Umgang mit Zerbrechlichkeit: begleiten - unterscheiden - eingliedern' mit knapp drei Textseiten in etwa dem Umfang der drei vorausgegangenen entspricht. Die deutschen Bischöfe widmen sich an dieser Stelle allen Paaren in schwierigen Situationen, Personen in zerbrechenden und getrennten

Paarbeziehungen wie insbesondere auch den Menschen, „die nach einer Scheidung zivilrechtlich wieder geheiratet haben und sich nach dem Empfang des Bußsakramentes und der Eucharistie sehnen." Geist und Inhalt des im nachsynodalen Schreiben *Amoris laetitia* festgestellten synodalen Konsenses aufnehmend, unterstreichen die deutschen Bischöfe zu dem letztgenannten Punkt „die drei Aspekte Begleiten, Unterscheiden und Einbeziehen als zentrale Leitbegriffe" und stellen – unbeschadet der nachdrücklichen Empfehlung der Dienste der diözesanen Ehegerichte – die zuletzt in diesem Blog am 8.1.2017 in Hinblick auf das Bistum Rom zitierte und ähnlich auch schon von den Bischöfen Argentiniens und Maltas formulierte Deutung fest :

„Amoris laetitia bietet in dieser Frage keine allgemeine Regelung und kennt keinen Automatismus in Richtung einer generellen Zulassung aller zivilrechtlich wiederverheiratet Geschiedenen zu den Sakramenten. [...]
Amoris laetitia bleibt aber dennoch nicht beim kategorischen und irreversiblen Ausschluss von den Sakramenten stehen. [...]
Amoris laetitia geht von einem Prozess der Entscheidungsfindung aus, der von einem Seelsorger begleitet wird. Unter der Voraussetzung dieses Entscheidungsprozesse, in dem das Gewissen aller Beteiligten in höchstem Maße gefordert wird, eröffnet Amoris laetitia die Möglichkeit, die Sakramente der Versöhnung und der Eucharistie zu empfangen."

Die deutschen Bischöfe wissen um die Notwendigkeit, den Seelsorgern Kriterien für diesen Begleitungs- und Unterscheidungsprozess an die Hand zu geben und verweisen bereits auf die „Kriterien einer Gewissensbildung [..., die] in ausführlicher und hervorragender Weise" in den Abschnitten von AL 298-300 ausgeführt seien. Ohne auf die von vier Kardinälen – unter ihnen auch die deutschen Alt-Kardinäle Brandmüller und Meisner sowie der US-amerikanische Kardinalpatron des Malteserordens Raymond Leo Burke und der emeritierte Erzbischof von Bologna Kardinal Caffarra – an Papst Franziskus in einem im November 2016 veröffentlichten Brief herangetragenen, naturrechtlich begründeten Anfragen (,Dubia') einzugehen, kann für sie auch die Erklärung des Synodensekretärs Kardinal Baldisseri vom 12.1.2017 gelten, dass dem nachsynodalen Schreiben *Amoris laetitia* nichts weiter hinzuzufügen ist, „außer zu wiederholen, dass alle Antworten, die erforderlich sind, schon in diesem Apostolischen Schreiben enthalten sind."

Über den vierten ‚Leitpunkt' des Bischofswortes ‚Umgang mit Zerbrechlichkeit: begleiten - unterscheiden - eingliedern' und den bedeutsamen Schritt, den die Rezeption des synodalen Weges und des nachsynodalen Schreibens *Amoris laetitia* für die Kirche in Deutschland in dieser Frage bedeutet, kann der Hinweis leicht überlesen werden, dass über die vier genannten Leitpunkte hinaus „weitere Schwerpunkte" – wie es ausdrücklich heißt – zu entfalten wären. Sie finden sich in aktuellen

Buchpublikationen und insbesondere in einem dieser Tage veröffentlichten und mit einem Begleitwort des Vorsitzenden der Pastoralkommission der Deutschen Bischofskonferenz, Bischof Dr. Franz-Josef Bode, versehenen Buch von Martina Kreidler-Kos, Diözesanreferentin für Ehe- und Familienpastoral des Bistums Osnabrück, und Christoph Hutter, Leiter der Ehe-, Familien-, Lebens- und Erziehungsberatung in Lingen/Ems, „Mit Lust und Liebe glauben. '*Amoris laetitia*' als Impuls für Gemeinde, Partnerschaft und Familie" bereits hervorgehoben.

Was in dem Wort der deutschen Bischöfe in Bezug auf die „lebensbejahende und alltagsnahe Sprache" (s.o.) angedeutet ist, wird hier auch in der über 'Ehe und Familie' hinausgehenden Perspektive des Papstschreibens ausgeführt, die auch die Würdigung nichtsakramentaler Partnerschaften einbezieht und deren gelebte Treue und Hingabe, Zuverlässigkeit und Fürsorge anspricht: insofern sie Ideale der Ehe „zumindest teilweise oder analog" (AL 292) verwirklichen. Mit dem schon im Blog-Beitrag vom 8.4.2016 angedeuteten, 'weiten Blick' von *Amoris laetitia* gelingt es den Autoren die Pluralisierung der Partnerschafts- (S. 62f) und Familienformen (S. 153) in einer wertschätzenden Sprache aufzunehmen. Sie bringen – immer in Bezug auf das Papstschreiben – realitätsnahe Beschreibungen erfüllter Paarbeziehungen ins Wort, aber ebenso ihre Gefährdungen durch eine an unwirklichen und falschen Idealen orientierte Romantisierung (S. 80 f) oder Moralisierung und Überhöhung der Liebe (S. 82) wie die Gefahr einer „Idealisierungsspirale" und die schleichende „Optimierungsdynamik" des Familienalltags (S. 117). Und wer an *Amoris laetitia* orientierte Hinweise eines neuen Ansatzes in der Sexualethik und -pädagogik sucht, wird mit Zitationsangaben in AL zur Sexualität als einem „Such-, Aushandlungs- und Findungsprozess" (S. 105) ebenso fündig, wie mit mannigfachen Hinweisen zur Förderung, Pflege und Erhaltung der Beziehungsqualität beschenkt.

„Synodal oder: Wie möglich wurde, was unmöglich erschien" – unter diesem Titel fasst Bischof Bode in seinem Begleitwort zu dem gerade erschienenen Buch seine persönlichen Eindrücke von der Weltbischofssynode zu Ehe und Familie zusammen. Diese "Zeichen und Wunder" (s. Beitrag vom 8.4.2016), die angefangen von der weltweit ersten Umfrageveröffentlichung im Jahr 2013 in Köln (vgl. www.Amoris-laetitia.de) zweieinhalb Jahre später im nachsynodalen Schreiben *Amoris laetitia* auf der Ebene der Weltkirche ihren Niederschlag gefunden haben, finden über das aktuelle Bischofswort nun auch in der Kirche in Deutschland ihre Konkretion und Rezeption. Sie vermitteln eine über lange Jahre vermisste Sprachfähigkeit, 'mit Lust und Liebe zu glauben', und – unterstützt durch die hierzu publizierten Bücher – Impulse und lebensnahe 'Alltagschecks' für Gemeinde, Partnerschaft und Familie, die wertschätzend einbeziehen, herausfordern und weiterführen.

„Was uns verheißen ist, ist immer noch mehr" (AL 325)

**Auszug aus dem Wort der deutschen Bischöfe
‚Die Freude der Liebe, die in den Familien gelebt
wird, ist auch die Freude der Kirche - Einladung zu
einer erneuerten Ehe- und Familienpastoral
im Licht von Amoris laetitia' vom 1.2.2017:**

„Wir freuen uns sehr über das große Geschenk, das Papst Franziskus mit seinem Nachsynodalen Apostolischen Schreiben Amoris laetitia der Kirche und allen Menschen guten Willens gemacht hat, die sich für ein gelingendes Leben in Ehe und Familie einsetzen. Er hat darin die Erträge des synodalen Weges zusammengefasst und weitergeführt, den die Kirche in den Jahren 2014 und 2015 mit ihm beschreiten konnte. Zugleich hat er die Gedanken und Überlegungen mit der Botschaft der Bibel, der Tradition der Kirche und mit seiner eigenen seelsorgerlichen Erfahrung zu einer überzeugenden Einheit verwoben. Gerade die alltagsnahe und lebensbejahende Sprache, in der Papst Franziskus von Ehe, Partnerschaft, Sexualität, Elternschaft, Familie und vor allem von der Liebe spricht, macht Amoris laetitia zu einer inspirierenden Quelle für das Leben von Ehe und Familie. Wir laden alle herzlich dazu ein, das Schreiben des Papstes zu lesen und zu studieren. Dabei kann es, wie Papst Franziskus selbst betont, „sowohl für die Familien als auch für die in der Familienpastoral Tätigen nutzbringender sein, wenn sie es Abschnitt für Abschnitt geduldig vertiefen oder wenn sie darin nach dem suchen, was sie in der jeweiligen konkreten Situation brauchen" (AL Nr. 7). In besonderer Weise empfehlen wir die

Lektüre des 4. Kapitels über „Die Liebe in der Ehe". In der Betrachtung über 1 Kor 13 legt der Heilige Vater ein gutes Fundament, die verschiedenen pastoralen Herausforderungen im Licht der Heiligen Schrift zu lesen und zu konkreten Handlungen zu führen. Denn „das Sakrament der Ehe ist nicht eine gesellschaftliche Konvention, ein leerer Ritus oder das bloße äußere Zeichen einer Verpflichtung. Das Sakrament ist eine Gabe für die Heiligung und Erlösung der Eheleute, denn ihr gegenseitiges Sichgehören macht die Beziehung Christi zur Kirche sakramental gegenwärtig" (AL Nr. 72). […]

Welche Konsequenzen ergeben sich nun aus Amoris laetitia für die Ehe- und Familienseelsorge in Deutschland? Vieles davon wird in den konkreten pastoralen Situationen entwickelt werden müssen. Wir nennen daher nur einige wichtige Leitpunkte. Dies sind erste Schwerpunkte, denen wir uns in der folgenden Zeit besonders widmen wollen. Damit ist der Reichtum von Amoris laetitia nicht annähernd ausgeschöpft. Wir wollen uns mit dem Evangelium von der Familie, wie es in Amoris laetitia entfaltet wurde, auch weiterhin befassen und weitere Schwerpunkte entfalten.

An dieser Stelle thematisieren wir zunächst:
• die Ehevorbereitung;
• die Ehebegleitung;
• die Stärkung der Familie als Lernort des Glaubens;
• den Umgang mit Zerbrechlichkeit: begleiten – unterscheiden – eingliedern. […]

Umgang mit Zerbrechlichkeit: begleiten – unterscheiden – eingliedern

Trotz allen guten Willens der Eheleute und trotz aller Vorbereitung auf die Ehe geschieht es, dass Beziehungen zerbrechen. Menschen sehen sich vor dem Scherbenhaufen ihres auf eine Partnerschaft gegründeten Lebensentwurfs. Sie leiden daran, dass sie scheitern und ihrem Ideal einer lebenslangen Liebe und Partnerschaft nicht gerecht werden können. Zu ihren Selbstzweifeln kommen oft genug wirtschaftliche Sorgen. Besonders betroffen sind die Kinder einer zerbrechenden Beziehung. In dieser Notlage ist es Aufgabe der Kirche, Menschen zu begleiten und zu stützen. Diesen Dienst nehmen in vielen Fällen die kirchlichen Beratungsstellen und die Alleinerziehendenseelsorge wahr. Doch in der alltäglichen Pastoral ist es notwendig, hier noch viel mehr ein offenes Ohr und ein weites Herz zu haben, damit es gelingt, „dazu anzuregen, sich der Gnade zu öffnen" (AL Nr. 37).

So möchten wir auch auf die Frage des kirchlichen Umgangs mit den Personen eingehen, die nach einer Scheidung zivilrechtlich wieder geheiratet haben und sich nach dem Empfang des Bußsakraments und der Eucharistie sehnen. Die Unauflöslichkeit der Ehe gehört zum unverzichtbaren Glaubensgut der Kirche. Amoris laetitia lässt daran ebenso wenig Zweifel wie an der Notwendigkeit eines differenzierenden Blickes auf die jeweiligen Lebenssituationen der Menschen. „Daher sind Urteile zu vermeiden, welche die Komplexität der verschiedenen Situationen nicht berücksichtigen. Es ist erforderlich, auf die Art und Weise zu achten, in der Menschen leben und aufgrund ihres Zustands leiden." (AL Nr. 296) Amoris laetitia stellt die drei Aspekte Begleiten, Unterscheiden und Eingliedern als zentrale Leitbegriffe heraus, ausgehend von der Grundfeststellung: „Niemand darf auf ewig verurteilt werden, denn das ist nicht die Logik des Evangeliums!" (AL Nr. 297) In Lebenssituationen, die oft genug als aufreibend und belastend erlebt werden, sollen die Betroffenen erfahren können, dass ihre Kirche sie nicht fallen lässt. Im Umgang mit den wiederverheiratet Geschiedenen muss deutlich werden, dass sie zur Kirche gehören, Gott ihnen seine Liebe nicht entzieht und sie gerufen sind, die Gottes- und Nächstenliebe zu praktizieren und echte Zeugen Jesu Christi zu sein. Der Heilige Vater unterstreicht den Aspekt der Begleitung deutlich, indem er sagt: „Sie sollen sich nicht nur als nicht exkommuniziert fühlen, sondern können als lebendige Glieder der Kirche leben und reifen, indem sie diese wie eine Mutter empfinden, die sie immer aufnimmt, sich liebevoll um sie kümmert und sie auf dem Weg des Lebens und des Evangeliums ermutigt." (AL Nr. 299)

Was der Papst in diesem Zusammenhang mit Unterscheiden meint, wird deutlich, wenn er in Amoris laetitia festhält: „Die Kirche ist im Besitz einer soliden Reflexion über die mildernden Bedingungen und Umstände. Daher ist es nicht mehr möglich zu behaupten, dass alle, die in irgendeiner sogenannten ‚irregulären' Situation leben, sich in einem Zustand der Todsünde befinden und die heiligmachende Gnade verloren haben" (AL Nr. 301). Amoris laetitia bietet in dieser Frage keine allgemeine Regelung und kennt keinen Automatismus in Richtung einer generellen Zulassung aller zivilrechtlich wiederverheiratet Geschiedenen zu den Sakramenten. Amoris laetitia übersieht weder die schwere Schuld, die viele Menschen in solchen Situationen des Zerbrechens und Scheiterns ehelicher Beziehungen auf sich laden, noch die Problematik, dass eine zivilrechtliche Wiederheirat dem sichtbaren Zeichen des Ehesakraments widerspricht, selbst wenn die betroffene Person schuldlos verlassen wurde. Amoris laetitia bleibt aber dennoch nicht beim kategorischen und irreversiblen Ausschluss von den Sakramenten stehen. Die Anmerkung 336 (zu AL Nr. 300) macht deutlich, dass die Unterscheidung, die „erkennen kann, dass in einer besonderen Situation keine schwere Schuld vorliegt", zu differenzierten Konsequenzen auch auf dem Gebiet der Sakramentenordnung führen müsste. Anmerkung 351 (zu AL Nr. 305) weist zudem darauf hin, dass man auch in einer Situation, die objektiv irregulär, subjektiv aber nicht oder zumindest nicht völlig schuldhaft ist, „in der Gnade Gottes leben kann, dass man lieben kann und dass man auch im Leben der Gnade und der Liebe wachsen kann" (AL Nr. 305), wenn man die Hilfe der Kirche und in gewissen Fällen auch die Hilfe der Sakramente bekommt. Auch dies spricht für die Möglichkeit des Sakramentenempfangs in diesen Situationen.

Nicht alle Gläubigen, deren Ehe zerbrochen ist und die zivil geschieden und wiederverheiratet sind, können ohne Unterscheidung die Sakramente empfangen. Erforderlich sind vielmehr differenzierte Lösungen, die dem Einzelfall gerecht werden und dann zum Tragen kommen, wenn die Ehe nicht annulliert werden kann. Wir ermutigen in diesem Zusammenhang alle, die begründete Zweifel daran haben, dass ihre Ehe gültig zustande gekommen ist, den Dienst der kirchlichen Ehegerichte in Anspruch zu nehmen, damit ihnen ggf. eine neue kirchliche Heirat ermöglicht wird. Allen, die an den kirchlichen Gerichten arbeiten, danken wir an dieser Stelle für ihren diskreten und seelsorgerischen Einsatz.

Amoris laetitia geht von einem Prozess der Entscheidungsfindung aus, der von einem Seelsorger begleitet wird. Unter der Voraussetzung dieses Entscheidungsprozesses, in dem das Gewissen aller Beteiligten in höchstem Maß gefordert ist, eröffnet Amoris laetitia die Möglichkeit, die Sakramente der Versöhnung und der Eucharistie zu empfangen. In Amoris laetitia unterstreicht Papst Franziskus die Bedeutung der Gewissensentscheidung, indem er sagt: „Wir tun uns schwer, dem Gewissen der Gläubigen Raum zu geben, die oftmals inmitten ihrer Begrenzungen, so gut es ihnen möglich ist, dem Evangelium entsprechen und ihr persönliches Unterscheidungsvermögen angesichts von Situationen entwickeln, in denen alle Schemata auseinanderbrechen. Wir sind berufen, die Gewissen zu bilden, nicht aber dazu, den Anspruch zu erheben, sie zu ersetzen" (AL Nr.

37). Am Ende eines solchen geistlichen Prozesses, dem es immer um das Eingliedern geht, steht nicht in jedem Fall der Empfang der Sakramente von Buße und Eucharistie. Die individuelle Entscheidung, unter den jeweiligen Gegebenheiten nicht oder noch nicht in der Lage zu sein, die Sakramente zu empfangen, verdient Respekt und Achtung. Aber auch eine Entscheidung für den Sakramentenempfang gilt es zu respektieren. Zu vermeiden sind sowohl die Haltung eines Laxismus ohne intensives Hinsehen im Begleiten, Unterscheiden und Eingliedern als auch eine rigoristische Haltung, die beim schnellen Urteil über Menschen in sogenannten irregulären Situationen stehenbleibt. An die Stelle solcher extremer Haltungen soll die Unterscheidung (lat. „discretio") im persönlichen Gespräch treten. Wir sehen es als unsere Aufgabe an, den Weg der Gewissensbildung der Gläubigen zu vertiefen. Dazu ist es nötig, unsere Seelsorger zu befähigen und ihnen Kriterien an die Hand zu geben. Solche Kriterien einer Gewissensbildung gibt der Heilige Vater in Amoris laetitia in ausführlicher und hervorragender Weise an (s. AL Nr. 298–300).

Sowohl für die Seelsorger als auch für die Gläubigen bedeutet diese Leitvorstellung von Begleiten, Unterscheiden und Eingliedern einen hohen Anspruch und eine große Herausforderung. Gerade in der Situation des Scheiterns, aber auch darüber hinaus sollen die Menschen erfahren können, dass die Kirche sie begleitet und einlädt, mit ihr unterwegs zu sein. „Die Hirten, die ihren

Gläubigen das volle Ideal des Evangeliums und der Lehre der Kirche nahelegen, müssen ihnen auch helfen, die Logik des Mitgefühls mit den Schwachen anzunehmen und Verfolgung oder allzu harte und ungeduldige Urteile zu vermeiden." (AL Nr. 308) Papst Franziskus hat in seinem Schreiben viele Situationen angesprochen: Seien es die Alleinerziehenden, die Migranten und Familien auf der Flucht, die interkonfessionellen, interreligiösen oder interkulturellen Paare, die Paare, bei denen ein Partner gläubig ist und der andere viel weniger oder gar nicht glaubt, die Familien, die in Armut leben, die sich um alte, kranke und besonderer Zuwendung bedürftige Familienmitglieder kümmern, und nicht zuletzt auch die Paare, die sich noch nicht zu einer Heirat entschließen können, und die Ehepaare nach Scheidung und nach zivilrechtlicher Wiederheirat. Mit manchen werden wir nur eine kleine Wegstrecke gemeinsam gehen oder nur einen fernen Kontakt halten können, andere werden wir intensiver begleiten können und manche werden dauerhaft mit uns unterwegs sein. Dabei dürfen wir das Evangelium von der Familie nicht verleugnen. „Wir würden der Welt Werte vorenthalten, die wir beisteuern können und müssen" (AL Nr. 35). Paare in Krise, Scheidung und zivilrechtlicher Wiederverheiratung zu begleiten, bedeutet auch eine große Herausforderung und Chance, die Kirche und ihr Eheverständnis zur Sprache zu bringen. […]" *(Quelle: dbk.de)*

Sonntag, 19. März 2017

Genau dieser Weg der Synodalität ist das, was Gott sich von der Kirche des dritten Jahrtausends erwartet – Zum Jahrestag von Amoris laetitia der Ausblick auf einen „Zustand permanenter Mission" (EG 25)

(Bild: © Mazur/catholicnews.org.uk)

Obwohl erst am 8.4.2016 der Öffentlichkeit vorgestellt, datiert das nachsynodale Schreiben *Amoris laetitia* auf den 19.3.2016, so dass gerade heute der erste Jahrestag, das erste Jubiläum dieses bedeutenden Lehrschreibens zu begehen ist. Es bringt gleich zu Beginn in AL 2-4 mehrfach den „synodalen Weg" ins Wort, auf dem es über zwei synodale Beratungen in den Jahren 2014 und 2015 und den vorausgehenden weltweiten Befragungen entstanden ist.

Synodalität ist allerdings nicht nur Weg, sondern auch gerade das Ergebnis von *Amoris laetitia,* deren weitere Ausarbeitung und Entfaltung sogar für die Rezeption des Lehrschreibens essenziell – wie die zweite Seite derselben Medaille – ist. Dass die damit verbundenen Gedanken noch einmal über den engeren Fragekreis des Lehrschreibens rund um ‚Ehe und Familie' hinausgehen, wurde auf der Jubiläumsfeier anlässlich '50 Jahre Bischofssynode' – mitten in der Familiensynode am 17.10.2015 – deutlich, auf welcher Papst Franziskus den seitdem oft zitierten Satz über den „Weg der Synodalität im 3. Jahrtausend" ins Wort brachte. Im Grundsatz zielt diese Formulierung auf eine Weiterentwicklung des Kirchenverständnisses, auf eine Ekklesiologie im Sinne des II. Vatikanischen Konzils:

‚Gemeinschaft des Volkes Gottes': Diese Formulierung umschreibt das neue Selbstverständnis der katholischen Kirche, wie es durch das Konzil geprägt wurde; die Gemeinschaft des Volkes Gottes, die in und aus Teilkirchen und in einer kollegialen Einheit der Einzelbischöfe mit dem Papst als dem „sichtbare[n] Prinzip und Fundament für die Einheit der Vielfalt von Bischöfen und Gläubigen" (LG 23) besteht – in Bereitschaft und „Öffnung für eine ständige Reform ihrer selbst." (EG 26) Im Zuge der Konzilsberatungen wurden zahlreiche synodale Strukturen der Kirche auf den verschiedenen Ebenen von Ortskirche, der Kirchenprovinzen und -regionen und der Weltkirche wiederentdeckt und auf die Anfänge der frühen Kirche bezogen.

„Seit den ersten Jahrhunderten [...] wurden Synoden, Provinzialkonzilien und schließlich Plenarkonzilien abgehalten, in denen die Bischöfe sowohl in bezug auf die Verkündigung der Glaubenswahrheiten als auch auf die kirchliche Disziplin eine einheitliche Regelung für verschiedene Kirchen festlegten. Diese Heilige Ökumenische Synode wünscht, daß die ehrwürdigen Einrichtungen der Synoden und Konzilien mit neuer Kraft aufblühen; dadurch soll besser und wirksamer für das Wachstum des Glaubens und die Erhaltung der Disziplin in den verschiedenen Kirchen, entsprechend den Gegebenheiten der Zeit, gesorgt werden." (CD 36)

Noch bis in die 90er Jahre schien es tatsächlich, dass die Kirche in dieser synodalen Neuausrichtung auf gutem Wege sei, dass sich in der Kirche sogar eine „synodale Bewegung" ergeben habe. Doch ist dieser zuletzt von Papst Johannes Paul II. im Jahr 1994 ins Wort gebrachte Eindruck in der nachfolgenden Zeit mehr und mehr zweifelhaft geworden. Papst Franziskus stellt in Hinblick auf nicht wenige synodale Gremien auf diözesaner Ebene (konkret nennt er: Priesterrat, Konsultorenkollegium, Kathedralkapitel und Pastoralrat) einundzwanzig Jahre später nüchtern fest, dass sie sich „manchmal mühselig dahinschleppen" und zukünftig wieder mehr „als Gelegenheit zum Zuhören und zum Teilen erschlossen werden" sollten. Noch deutlicher legt Papst Franziskus seit Beginn seines Pontifikats in einer kritischen Bestandsaufnahme ein besonderes Augenmerk auf die zweite, mittlere Ebene der Kirchenprovinzen und -regionen. Gerade auf dieser Ebene habe sich „[d]er Wunsch des Konzils, diese Organismen könnten zu einer Stärkung der Mentalität bischöflicher Kollegialität beitragen, [...] nicht völlig erfüllt."

Papst Franziskus deutet diese Bestandsaufnahme in seiner bedeutenden Rede zum 50jährigen Jubiläum der Bischofssynode – und inmitten der Beratungen der zu dieser Zeit tagenden Familiensynode am 17.10.2015 – in zwei Richtungen, um diese „Zwischeninstanzen der Kollegialität noch mehr zur Geltung zu bringen": einerseits in Richtung auf eine weitere Ausgestaltung dieser synodalen Ebene „durch Integration und Aktualisierung einiger Aspekte der alten Kirchenordnung" (wie am 8.2.2016 ausgeführt) und andererseits durch eine „Neuausrichtung des Papsttums", die der mittleren synodalen Ebene der Kirchenprovinzen und -regionen eine neue Bedeutung und Aufgabe zuschreibt. In Hinblick auf die an anderer Stelle als Bekehrung des Papsttums" (Radio Vatikan vom 17.10.2017) bezeichnete Neuausrichtung knüpft Franziskus an seinen Vorvorgänger Johannes Paul II. an, der bereits danach suchte, »eine Form der Primatsausübung zu finden, die zwar keineswegs auf das Wesentliche ihrer Sendung verzichtet, sich aber einer neuen Situation öffnet«. (EG 32 bzw. US 95) Für Papst Franziskus ist die katholische Kirche in dieser Neuausrichtung bislang „auf halbem Wege, auf einem Teil des Weges" und betont in der erwähnten Jubiläumsansprache einen mittlerweile oft zitierten Passus aus seinem ersten Lehrschreiben *Evangelii Gaudium* 16, den er in einer ähnlichen Weise auch zu Beginn von AL 3 aufgenommen.

„Wie ich bereits betont habe, ist es in einer synodalen Kirche ‚nicht angebracht, dass der Papst die örtlichen Bischöfe in der Bewertung aller Problemkreise ersetzt, die in ihren Gebieten auftauchen. In diesem Sinn spüre ich die Notwendigkeit, in einer heilsamen Dezentralisierung voranzuschreiten.' Genau dieser Weg der Synodalität ist das, was Gott sich von der Kirche des dritten Jahrtausends erwartet."

Papst Franziskus weiß bereits seit Beginn seines Pontifikates, dass wir „[i]n diesem Sinn [...] wenig vorangekommen" sind. „Auch das Papsttum und die zentralen Strukturen der Universalkirche haben es nötig, dem Aufruf zu einer pastoralen Neuausrichtung zu folgen. Eine übertriebene Zentralisierung kompliziert das Leben der Kirche und ihre missionarische Dynamik, anstatt ihr zu helfen." Eine erste, bereits auf den Weg gebrachte Institution auf der Ebene der Regionalkirchen ist für Franziskus die Bischofskonferenz:

„Das Zweite Vatikanische Konzil sagte, dass in ähnlicher Weise wie die alten Patriarchatskirchen » die Bischofskonferenzen vielfältige und fruchtbare Hilfe leisten [können], um die kollegiale Gesinnung zu konkreter Verwirklichung zu führen «. Aber dieser Wunsch hat sich nicht völlig erfüllt, denn es ist noch nicht deutlich genug eine Satzung der Bischofskonferenzen formuliert worden, die sie als Subjekte mit konkreten Kompetenzbereichen versteht, auch einschließlich einer gewissen authentischen Lehrautorität." (EG 32)

Wir wissen, dass seit Ende des Jahres 2014 eine Arbeitsgruppe der Internationalen Theologischen Kommission der Glaubenskongregation an einem Grundsatzpapier zur Synodalität arbeitet, das mittlerweile schon sehr weit gediehen ist. Und mit an Sicherheit grenzender Wahrscheinlichkeit wird es nicht nur den Status und Kompetenzbereich der Bischofskonferenzen berühren und deutlicher beschreiben, sondern darüber hinaus die Bedeutung der Synodalität als konstitutives Element kirchlichen Lebens auf der Ebene der Kirchenprovinzen und -regionen wie auch der Universalkirche darüber hinausgehend betonen, ja einfordern – und darin das Kirchenverständnis der katholischen Kirche im Sinne des II. Vatikanischen Konzils unterstreichen und weiterführen. Wir dürfen gespannt sein:

Der synodale Weg einer „Kirche im Aufbruch" (EG 20, 24, 46) führt – gründend in einer in Mittel- und Südamerika besonders beheimateten Ekklesiologie des pilgernden Volkes Gottes – in Fortsetzung der Bewegungsrichtung zu einem „Zustand permanenter Mission" (EG 25), der vom Lehrschreiben Amoris laetitia bereits antizipiert, ja vorausgesetzt wird (wie bereits im Blog-Beitrag am 8.2.2016 ausgeführt).

Samstag, 8. April 2017
Ein Jahr Amoris laetitia! – Was bleibt, was noch kommt und wie Amoris laetitia die Kirche bereits jetzt verändert hat!

(Bild: © Mazur/catholicnews.org.uk)

„Man wird ‚Amoris laetitia' nur verstehen, wenn man den Paradigmenwechsel nachvollzieht, den dieses

Schreiben unternimmt", schreibt Kardinal Walter Kasper über das auch ein Jahr nach seiner Veröffentlichung am 8.4.2016 immer noch heftig diskutierte Lehrschreiben von Papst Franziskusam 8.4.2016. Auf den Tag genau ein Jahr danach ist das Dokument immer noch ganz obenauf in der theologischen Diskussion und der Agenda der Kirche – leider allerdings mit einer medialen Schieflage entweder in Hinblick auf die Diskussion um den Umgang mit wiederverheiratet Geschiedenen, im Spontanreflex der Intensivierung der Ehepastoral – so wichtig diese Themen für sich genommen auch sind – oder hinsichtlich der Bedeutung des naturrechtlichen Typus ethischer Urteilsbildung (wie sie von vier Kardinälen in sogenannten ‚Dubia' reklamiert wird; s.u. S. 395).

Bei der Aktualisierung des Themenregisters des Synodentagebuches (das ebenso für den Internetblog bei der Stichwortsuche helfen kann und auf http://www.familiensynode.blogspot.de online hinterlegt ist) sprangen mir die roten Linien der theologischen Entwicklungen über die hinzugekommen Stichwörter und deren Verweisstellen der vergangenen drei Jahre noch einmal deutlicher in die Augen. Im Blick auf diese nunmehr mehrfach überarbeitete Konkordanz der zentralen Themen möchte ich die Fragen „Was bleibt von Amoris laetitia, was kommt noch und wie Amoris laetitia die Kirche bereits verändert hat?' in sechs Schritten auf den Punkt zu bringen versuchen:

‚Wahrnehmen' - oder die ‚Symphonie der Verschiedenheit'

Wahrnehmen/Wahrnehmung 19, 33, 43, 56, 76, 80, 86, 100, 128, 142, 144, 146, 148, 152, 153, 160, 183, 200, 201, 213, 237, 290, 304, 313, 349, 359, 351, 366, 391, 394 (s. Befragung; s. Fragebogen; s. Hören; s. Lebenswirklichkeit; s. Moderne/Reale Welt; s. Realismus; s. Realität/ Realitätsnähe; s. Sehen/Hinsehen; s. Umfrage/ Befragung; s. Wirklichkeit; s. Zuhören)

Symphonie der Verschiedenheit 149, 263, 330, 391 (s. Diversität; s. Einheit; s. Verschiedenheit der Kulturen; s. Verschiedenheit von Lebensformen; s. Verschiedenheit der Kulturen; s. Vielfalt/Vielfältig)

Wörter, die das ‚Wahrnehmen von Lebenswirklichkeit' in den verschiedensten Bedeutungen zum Ausdruck bringen, gehörten zum Ausgangspunkt des synodalen Weges der vergangenen drei Jahre. Zwei weltweite Befragungen vor den Familiensynoden der Jahre 2014 und 2015 richteten den Blick auf die Lebenswelt der Menschen „in der modernen Welt" im Kontext von Ehe und Familie. Mithilfe eines realistischen Frageansatzes sollte vermieden werden, dass die Antworten nur von der kirchlichen Lehre und deren Schlussfolgerungen ausgehen (s.o. S. 87). Zu Tage gefördert haben sie eine kulturelle Vielfalt, eine ‚Symphonie der Verschiedenheit', die am Ende der Familiensynode des Jahres 2015 zur Beschreibung der Katholischen Kirche als „Diversität und Einheit in der Synodalität" führte. Schon früh zeichnete sich in der Wertschätzung der Verschiedenheit der Kulturen für den weiteren Verlauf der synodalen Beratungen ab: „der Weg [der Einbezug der verschiedenen Kulturen] ist das Ziel; das Problem die Lösung" (s. etwa die Beiträge vom 19. Mai 2015 und 8.2.2016).

‚Stufenweises Wachstum' – oder das ‚Prinzip der Gradualität'

Gradualität 23, 24, 26, 27, 58, 95, 96, 117, 126, 135, 150, 164, 172, 351, 352, 392 (s. Gesetz der Gradualität; s. Prinzip der Gradualität)

Stufen/ Grade/Wachstums-/Vervollkommnungsstufen 58, 126, 135, 137, 145, 151, 172, 209, 236, 237, 252, 352, 392 (s. Entfaltung; s. Dynamischer Prozess; s. Graduelle Reifung/ Stufen/ Verwirklichungsformen; s. Schrittweise Annäherung/ Entdeckung/ Öffnung/ Reifung; s. Wachsen/ Wachstum; s. Vervollkommnung)

Früh war ebenfalls bereits in der ersten Beratungswoche der Familiensynode 2014 der Begriff der Gradualität bedeutsam geworden, in der der Mensch in einem „dynamischen Prozess von Stufe zu Stufe" (vgl. AL 122, 295) sein Leben entfalten kann – bis hin zu der „besonderen" (AL 125; 207) oder sogar „größten Freundschaft" (AL 123) der Ehe. Ohne das Ideal von Ehe und Familie zu relativieren, prägt das Plädoyer für die Durchlässigkeit menschlichen Lebens auf allen seinen Entfaltungs- und Vervollkommnungsstufen für die göttliche Liebe die alle blickverengende Erstarrung aufbrechende Perspektive des nachsynodalen Schreibens „Amoris laetitia". Sie führt dazu, dass jüngst etwa der Passauer Bischof

Stefan Oster die Segnung von nicht verheirateten Paaren vorschlug; ein Gedanke der vormals – befangen in einem naturrechtlichen Denkhorizont – undenkbar bzw. (wie ich es selbst bei der Dissertation in doppelter Weise erlebte) unsagbar gewesen wäre.

‚Der liebevolle Blick' - oder der ‚Strom der Barmherzigkeit'

Strom/Fluss der Barmherzigkeit 152, 153, 155, 164, 165, 167, 171, 315, 330, 393 (s. Barmherzig/ Barmherzigkeit; s. Barmherziger Blick; s. Göttliche Pädagogik; s. Liebevoller Blick; s. Medizin/Salböl der Barmherzigkeit; s. Schöpfungstheologie; s. Zärtlichkeit)

Wertschätzen/Wertschätzung 10, 23-25, 28, 47, 51, 55, 58, 80, 100, 124, 127, 128, 135, 149, 151-153, 160, 164, 190, 213, 216, 217, 228, 234, 249, 268, 283, 285, 311, 318, 325, 351, 353, 368, 393 (s. Anerkennen/ Anerkennung; s. Annahme/Annehmen; s. Positiver/Achtungsvoller/Wertschätzender Blick; s. Sehen/ Hinsehen; s. Zuhören)

Mit der Ausrufung des Jubiläumsjahres der Barmherzigkeit (vgl. Beitrag vom 19.4.2015) hob Papst Franziskus in neuer Weise das christliche Grundmotiv der barmherzigen Liebe hervor, das auch der leitende Grundgedanke zum Verständnis des gesamten synodalen Weges sowie des nachsynodalen Schreibens Amoris laetitia ist. Die Barmherzigkeit – allen Menschen gegenüber bis zu den „existentiellen Peripherien" – meint für Papst Franziskus aber nicht ein moralisches Sollen, sondern führt in eine positive

Beschämung hinein, selbst zärtlich geliebt zu sein und darin auch selbst mitgerissen zu werden in einem wahren ‚Fluss der Barmherzigkeit' (Instrumentum laboris 106). Die persönliche Widerfahrnis der Liebe ermöglicht auf neue Weise den ‚liebevollen Blick' auf Welt und Schöpfung ebenso wie für die liebevolle Zuwendung und Wertschätzung zu jedem einzelnen Menschen, für die Liebe, die niemanden und nichts ausschließt. „Wie sehr braucht doch die Welt von heute Zärtlichkeit!" (Vgl. Beitrag vom 1.9.2015)

‚Begleiten – Unterscheiden – Einbeziehen' - oder die ‚Kunst der Begleitung'

Kunst der Begleitung 25, 27, 60, 81, 82, 149, 394 (s. Begleiten/Begleitung)

Begleiten-Unterscheiden-Einbeziehen 366, 369, 370-372, 366, 376, 377, 378, 381, 394 (s. Annahme-Begleitung-Unterscheidung-Einbeziehung; s. Einbeziehen/Einbeziehung; s. Hören-Maß nehmen-Deuten/Unterscheiden; s. Integration; s. Sehen-Mitleid haben-Lehren; s. Unterscheidung; s. Wahrnehmen-Rückbindung an die Botschaft Christi-Unterscheiden)

Die ‚Kunst der Begleitung' (EG 169) ist seit dem Lehrschreiben *Evangelii gaudium* ein zentrales Thema des Pontifikates von Papst Franziskus. Im Rahmen des synodalen Prozesses wurde diese Kunst, die Füße auszuziehen vor dem Heiligen Boden des Nächsten (vgl. Ebd.) und der liebevollen Begleitung in verschiedenen didaktischen Dreischritten kurzgefasst: „Hören – Maß nehmen – Deuten/ Unterscheiden" oder etwa „Annahme – Begleitung – Unterscheidung – Einbeziehung". Es ist dies die von Franziskus als ‚Pädagogik der Gnade' (AL 279), als ‚Pädagogik der Liebe' (AL 211) oder als ‚Göttliche Pädagogik' (AL 78) bezeichnete Weise einer barmherzigen Liebe, in der niemand für immer verloren oder ausgeschlossen ist (MV 12; AL 308). Bezogen darauf wird die – bislang in der Logik naturrechtlichen Denkens undenkbare – sakramentale Zulassung von wiederverheiratet Geschiedenen in konkreten Einzelfällen möglich, wie es am 1.2.2017 von den deutschen Bischöfen rezipiert wurde. Zugleich wird im ethischen Diskurs der Paradigmenwechsel von einem vornehmlich naturgesetzlich ansetzenden Denken hin zu einer Öffnung für weitere Begründungsansätze ethischen Handelns – wie etwa der Tugend-, Beziehungs- oder Verantwortungsethik – und die Wertschätzung der Bedeutung der je persönlichen praktischen Vernunft des einzelnen Menschen vollzogen.

Im ‚Zustand permanenter Mission' – oder ‚Kirche im Aufbruch'

*Kirche im Aufbruch 8, 49, 117, 119, 136, 395, 396
  (s. Synodale Kirche; s. Volk Gottes)*

*Verkünden/Verkündigung 37, 41, 61, 88, 93, 97, 119,
  121, 132, 135, 148, 149, 168, 175, 191, 208,
  255, 279, 288, 311, 328, 342, 352, 361, 364,
  385, 395 (s. Evangelium; s. Freude des
  Evangeliums/der Verkündigung)*

*Permanente Mission 8, 383, 389, 395 (s. Mission;
  s. Zustand permanenter Mission)*

Papst Franziskus ist – wie wir heute wissen – im Konklave am 13. März 2013 zum Papst gewählt worden, nachdem er zuvor den Kardinälen in einer aufrüttelnden Analyse dafür sensibilisierte, dass ihm scheine, dass Christus in dem von Skandalen wie von einem verrechtlichten Denken geprägten ‚Haus der Kirche' heute „von innen klopft, damit wir ihn herauskommen lassen". Was den zu wählenden Papst angeht, plädierte der heutige Papst für eine Person, die „aus der Betrachtung Jesu Christi und aus der Anbetung Jesu Christi der Kirche hilft, an die existenziellen Enden der Erde zu gehen, der ihr hilft, die fruchtbare Mutter zu sein, die aus der ‚süßen und tröstenden Freude der Verkündigung' lebt." Papst Franziskus führt neu zu einer ‚Kirche im Aufbruch' (EG 20), eines Volkes Gottes im ‚Zustand permanenter Mission' – mit einer Freude an der Verkündigung der frohen Botschaft der zärtlichen Liebe Gottes.

Der ‚Weg der Synodalität' – oder die ‚heilsame Dezentralisierung'

Weg der Synodalität 357, 383, 384, 387, 396
   (s. Diversität und Einheit in der Synodalität;
   s. Synodale Kirche; s. Synodaler Prozess;
   s. Synodaler Weg; s. Synodales Prinzip;
   s. Synodalität)

Dezentralisierung 258, 261, 294, 309, 327, 328, 332,
   342, 387, 396 (s. Bekehrung des Papsttums)

Neuausrichtung des Papstamtes 315, 385-387, 396
   (s. Ecclesia semper reformanda; s. Papstamt;
   s. Primat; s. Primatsausübung)

‚Der Weg ist das Ziel', lautete auch während der entscheidenden Synode 2015 (vgl. den Beitrag vom 17.10.2015; vgl. auch den Beitrag vom 19.5.2015) ein vorgezogenes Resümee des vorangehenden synodalen Prozesses. Die synodalen Befragungen (s. S. 391) standen am Anfang; und paradoxerweise war gerade die Feststellung der Unterschiedlichkeit der Kulturen in der Abschlussansprache derselben Synode eines der wichtigsten Ergebnisse überhaupt (s. Ebd.). In AL 3 wiederholt Papst Franziskus, dass jedes allgemeine Prinzip inkulturiert werden und auf regionaler Ebene weitergedacht, dekliniert und rezipiert werden muss. In diesem Zusammenhang unterstreicht Papst Franziskus zum 50jährigen Synodenjubiläum eine Neuausrichtung des Papstamtes, das im Sinne einer heilsamen Dezentralisierung seine Aufgabe, „Prinzip und Fundament der Einheit der Vielfalt" (LG 23) zu sein, auf neue Weise finden muss. In einem Zugleich mit einer neuen Weise der Primatsausübung muss den Orts- und Teilkirchen das damit verbundene Maß an Lehrautorität auch formell zugesprochen werden. Diese Neubestimmung der Kirchenverfassung steht freilich – wie zuletzt im Beitrag vom 19.3.2017 betont – noch bevor und ist der letzte, formale Schritt für eine synodale Kirche ‚im Aufbruch' (EG, 20, 24, 46), für einen ‚Zustand permanenter Mission" (EG 25), dessen letzter Stand sich auf der fortlaufend aktualisierten Blogseite www.familiensynode.blogspot.de nachlesen lässt.

Personenverzeichnis

Alighieri, Dante 158

Angenendt, Arnold 338

As Zamberline, Arturo 36

As Zamberline, Hermelinda 36

Assis, Raymundo Damasceno, Kardinal, Erzbischof von Aparecida / Brasilien 27, 64, 271, 299, 305, 306, 309

Augustinus 100, 107, 110, 113, 301, 322, 337

Baldisseri, Lorenzo, Kurienkardinal, Generalsekretär der Bischofssynode 14, 15, 23, 76, 192, 193, 253, 293, 345, 366, 372

Basilius 158, 161

Baumhauer, Otto 8

Beck, Ulrich 129

Beck-Gernsheim, Elisabeth 129

Bergoglio, Jorge Mario, von 1998-2013 Erzbischof von Buenos Aires / Argentinien 175, 361 (s.u. Papst Franziskus)

Bode, Franz-Josef, Bischof von Osnabrück / Deutschland 116, 195, 274, 373, 374

Brandmüller, Walter, Kardinal, ehemaliger Präsident des Päpstlichen Komitees für Geschichtswissenschaft 372

Buch, Aloys 214, 215, 273, 275

Buch, Petra 214, 215, 273, 275

Burke, Raymond Leo, Kardinal, ehemaliger Erzbischof von St. Louis / USA und bis 2014 Prä-

fekt der Apostolischen Signatur; seit 2014 Kardinalpatron des Malteserordens 372

Caffarra, Carlo, Kardinal, ehemaliger Erzbischof von Bologna / Italien 372

Carlos Aguiar Retes, Erzbischof von Tlalnepantla / Mexiko 243

Celli, Claudio Maria, Kurienerzbischof, Vorsitzender des Päpstlichen Rats für die sozialen Kommunikationsmittel 190, 191

Chaput, Charles Joseph, Erzbischof von Philadelphia / USA 194

Chenu, M.-Dominique 334, 338, 341

Christmann, Heinrich Maria 145

Clemens von Alexandrien 301

Cole, Sharron 251

Coleridge, Mark, Erzbischof von Brisbane / Australien 265, 266, 268

Cordes, Josef, Kardinal, emeritierter Kurienkardinal 120

Darwin, Charles 140

De Rezende, Ketty 224

De Rezende, Pedro 224

De Simone in Miano, Giuseppina 347

Denzinger, Heinrich 191, 457

Dorantes, Manuel 241, 267,

Dörnemann, Holger 8, 102, 141, 143, 461

Durocher, Paul-André, Erzbischof von Gatineau / Kanada 33, 189-191

Duval-Poujol, Valérie 40

Eberl, Ute 37, 38, 41

Erdö, Péter, Kardinal, Erzbischof von Esztergom-Budapest / Ungarn 19, 40, 44, 45, 51, 52, 182, 183, 185, 186, 209, 212, 293, 306

Ferrauto, Romilda 208, 241

Filoni, Fernando, Kurienkardinal 50, 52

Fisichella, Rino, Kurienerzbischof 52, 54, 56

Forte, Bruno, Erzbischof von Chieti-Vasto / Italien 44, 146, 185, 186, 306

Franz von Assisi 38, 161, 173, 174, 180, 359, 360

Franziskus, Papst 8, 13, 14, 16, 17, 21, 24, 26-30, 34, 38, 39, 41, 42, 45, 48, 53, 54, 57, 58, 61, 65, 68, 69, 71, 77, 78, 81, 84-88, 95, 98, 102, 117, 120-123, 126, 129, 131-133, 138-141, 146-148, 152-157, 159-163, 165-177, 17-182, 184-186, 190-192, 211, 213, 215, 218, 219, 225, 233, 244, 245, 253, 254, 257-264, 267, 271, 275-277, 302-304, 307, 310, 313-316, 318, 319, 323, 324, 326-329, 331, 333-335, 341, 343, 349, 350, 351, 352, 354-357, 359-362, 365, 367, 369, 370, 372, 375, 380, 382, 384, 388, 393-396

Freud, Sigmund 140

Fuchs, Thomas 340

Gadecki, Stanislaw, Kardinal, Erzbischof von Posen / Polen 243, 244, 274, 281

Galilei, Galileo 140

Galli, Mario von 8

Glück, Alois 84

Gómez, José Horacio, Erzbischof von Los Angele / USA 294, 297

Gracias, Oswald, Kardinal, Erzbischof von Bombay / Indien 64, 293-296

Gregor der Große 255

Greshake, Gisbert 159

Guérin, Marie-Azélie 258, 264

Hagenkord, Bernd 35, 38, 46, 57, 70, 213, 220, 241, 244, 268

Hildegard von Bingen 161

Hiob 301

Hünermann, Peter 191, 331, 332, 457

Hutter, Christoph 373

Ignatius Joseph III. Younan, Patriarch von Antiochien 197

Innozenz III., Papst 173, 174, 359, 360

Janson, Hervé, Generalprior der Kleinen Brüder Jesu / Frankreich 305

Jeanne d'Arc 244

Johannes Paul I., Papst 39

Johannes Paul II., Papst 39, 122-124, 142, 179, 238, 250, 262, 291, 295, 297, 328, 338, 385, 386

Johannes XXIII., Papst 28, 35, 285

Kasper, Walter, Kardinal, ehemaliger Präsident des Päpstlichen Rates zur Förderung der Einheit der Christen 12, 120, 274, 281, 390

Koch, Heiner, Erzbischof von Berlin / Deutschland 116, 195, 199, 200, 207, 210, 213, 216, 274, 280, 282

Kreidler-Kos, Martina 373

Kurtz, Joseph Edvard, Erzbischof von Louisville / USA 52-55, 202, 203

Lacroix, Gérald Cyprien, Kardinal, Erzbischof von Quebec 298, 299

Lombardi, Federico 31, 37, 49, 50, 53, 54, 64, 185, 186, 191, 202, 207-209, 211, 221, 225, 230, 241, 265, 277, 298, 306

Lütz, Manfred 335, 343

Luther, Martin 160

Maradiaga, Óscar Andrés Rodriguez, Kardinal, Erzbischof von Tegucigalpa / Honduras, Präsident von Caritas Internationalis und Koordinator des Kardinalsrates 34, 36, 38

Martin, Eamon, Erzbischof von Armagh / Irland 277

Martin, Diarmuid, Erzbischof von Dublin / Irland 39, 40

Martin, Louis 212, 258, 264

Martin, Zelie 212, 258, 264

Marx, Reinhard, Kardinal, Erzbischof von München und Freising / Deutschland 12, 17, 21, 24, 53, 59, 60, 61, 63, 85, 116, 173, 187, 188, 194, 207, 209, 227, 248, 252, 253, 274, 277, 281, 299, 326, 359, 361

Maximus Confessor 301

McQueen, Moira 225

Meister Eckhart 161

Meisner, Joachim, Kardinal, ehemaliger Erzbischof von Köln / Deutschland 372

Menichelli Eduardo, Kardinal, Erzbischof von Ancona-Osimo / Italien 197, 198, 201

Miano, Francesco 347

Moos, Adelheid 109

Müller, Gerhard Ludwig, Kurienkardinal, Präfekt der Glaubenskongregation 274, 299

Napier, Wilfried Fox, Kardinal, Erzbischof von Durban / Südafrika 50, 51, 271

Nichols, Vincent Gerard, Kardinal, Erzbischof von Westminster / England 230, 232, 233, 273, 299

Nyirabukeye, Thérèse 225

Ortega, Jaime, Kardinal, Erzbischof von Havanna / Kuba 174, 360

Osoro Sierra, Carlos, Erzbischof von Madrid / Spanien 202, 203

Oster, Stefan, Bischof von Passau 120, 393

Ouédraogo, Philippe, Kardinal, Erzbischof Ouagadougou / Burkina Faso 230, 231

Palmer-Buckle, Charles-Gabriel, Erzbischof von Accra / Ghana 197, 231

Paul VI., Papst 13, 21, 39, 71, 73, 74, 123, 251, 253, 254, 323

Paulus 73, 244, 276, 292

Pell, George, Kardinal, Präfekt des Sekretariats für Wirtschaft 192, 225, 281, 342

Pius XI., Papst 123, 124

Pius XII., Papst 123, 124

Pontier, Georges Paul, Erzbischof von Marseille / Frankreich 60, 61

Ravasi, Gianfranco, Kurienkardinal 64

Rahner, Karl 8

Romero y Galdámez, Óscar Arnulfo   156

Rosica, Thomas   28, 35, 221, 241, 243, 246

Salazar Gomez, Rubén, Kardinal, Erzbischof von Bogotá / Kolumbien   230

Sanna, Cecilia   115

Sarah, Robert, Kurienkardinal, Präfekt der Gottesdienstkongregation / Guinea   299

Satyarthi, Kailash   29

Schönborn, Christoph, Kardinal, Erzbischof von Wien / Österreich   25, 26, 52, 57-59, 81, 88, 95, 96, 195, 226, 227, 254-256, 270, 272, 274, 295, 299, 300, 302, 306, 308, 344, 347

Schröder, Jeremias, Erzabt, Abtpräses der Missionsbenediktinerkongregation von St. Ottilien   189, 214, 218, 221, 225, 227, 247, 250, 272

Seiler, Frank   112

Sistach, Lluís Martínez, Kardinal, Erzbischof von Barcelona / Spanien   53, 54, 270, 271, 299

Solmi, Enrico, Erzbischof von Parma / Italien   265, 267

Spadaro, Antonio, Chefredakteur der Civiltà Cattolica   192

Sturla Berhouet, Daniel Fernando, Kardinal, Erzbischof von Montevideo / Uruguay   277

Tagle, Luis Antonio Gokim, Kardinal, Erzbischof von Manila / Philippinen   44, 45, 48, 202-204, 206, 226, 271

Teresa von Avila   100, 103, 107, 110, 113, 244

Theising, Wilfried Bernhard, Weihbischof von Münster / Deutschland   116

Thérèse von Lisieux   212, 258, 264

Thomas von Aquin 26, 100, 103, 107, 110, 113, 114, 141, 145, 161, 236, 275, 301, 302, 313, 348, 461

Thornton, Timothy, anglikanischer Bischof von Truro / England 247

Turkson, Peter Kodwo Appiah, Kurienkardinal, Präsident des Päpstlichen Rates für Gerechtigkeit und Frieden / Ghana 298, 299, 303

Twal, Fouad, Patriarch von Jerusalem / Israel 265

Vallini, Agostino, Kardinal, Kardinalsvikar der Diözese Rom 365

Vingt-Trois, André, Kardinal, Erzbischof von Paris / Frankreich 32, 185, 186, 271

Wiesemann, Karl-Heinz, Bischof von Speyer / Deutschland 116

Woelki, Rainer Maria, Kardinal, Erzbischof von Köln / Deutschland 101, 121

Wuerl, Donald, Kardinal, Erzbischof von Washington / USA 269

Yousafzai, Malala 29

Zapata, Paloma 105

Stichwortverzeichnis

I. Vatikanisches Konzil 263, 329

II. Vatikanisches Konzil 8, 17, 23, 28, 35, 44, 47, 49, 58, 63, 87, 101, 121, 123, 124, 131, 132, 159, 160, 176, 182, 208, 248, 256, 262, 303, 315, 321-324, 329, 331, 333, 334, 349, 351, 353, 354, 368, 384, 385, 386, 388, 389

Abstimmung 66, 67, 77, 78, 206, 266, 305, 306 *(s. Einmütig/Einmütigkeit; s. Einstimmig/ Einstimmigkeit; s. Ergebnisse der Synode)*

Accoglienza/Accogliere 57, 60, 65, 68, 207

Accompagnamento/ Accompagnare 57-59, 60, 65, 66, 68, 204, 222

Achtungsvoller Blick (s. Positiver/Achtungsvoller/ Wertschätzender Blick)

Afrika/Afrikanisch 28, 50, 197, 231, 232, 271, 294

Aggiornamento (s. Verheutigung) 121, 342

Alleinerziehende 37, 223, 317, 377, 382

Altes Testament 142 *(s. Bibel/Biblisch; s. Heilige Schrift)*

Amerika/Amerikanisch 34, 52, 55, 147, 153, 154, 203, 243, 309

Amicitia 125 *(s. Freundschaft)*

Amicizia 113-116, 276 *(s. Freundschaft)*

Amistad 102-105 *(s. Freundschaft)*

Amitié 105-109 *(s. Freundschaft)*

Amoris laetitia 7, 8, 344, 345, 347-350, 352-359, 365, 368, 369, 371-384, 387, 389, 390, 392, 393, 395, 397, 458, 460 *(s. Nachsynodales Schreiben)*

Analog/Analogie 22, 24, 47, 58, 96, 97, 99, 100, 102, 103, 106, 107, 111, 114, 117, 118, 135, 145, 172, 349, 364, 373

Anerkennen/Anerkennung 10, 24, 43, 135, 142, 210, 233, 274, 288, 317, 318, 347, 393 *(s. Annahme/Annehmen; s. Wertschätzen/ Wertschätzung)*

Angelus-Gebet 42, 154, 182, 183

Angst 37, 71, 152, 168, 214, 304, 315, 319, 322

Ankündigungsbulle 153, 171 (s. Misericordiae vultus)

Annahme/Annehmen 139, 366, 393, 394 *(s. Anerkennen/Anerkennung; s. Annahme-Begleitung-Unterscheidung-Einbeziehung; s. Wertschätzen/ Wertschätzung)*

Annahme-Begleitung-Unterscheidung-Einbeziehung 366, 394 *(s. Annahme/Annehmen; s. Begleiten-Unterscheiden-Einbeziehen).*

Annullierung 21 *(s. Ehenichtigkeit)*

Anpassung an den Zeitgeist 19, 76, 125 *(s. Aggiornamento; s. Verheutigung; s. Ecclesia semper reformanda; s. Mainstream; s. Zeichen der Zeit; s. Verheutigung)*

Anthropologie/Anthropologisch 8, 122, 163, 339, 340

Anwendung 87, 92, 118, 150, 199, 208, 236, 365

Apostolica sollicitudo 73, 254

Apostolisches Schreiben/Lehrschreiben (s. Amoris laetitia; s. Evangelii Gaudium; s. Familiaris consortio; s. Misericoria et misera)

Apostelkonzil 255, 256

Applikation 236, 308 *(s. Klugheit; s. Praktische Vernunft; s. Praktische Wahrheit)*

Arm/Armut 30, 35, 150, 175, 177, 180, 197, 205, 223, 242, 321, 382, 459 *(s. Not/Nöte)*

Asien 294

Aufbruch (s. Kirche im Aufbruch)

Auferstehung 130, 159, 168

Aufrichtigkeit 184 *(s. Ehrlich/Ehrlichkeit; s. Freimut; s. Parrhesia)*

Ausschluss 28, 250, 364, 371, 379 *(s. Zulassung zu den Sakramenten; s. Nichtzulassung)*

Baptistische Kirche 40

Barmherzig/Barmherzigkeit 8, 12, 25, 28, 30, 31, 33-35, 58, 61, 71, 79, 88, 93, 94, 116, 119, 121, 128-133, 135, 137, 152, 153, 158, 163-169, 171-173, 177, 178, 183, 201, 207, 208, 233-235, 263, 264, 275, 279, 283, 292, 303, 311, 312, 313-315, 321-324, 330, 351, 353, 354, 364, 367, 393, 395 *(s. Liebe; s. Barmherziger Blick; s. Medizin der Barmherzigkeit; s. Salböl der Barmherzigkeit; s. Strom der Barmherzigkeit; s. Zärtlich/Zärtlichkeit)*

Barmherziger Blick 353, 393 *(s. Liebevoller Blick; s. Positiver/Achtungsvoller/ Wertschätzender Blick)*

Befragung (s. Umfrage/Befragung; s. Fragebogen)

Bekehrung der Sprache 345 *(s. Sprache; s. Sprachfähigkeit)*

Bekehrung des Papsttums 261, 328, 386, 396 *(s. Neuausrichtung; s. Papstamt; s. Primat)*

Befreiungstheologie 156, 160

Begleiten/Begleitung 20, 25-27, 46, 48, 58, 61, 65, 66, 81, 82, 85, 94, 96, 118, 134, 149, 177, 179, 186, 203, 205-208, 212, 220, 223, 229,

235, 237, 238, 249, 263, 290, 291, 299, 303, 310, 311, 316-319, 330, 357, 364-366, 369-374, 376, 378 (s. Begleiten-Unterscheiden-Einbeziehen; s. Ehebegleitung; s. Kunst der Begleitung; s.u.)

Begleiten-Unterscheiden-Einbeziehen 366, 369, 370-372, 366, 376, 377, 378, 381, 394 (s. Annahme-Begleitung-Unterscheidung-Einbeziehung; s. Begleiten/Begleitung; s. Dreischritt; s. Einbeziehen/Einbeziehung; s. Hören-Maß nehmen-Deuten/ Unterscheiden; s. Kriterien der Gewissensbildung/ Unterscheidung; s. Sehen-Mitleid haben-Lehren; s. Unterscheiden/ Unterscheidung)

Begleitung von Familien 58, 81, 94, 205, 235, 303, 316, 317 (s. Begleiten/Begleitung)

Begleitung von Menschen in Trennung/ in schwierigen Lebenssituationen 20, 186, 317 (s. Begleiten/Begleitung)

Begleitung wiederverheiratet Geschiedener 66, 94, 85, 96, 118, 134 (s. Begleiten/ Begleitung)

Begründungsansätze ethischen Handelns 395 (s. Beziehungsethik; s. Naturrecht/ Naturrechtlich; s. Tugend/-ethik/-lehre; s. Verantwortungsethik)

Berufung 6, 8, 22, 144, 173, 175, 176, 201, 240, 250, 264, 282, 283, 287, 289, 314, 325, 330, 336, 346, 348

Beschämt/Beschämung 38, 170, 171, 394

Beten (s. Gebet)

Beziehungsethik 341, 395 (s. Begründungsansätze ethischen Handelns)

Beziehungspastoral 370 (s. Ehepastoral)

Bibel/Biblisch 28, 40, 97, 99, 100, 104, 106, 108, 110, 113, 114, 111, 125, 127, 140, 143, 143, 160, 204, 205, 278, 299, 301, 375 *(s. Altes Testament; s. Neues Testament; s. Heilige Schrift)*

Bischöfe 12, 17, 26, 33, 39, 77, 81, 85, 87, 96, 97, 116-120, 134, 137, 152, 161, 189, 197, 215, 231, 257, 263, 269, 278, 279, 283, 291, 299, 309, 317, 319, 327, 329, 325, 329, 345, 350, 356, 359, 364, 368-375, 383, 384, 387

Bischofssynode (s. Familiensynode)

Bischofskonferenz 12, 34, 45, 52, 53, 55, 60, 85, 95, 116, 118, 126, 131, 137, 142, 150, 187, 197, 203, 206, 211, 214, 217, 228, 233, 243, 315, 356, 361, 373, 383, 388 *(s. Deutsche Bischofskonferenz; s. Synodale Gremien; s. Synodale Strukturen)*

Blick (s. Liebevoller, Barmherziger, Positiver/ Achtungsvoller/Wertschätzender Blick)

Botschaft 21, 30, 46, 51, 58, 62-65, 67, 68, 75, 79, 81, 82, 85, 92, 93, 121, 135, 137, 145, 162-163, 169, 171, 180, 204, 216, 263, 264, 270, 279, 307, 351, 353, 357, 367, 375, 394, 396 *(s. Evangelium; s. Frohe Botschaft)*

Bulle 128, 132, 135, 153, 171 *(s. Misericordiae vultus)*

Bund Gottes 97 *(s. Ehebund; s. Foedus)*

Buße 291, 292, 381 *(s. Bußsakrament/Sakrament der Versöhnung; s. Versöhnung)*

Bußsakrament/Sakrament der Versöhnung 371, 377, 380, 381 *(s. Buße; s. Vergebung; s. Versöhnung)*

Casti connubii 124

Christus (s. Jesus Christus)

Circoli minori 40, 45, 50-55, 58, 59, 61, 181, 191, 193, 194, 196, 198, 199, 202, 204, 206, 219, 220, 224, 225, 228, 233, 239, 241, 252, 253, 266, 268, 270, 272-274, 277, 279, 296, 300, 307, 336

Concept-clé 105, 109 (s. Denkform; s. Schlüssel/-wörter/-begriffe/-gedanken)

Concepto central /clave 102, 105 (s. Denkform; s. Schlüssel/-wörter/-begriffe/-gedanken)

Concetto chiave 112 (s. Denkform; s. Schlüssel/-wörter/-begriffe/-gedanken)

Dankbar/Dankbarkeit 45, 53, 65, 117, 216, 224, 298, 316, 318

Dei verbum 124, 255

Demut/Demütig 16, 22, 73, 74, 186, 201, 264 (s. Freimut)

Denkform 135, 136, 150 (s. Leitbegriffe; s. Schlüssel/-wörter/-begriffe/-gedanken)

Deutsche Bischofskonferenz 12, 53, 60, 85, 95, 96, 116, 118, 126, 131, 139, 142, 150, 187, 195, 211, 214, 315, 356, 359, 361, 362, 373, 383, 457 (s. Deutsche Bischöfe; s. Mehrheit der deutschen Bischöfe; s. Wort der deutschen Bischöfe)

Deutsche Bischöfe 12, 85, 96, 97, 116, 117, 120, 134, 137, 319, 350, 359, 368, 370, 371-373, 375, 383 , 395 (s. Deutsche Bischofskonferenz; s. Mehrheit der deutschen Bischöfe; s. Wort der deutschen Bischöfe)

Dezentralisierung 258, 261, 294, 309, 327, 328, 332, 342, 387, 396 (s. Heilsame Dezentralisierung; Neuausrichtung des Papstamtes; s. Synodale Kirche; s. Synodale Strukturen)

Diözesansynode 331 (s. Synodale Strukturen)

Disziplin /disciplina 191, 223, 222, 248, 385

Diversität 202, 227, 305, 308, 326, 391, 396 *(s. Diversität und Einheit in der Synodalität; s. Einheit; s. Symphonie der Verschiedenheit; s. Verschiedenheit der Kulturen; s. Vielfalt/ Vielfältig)*

Diversität und Einheit in der Synodalität 305, 308, 326, 391, 396 *(s. Diversität; s. Einheit; s. Symphonie der Verschiedenheit; s. Synodalität; s. Verschiedenheit der Kulturen; s. Vielfalt/ Vielfältig; s. Weg der Synodalität)*

Dogmatik/Dogmatisch 26, 97, 146, 159, 235, 239 285, 286, 307, 308, 326, 331, 332, 359 *(s. Lehr-/Dogmenentwicklung)*

Dogmatistisch 341

Dogmenentwicklung 125, 352 *(s. Lehr-/ Dogmenentwicklung)*

Doktrin/Doktrinal 184, 249, 296, 347, 355 *(s. Lehre/Lehren; s. Disziplin /disciplina)*

Dottrina 112, 191, 310 *(s. Doktrin/Doktrinal; s. Lehre/Lehren)*

Dreifaltigkeit 133, 153, 165, 247

Dreischritt 68, 82, 86, 92, 180, 183, 212, 351, 394 *(s. Begleiten-Unterscheiden-Einbeziehen; s. Hören-Maß nehmen-Deuten/ Unterscheiden; s. Wahrnehmen-Rückbindung an die Botschaft Christi-Unterscheiden; s. Sehen-Mitleid haben-Lehren)*

Drittes Jahrtausend 8, 254, 327, 332, 334, 351, 354, 357, 383, 384, 387 *(s. Weg der Synodalität)*

Dubia 372, 390 *(s. Irrtum; s. Verwirrung; s. Begründungsansätze ethischen Handelns)*

Dualismus von Natur-Gnade 160 *(s. Gnade)*

Dynamischer Prozess/Prozessgedanke 77, 149, 352, 392

Ecclesia purificanda 333

Ecclesia semper reformanda 8, 325, 333, 396 *(s. Ecclesia purificanda; s. Kurienreform; s. Reform; s. Reformation im Geist der Synodalität)*

Ehe/Ehelich 12, 19-21, 23-26, 30, 35, 36, 46, 47, 68, 80-82, 84, 85, 88, 91, 93, 94, 98, 100-102, 116, 118, 119, 122-124, 134, 136, 137, 138, 143-146, 148, 155, 163, 179, 180, 185, 188, 199, 200, 201, 208, 209, 210, 212, 215-217, 221, 230, 235-238, 240, 242, 246-252, 258, 262, 264, 283, 285-292, 295, 296, 306, 311, 312, 316-319, 326, 329, 338, 341, 347, 348, 349, 350, 353- 356, 364, 368-370, 373-376, 377, 379, 380, 382, 383, 384, 391, 392, 461 *(s. Interkonfessionelle Ehe; s. Vorehelich; s. Nichtehelich/Eheähnlich; s.u..)*

Ehe als größte Freundschaft 8, 100, 103, 107, 110, 113, 348, 352, 354, 392, 460, 461 *(s. Freundschaft)*

Ehe ohne Trauschein 20 *(s. Vorehelich; s. Nichtehelich/Eheähnlich)*

Eheähnlich 24, 100 *(s. Nichtehelich/Eheähnlich)*

Ehe-/Paarbegleitung 48, 94, 220, 235-237, 249, 317, 369, 376 *(s. Begleiten/ Begleitung)*

Ehebund 97, 101, 125, 289, 295 *(s. Foedus)*

Ehebruch 301

Ehegericht 366, 371, 380 *(s. Kirchengericht)*

Ehekatechumenat 278, 288, 370 *(s. Ehebegleitung; s. Ehevorbereitung)*

Ehespiritualität/Eheliche Spiritualität 22, 370 (s. Ehe- und Familienspiritualität; s. Familienspiritualität)

Ehelos/Ehelosigkeit 124, 250

Ehenichtigkeit/Ehenichtigkeitsprozess 21, 48, 242 (s. Anullierung)

Ehe- und Familienpastoral 148, 368, 373, 375, 383 (s. Ehepastoral; s. Familienpastoral)

Ehe- und Familienspiritualität 370 (s. Ehespiritualität/Eheliche Spiritualität; s. Familienspiritualität)

Ehepastoral 370 (s. Beziehungspastoral; s. Ehevorbereitungspastoral)

Ehesakrament 125, 136, 209, 236, 252, 285, 353, 373, 376, 379 (s. Ehe; s. Sakrament)

Ehevorbereitung 20, 48, 51, 220, 242, 278, 288, 317, 369, 370, 376, 379

Ehevertrag 101, 125, 285 (s. Ehebund)

Ehrlich/Ehrlichkeit 14, 53, 187, 292, 316, 317

Einbeziehen/Einbeziehung 86, 157, 160, 173, 181, 227, 239, 324, 354, 371, 374, 394 (s. Begleiten-Einbeziehen- Integrieren; s. Inklusion; s. Integrieren/Integration; s. Zulassung zu den Sakramenten)

Einfache/Qualifizierte Mehrheit 66-68, 306

Einheit 8, 29, 164, 204, 217, 227, 263, 284, 285, 294, 308, 315, 318, 326, 329, 330, 350, 355, 357, 384, 391, 396 ,397 (s. Diversität; Diversität und Einheit in der Synodalität; s. Symphonie der Verschiedenheit; s. Verschiedenheit der Kulturen; s. Vielfalt/ Vielfältig)

Einheit der/in Vielfalt 227, 263, 308, 315, 326, 329, 330, 350, 355, 357, 384, 397 *(s. Diversität und Einheit in der Synodalität; s. Einheit; s. Symphonie der Verschiedenheit; s. Verschiedenheit der Kulturen; s. Vielfalt/ Vielfältig; s. Primatsausübung)*

Einheit von Leib und Seele *(s. Leib-Seele-Einheit)*

Einmütig/Einmütigkeit 136, 187, 270, 274, 365 *(s. Einstimmig/Einstimmigkeit; s. Mehrheit der Synodalen; s. Synodaler Konsens)*

Einstimmig/Einstimmigkeit 239, 274, 278, 281, 295 *(s. Einmütig/Einmütigkeit; s. Mehrheit)*

Einzelfall/-denken 31, 267, 296, 310, 349, 364, 366, 380, 395 *(s. Begleiten-Annehmen-Unterscheiden; s. Entscheidungsfindung/ -prozess; s. Kriterien der Gewissensbildung/ Unterscheidung; s. Begleiten-Unterscheiden-Einbeziehen; s. Unterscheiden/ Unterscheidung)*

Ekklesiologie 384, 389 *(s. Gemeinschaft; s. Kirche; s. Kirchenverfassung; s. Volk Gottes; s. Ortskirche; s. Teilkirche; s. Weltkirche)*

Empfängnisregelung 10, 30, 32, 35, 37, 48, 56, 124, 128, 209, 251, 343, 345 *(s. Familienplanung; s. Verantwortete Elternschaft; s. Verhütung/Verhütungsmittel; s. Weitergabe des Lebens)*

Entfaltung 56, 82, 93, 151, 153, 208, 252, 348, 352, 370, 384, 392 *(s. Graduelle Reifung/ Stufen /Verwirklichungsformen; s. Gradualität; s. Reife/ Reifen/Reifung; s. Stufen/ Grade/ Wachstum-/ Vervollkommnungsstufen; s. Schrittweise Annäherung / Entdeckung/ Öffnung/ Reifung; s. Wachsen/ Wachstum; s. Vervollkommnung)*

Entscheidungsfindung/-prozess 354, 371, 372, 374, 380 (s. Gewissensbildung; s. Kriterien der Gewissensbildung/ Unterscheidung; s. Unterscheidung; s. Begleiten-Unterscheiden-Einbeziehen)

Entwicklung 39, 50, 61, 101, 122, 125, 132, 140, 151, 156, 196, 238, 255, 334, 357, 359, 370, 384 (s. Nachhaltige Entwicklung; s. Evolutive Entwicklung; s. Geschichtliche Entwicklung; s. Lehrentwicklung)

Enzyklika Casti connubii (s. Casti connubii)

Enzyklika Fides et ratio (s. Fides et ratio)

Enzyklika Humanae vitae (s. Humanae vitae)

Enzyklika Ut unum sint (s. Ut unum sint)

Enzyklika Sacra virginitas (s. Sacra virginitas)

Erbsünde 337 (s. Sünde/Sünder)

Ergebnisse der Synode 18, 32, 40, 41, 45, 53, 59, 66, 67, 78, 83, 86, 121, 201, 212, 219, 226, 233, 266, 306, 307, 318, 325, 327-329, 334, 341, 351, 356-358, 365, 384

Erlösungslehre/-glauben 155, 160, 275, 461 (s. Glaube/Glauben; s. Erlösungsvorstellungen; s. Soteriologie)

Erlösungsordnung 149, 160, 163 (s. Schöpfungsordnung; s. Schöpfungstheologie; s. Soteriologie)

Erlösungsvorstellungen 155, 156, 159, 160, 275, 313 (s. Erlösungslehre/-glauben; s. Soteriologie)

Ermutigung 17, 62, 64, 89, 163, 170, 211, 213, 217, 268, 283, 366, 368, 380 (s. Mut)

Erneuern/Erneuerung 71, 72, 88, 252, 253, 254, 258, 284, 325, 328, 333, 334, 345, 357, 368, 375, 383

Eröffnung/Eröffnungsgottesdienst 13, 16, 28, 176, 180, 253, 323

Erziehen/Erziehung 94, 177, 179, 247, 249, 288, 291, 317, 336, 350, 370, 373

Ethik/Ethisch 122, 157, 158, 235, 239, 248, 302, 341, 350, 374, 390, 395 *(s. Begründungsansätze ethischen Handelns; s. Moral/ Moralisch; s. Philosophische Ethik; s. Sozialethik/ -lehre; s. Sexualmoral/-ethik; s. Theologische Ethik)*

Ethische Urteilsbildung 390 *(s. Begründungsansätze ethischen Handelns; s. Ethische Urteilsbildung; s. Entscheidungsfindung/ -prozess; s. Unterscheiden/Unterscheidung)*

Eucharistie 28, 119, 134, 168, 201, 216, 247, 279, 291, 377, 380, 381 *(s. Kommunion; s. Kommunionempfang; s. Zulassung zu den Sakramenten)*

Europa/europäisch 27, 60, 168, 189, 199, 207, 232, 278, 294, 309, 339

Evangelii gaudium 8, 27, 29, 49, 61, 65, 82, 88, 117, 119, 129, 130, 136, 149, 165, 167, 170, 172, 257, 258, 261, 327, 328, 383, 384, 387-389, 394, 396, 397

Evangelisierung 5, 8, 28, 35, 52, 54, 75, 76, 81, 207, 208, 212, 288, 314, 336 *(s. Neuevangelisierung)*

Evangelium 20, 37, 41, 42, 46, 61, 68, 71, 72, 82, 117, 121, 129, 135, 136, 144, 146, 154, 169, 171, 177, 180, 208, 238, 253, 258, 259, 260, 263, 283, 291, 303, 313, 319, 323, 334, 338,

355, 376, 378, 380, 382, 383, 395 (s. Freude des Evangeliums/der Verkündigung; s. Frohe Botschaft; s. Lehre/Lehren; s. Glaube/ Glauben; s. Verkündigen/Verkündigung)

Evolutive Entwicklung 140

Existentielle Peripherien (s. Peripherien)

Familiaris consortio 23, 119, 124, 149, 150, 238, 250, 289, 291, 293, 295, 297, 300, 303, 349, 364, 365

Familie 5, 6, 8, 19, 20, 22- 24, 27, 30, 35-40, 46, 47, 51, 58, 61, 65, 68-70, 75, 76, 79-82, 84, 85, 88, 91, 93, 94, 102, 117, 121, 122-124, 127-129, 137, 138, 142-146, 151, 152, 154, 155, 162, 163, 173, 176, 179-181, 183, 185, 188, 190, 194, 195, 197, 198, 200, 204, 205, 207, 208, 213-216, 222, 223, 227, 231, 232, 235, 238, 240, 242, 262, 264, 273, 282, 283, 287, 288, 290, 292, 295-297, 299, 303, 311, 313, 314-317, 319, 322, 325, 326, 329, 330, 336, 338, 348, 353, 354-356, 368, 369, 373-376, 383, 384, 391, 392, 461 (s. Familienformen; s.u.)

Familie als Eckpfeiler des sozialen Lebens 151

Familie als Ressource harmonischer Entwicklung 151

Familie als Lernort des Glaubens 102, 143, 369, 370, 376, 461

Familie als Schule der Liebe 143

Familie als Schule entfalteter Humanität 151

Familie als Schule des Evangeliums 458

Familie Jesu Christi 283

Familienbegriff 142, 143, 151 (s. Familienformen)

Familienbildung 288 *(s. Familienpastoral)*

Familienbischof 116, 195

Familienformen 10, 23, 100, 136, 142, 143, 151, 223, 232, 330, 346, 373 *(s. Partnerschaftsformen)*

Familienleben 36, 148, 151, 227, 370

Familienpastoral/-seelsorge 37, 82, 94, 319, 368, 373, 375, 383

Familienplanung 48, 289 *(s. Empfängnisregelung; s. verantwortete Elternschaft; s. Verhütung; s. Weitergabe des Lebens)*

Familienpolitisch 137

Familienrechte 288

Familienspiritualität 33, 370 *(s. Ehespiritualität/ Eheliche Spiritualität; s. Spiritualität)*

Familiensynode 8, 13, 19, 22, 25, 26, 44, 46, 71, 75, 76, 80, 81, 90, 94, 95, 98, 102, 116, 120, 122, 136, 138, 144, 145, 147, 148, 155, 166, 167, 171, 198, 243, 273, 315, 325, 327, 334, 336, 339, 342, 344, 350, 351, 355, 357-359, 364, 365, 374, 384, 386, 390-392, 397
(s. Synodaler Prozess; s. Synodaler Weg; s. Synodalität; s. Weg der Synodalität)

Feldlazarett 88, 178

Fenster (s. Offene Türen und Fenster)

Fernstehende 93, 129, 133, 171

Fides et ratio 141 *(s. Glaubensfrage; s. Wissen)*

Flüchtlinge 189, 223, 319 *(s. Migration; s. Vertreibung)*

*Fluss/Strom der Barmherzigkeit/*152, 153, 155, 164, 165, 167, 171, 315, 330 *(s. Barmherzig/ Barmherzigkeit)*

Foedus 125 *(s. Ehebund)*

Fortschritt 15, 67, 78, 84, 124, 322

Fragebogen 85, 90, 94, 98, 116, 122, 125-127, 129, 131, 148, 150, 199, 314, 395 *(s. Umfrage/Befragung)*

Frau 99, 190, 214, 215, 237, 284, 285, 289, 301, 337 *(s. Mann; s. Mann und Frau)*

Freiheit 14, 16, 35, 54, 62, 63, 73, 78, 84, 117, 120, 125, 211, 214, 290, 304, 308, 334, 338 *(s. Freimut; s. Gewissensfreiheit)*

Freimut 22, 125, 184, 186, 211 *(s. Demut; s. Freiheit; s. Mut; s. Parrhesia)*

Freude des Evangeliums/der Verkündigung 37, 175, 323, 361, 395, 396 *(s. Evangelium; s. Verkünden/Verkündigung)*

Freude der Liebe 369, 375 *(s. Amoris laetitia)*

Freude der Kirche 369, 375, 383

Freude/n und Hoffnung/en, Trauer, Traurigkeiten, Schmerzen und Ängste 37, 46, 122, 152, 291, 315, 319

Freundschaft 8, 26, 98, 100-102, 118, 125, 127, 136, 141, 145, 172, 227, 256, 275, 276, 284, 311, 337, 341, 348- 352, 354, 392, 460, 461 *(s. Ehe als größte Freundschaft)*

Freundschaftsformen 127

Frieden 22, 29, 30, 34, 71, 321, 356, 459

Friendship 109-112 *(s. Freundschaft)*

Frohe Botschaft 82, 121, 169, 180, 353, 396 *(s. Botschaft; s. Evangelium)*

Fundament der Einheit der Vielfalt *(s. Prinzip und Fundament der Einheit der Vielfalt)*

Fundamentalistisch 157 *(s. Traditionalisten)*

Gaudium et spes 33, 44, 46, 101, 104, 108, 111, 114, 125, 151, 152, 160, 239, 248, 249, 255, 257, 289, 290, 303, 315, 368

Gebet 13, 30, 43, 153, 155, 181, 185, 212, 318, 355, 356, 362, 376, 458, 459

Geheimnis 127, 129, 133, 136, 153, 165, 167, 175, 274, 297, 322, 361

Geist der Synodalität 8, 17, 21, 42, 282, 315, 352, 353

Geist des Konzils 46 *(s. Geist der Synodalität)*

Geist der Synode 282 *(s. Geist der Synodalität)*

Geistlicher Prozess 77, 381 *(s. Prozess; s. Synodaler Prozess)*

Gemeinschaft 28, 29, 187, 210, 260, 262, 287, 290, 292, 296, 309, 311, 330, 384, 385 *(s. Ekklesiologie; s. Kirche; s. Kirchenverfassung; s. Volk Gottes; s. Ortskirche; s. Teilkirche; s. Weltkirche)*

Gemeinderäte 333 *(s. Synodale Gremien; s. Synodale Strukturen)*

Gender 284 *(s. Geschlechtlichkeit; s. Geschlechtergerechtigkeit/-sensibilität)*

Gerechtigkeit 12, 33, 34, 130, 134, 175, 208, 233-235, 321, 342, 459 *(s. Geschlechtergerechtigkeit; s. Ungerechtigkeit)*

Geschlechtergerechtigkei/-sensibilität 342 *(s. Geschlechtlichkeit; s. Gender)*

Geschichtliche Entwicklung 88, 237, 238

Geschiedene 195, 283, 294 *(s. Trennung/ Scheidung; s. Wiederverheiratet Geschiedene)*

Geschlechtlichkeit 284, 285, 237, 240 *(s. Gender)*

Geschöpf 158, 161, 162, 167, 459 *(s. Schöpfung)*

Gesellschaft/Gesellschaftlich 23, 39, 40, 43, 58, 73, 74, 88, 93, 144, 146, 151, 159, 164, 199, 200, 201, 285, 287, 288-290, 317, 335, 342, 347, 367

Gesetz 9, 23, 130, 133, 150, 173, 185, 208, 239, 308, 311, 317, 326, 345, 366 *(s. Begründungsansätze ethischen Handelns; s. Moralisches Gesetz; s. Natürliches Gesetz/ Naturgesetzlich; s. Naturrecht/ Naturrechtlich)*

Gesetz der Gradualität 23, 150 *(s. Gradualität; s. Prinzip der Gradualität)*

Gewalt 35, 322, 355

Gewissen 10, 56, 119, 228, 229, 239, 242, 252, 253, 290-292, 296, 299, 308, 346, 350, 366, 371, 372, 380, 381 *(s. Gewissensbildung; s. Gewissensbindung; s. Gewissensentscheidung; s. Gewissensfreiheit)*

Gewissensbildung 228, 292, 372, 381 *(s. Gewissen; s. Gewissensbindung; Kriterien der Gewissensbildung/ Unterscheidung; s. Unterscheidung; s. Begleiten-Unterscheiden-Einbeziehen)*

Gewissensbindung 228 *(s. Gewissen; s. Gewissensbildung; s. Gewissensentscheidung; s. Gewissensfreiheit)*

Gewissensentscheidung 380

Gewissensfreiheit 308, 326 *(s. auch Freiheit)*

Glauben/Glaube 19, 20, 27, 35, 48, 94, 102, 129, 133, 141-143, 146, 155, 164, 166, 171, 173, 184, 187, 201, 210, 226, 237, 245, 255, 264, 283, 285, 286, 288, 299, 314, 322, 323, 336, 369, 370, 373, 374, 377, 385 *(s. Erlösungsglauben/-lehre; s. Freude des Glaubens; s.*

Lernort des Glaubens; s. Lehre/Lehren; s. Verkündigen/ Verkündigung)

Glaubensbekenntnis 285

Glaubensgut/-erbe 20, 142, 184, 255 *(s. Glauben/Glaube; s. Lehre/Lehren; s. Lehr-/Dogmenentwicklung; s. Tradition)*

Glaubensfrage 142 *(s. Fides et ratio; s. Wissen; s. Wissenschaft/Wissenschaftlich)*

Glaubenskongregation 274, 388

Glaubenswahrheit 385 *(s. Glauben/Glaube; s. Wahrheit)*

Glaubensweitergabe 370 *(s. Lehre/Lehren; s. Verkündigen/Verkündigung)*

Glaubenserfahrung/-überzeugung 283, 286

Gleichgeschlechtlich (s. Homosexuelle Orientierung; s. Homosexuelle Partnerschaft; s. Geschlechtlichkeit)

Gnade/Gnadenlehre 38, 121, 130, 160, 211, 234, 235, 245, 255, 263, 276, 286, 321, 322, 377, 379, 395, 461 *(s. Dualismus von Natur-Gnade; s. Pädagogik der Liebe/Gnade)*

Gott 11, 13, 14, 16, 25, 27, 28, 30, 31, 34, 42, 43, 62-64, 71-74, 81, 88, 93, 94, 95, 97, 99, 100, 110, 111, 127, 129, 130, 133-138, 144, 146, 153, 154, 158, 159, 160, 161-163, 165, 166, 177, 181, 183-185, 187, 200, 201, 211, 229, 231, 235, 236, 239, 244, 245, 254, 256, 259, 261-264, 269, 270, 276, 284, 286, 289, 290, 292, 297, 311-313, 318, 320-324, 327, 330, 344, 347, 349, 351, 352, 354, 357, 362, 363, 364, 367, 376, 378, 379, 383, 384, 387, 389

Gottesdienst /Eröffnungsgottesdienst 13, 41, 71, 167, 176, 180, 181, 185

Gottesebenbildlichkeit 237

Gottesfreundschaft 100, 127, 276

Gottesreich 43, 129, 133, 144, 17, 259

Gottesliebe 378

Gottes Liebe/ Göttliche Liebe (s. Liebe Gottes)

Göttliche Pädagogik 93, 119, 135, 149, 152, 163, 208, 211, 213, 325, 393, 395 (s. Pädagogik der Liebe/Gnade; s. Pädagogik Jesu)

Gradualität 23, 24, 26, 27, 58, 95, 96, 117, 126, 135, 150, 164, 172, 351, 352, 392 (s. Gesetz der Gradualität; s. Graduelle Reifung/ Stufen / Verwirklichungsformen; s. Prinzip der Gradualität)

Graduelle Reifung/ Stufen /Verwirklichungsformen 47, 144 151, 209, 350, 392 (s. Entfaltung; s. Gradualität; s. Schrittweise Annäherung / Entdeckung/ Öffnung/ Reifung; s. Stufen/ Grade/Wachstums-/ Vervollkommnungsstufen; s. Wachsen/Wachstum; s. Vervollkommnung)

Gretchenfragen 18, 52, 92, 97, 154 (s. Heiße Eisen/Gretchenfragen)

Großzügigkeit Gottes 43, 166, 311 (s. Barmherzig/Barmherzigkeit; s. Gottes Liebe)

Güte 42, 129, 133, 158, 161, 171, 312, 348, 350, 351

Gutmenschentum 79, 121

Hauskirche 232, 237, 287, 355, 458 (s. Kirche im Kleinen; s. Familie)

Häresie/häretisch 120, 155

Hedonismus 163

Heilige Schrift 161, 162, 239, 240, 285, 315, 315, 376 (s. Biblisch/Bibel; s. Altes Testament; s. Neues Testament)

Heiliger Boden 27, 82, 394

Heilige Familie 458

Heiliger Geist 16, 72, 73, 124, 181, 184, 185, 193, 231, 239, 240, 253, 255, 256, 257, 262, 305

Heiliges Jahr 8, 121, 128, 129, 131, 132, 138, 153, 155, 165, 166, 171, 190, 233, 260, 279, 312, 321, 323, 393

Heiligung 23, 24, 376

Heiligsprechung 41, 42, 259, 264

Heilsame Dezentralisierung 258, 261, 327, 328, 332, 342, 387, 396, 397 (s. Dezentralisierung; s. Neuausrichtung des Papstamtes; s. Synodale Kirche; s. Weg der Synodalität)

Heilsplan 93, 95 (s. Plan Gottes/Schöpfungsplan)

Heiße Eisen/Gretchenfragen 12, 18, 35, 51, 82, 92, 97, 154, 184, 210, 311, 330, 344, 346, 347, 353

Herausforderung 5, 8, 24, 30, 35, 40, 41, 46, 47, 58, 61, 68, 70, 75, 76, 79, 86, 94, 122, 137, 144, 150, 159, 172, 180, 85, 188, 194, 200, 201, 230, 231, 256, 262, 266, 294, 295, 314, 325, 327, 329, 336, 356, 376, 381, 382

Hermeneutische Schlüssel 57, 59, 65, 68

Hermeneutik, deduktive 235

Hermeneutik der Verschwörung 192

Herz 27, 120, 133, 153, 165, 170, 175, 180, 183, 184, 200, 229, 238-240, 244, 246, 248, 249, 255, 321, 362, 372, 377

Herzschlag der Zeit 16, 19, 43, 172

Hingabe 100, 177, 249, 284, 337, 373

Hinsehen (s. Sehen/Hinsehen)

Hirten 65, 72, 153, 183, 187, 291, 292, 303, 382

Hoffnung 35, 37, 46, 72, 122, 149, 152, 162, 216, 257, 291, 315, 319

Homosexualität/Homosexuelle Orientierung 30, 66, 91, 94, 128, 172, 186, 209, 210, 228, 229, 246, 250, 283, 309, 317, 349 *(s. Homosexuelle Partnerschaft)*

Homosexuelle Partnerschaft 9, 10, 21, 24, 47, 51, 128, 172, 209, 210, 223, 242, 250, 309, 345, 349 *(s. Homosexualität/Homosexuelle Orientierung)*

Hören 31, 41, 46, 68, 82, 92, 93, 142, 144, 162, 180, 181, 183, 187, 229, 239, 247, 273, 274, 278, 290, 290, 363, 386, 391, 393, 394 *(s. Hören-Maß nehmen-Deuten/ Unterscheiden; s. Sehen/ Hinsehen; s. Wahrnehmen/ Wahrnehmung; s. Zuhören)*

Hören-Maß nehmen-Deuten/Unterscheiden 46, 68, 82, 92, 394, 395 *(s. Dreischritt)*

Humanae vitae 21, 33, 229, 248, 251, 289, 350

Ideal/Ideale 23, 36, 47, 81, 82, 387, 95, 127, 147, 148, 151, 178, 231, 348, 373, 377, 382, 392

Individualismus 163

Inklusion 347 *(s. Einbeziehen/Einbeziehung; s. Integrieren/Integration; s. Kunst der Begleitung; s. Zulassung zu den Sakramenten)*

Inkarnation 340 *(s. Jesus Christus; s. Menschwerdung)*

Inkulturation 308, 326, 330, 356, 397

Instrumentum laboris 15, 22, 32, 45, 46, 84, 124, 126, 144-153, 162-164, 171, 180, 182, 183, 186, 189, 191, 195, 198, 199, 200, 203, 205, 207, 211, 217, 224, 226, 228, 231, 233, 235,

236, 240, 241, 252, 253, 266, 270, 274, 278, 280, 282, 299, 306

Integration/Integrieren 142, 240, 272, 290, 319, 366, 386 (s. Einbeziehen/Einbeziehung; s. Inklusion; s. Kunst der Begleitung; s. Zulassung zu den Sakramenten)

Interkonfessionelle Ehe 199, 287, 318, 370, 382

Interreligiöse Familien 223, 387

Interkulturell 189, 387

Irregulär 32, 238, 347-349, 378, 379, 381 (s. Nichtehelich/Eheähnlich; s. Familienformen; s. Konkubinat; s. Lebensgemeinschaften; s. Partnerschaftsformen; s. Vorehelich)

Irrtum 119, 134 , 364 (s. Verdunkeln/ Verdunkelung; s. Verwirrung)

Islam 143

Israel/Israeliten 120

Jahr der Barmherzigkeit (s. Heiliges Jahr)

Jahrtausend (s. Drittes Jahrtausend)

Jesus Christus 22, 65, 82, 86, 92, 93, 95, 99, 129, 130, 133, 135, 136, 144, 145, 146, 154, 159, 163, 164, 166, 168, 169, 175, 178, 181, 183, 204, 205, 231, 235, 241, 244, 245, 259- 261 263, 283, 286, 302, 303, 305, 319, 321, 351, 355, 360, 361, 376, 378, 394, 396, 458, 396 (s. Inkarnation; s. Menschwerdung; s. Pädagogik Jesu Christi)

Jubeljahr (s. Heiliges Jahr)

Jubiläum der Barmherzigkeit (s. Heiliges Jahr)

Jubiläum 50 J. Bischofssynode 260, 266, 272, 307, 327, 329, 331, 355, 383, 384, 386, 387, 397

Judentum 143

Jugend/Jugendliche 11, 93, 101, 116, 127, 178, 227 (s. Weltjugendtag)

Juristisch 216, 239 (s. Kanonistisch/ Verrechtlicht; s. Kirchenrecht)

K9-Rat (s. Kardinalsrat)

Kampf 33, 187, 243, 244, 339 (s. Krieg der Theologen; s. Meinungsverschiedenheit; s. Streit/ Ringen/Kampf; s. Verschiedene Interpretationen/ Vorschläge)

Kanonistisch/Verrechtlicht 285, 287, 396 (s. Kirchenrecht; s. Juristisch)

Kardinalsrat 35, 192, 332 (s. Kurienreform; s. Synodale Gremien; s. Synodale Strukturen)

Kathedralkapitel 385 (s. Synodale Gremien; s. Synodale Strukturen)

Katechese 124, 303, 338

Katechismus (s. Weltkatechismus)

Keuschheit 10, 345

Key idea 109, 112 (s. Denkform; s. Leitbegriffe; s. Schlüssel/-wörter/-begriffe/-gedanken)

Kinder 101, 143, 172, 201, 213, 249, 283, 284, 297-292, 295, 301, 317, 370, 377, 460

Kirche 6, 8, 18-21, 23, 24, 27, 28, 30, 35, 37-40, 43, 46-49, 58, 59, 61-63, 65, 68, 71-74, 78, 84, 88, 93, 98, 99, 116-124, 127-129, 132-137, 140, 142, 152, 161, 163, 164, 167-169, 173, 174-179, 181, 184, 189, 191, 197-199, 201, 204, 210, 212, 218, 221, 223, 224, 228, 230, 231, 233, 235, 237, 238, 240, 242, 244, 247, 251-258, 260, 261, 264, 265, 266, 269, 275, 278, 282, 283, 285-287, 290, 291, 294, 298, 302-305, 307-314, 316-319, 322, 323, 325- 328, 330-335, 338, 339, 342, 347, 351, 353- 365, 367, 369, 370, 372, 374-376, 377-

379, 381-391, 395, 396 (s. Ekklesiologie; s. Gemeinschaft; s. Kirchenverfassung; s. Kirchenverständnis; s. Volk Gottes; s. Ortskirche; s. Teilkirche; s. Synodale Kirche; s. Weltkirche)

Kirche im Aufbruch 3, 8, 49, 117, 119, 136, 395, 396 *(s. Zustand permanenter Mission)*

Kirche im Kleinen 376 *(s. Familie; s. Hauskirche)*

Kirchengeschichte 389

Kirchenkonstitution *(s. Lumen gentium)*

Kirchenrecht 279, 332 *(s. Kanonistisch/ Verrechtlicht; s. Juristisch)*

Kirchensprache 242, 268

Kirchenordnung 386 *(s. Kirchenverfassung)*

Kirchenprovinz/-region 331, 385, 386, 388 *(s. Ortskirche; s. Teilkirche)*

Kirchenverfassung 328, 331, 334, 357, 397 *(s. Ekklesiologie; s. Kirchenverständnis; s. Synodale Kirche; s. Synodale Gremien; s. Synodale Strukturen)*

Kirchenverständnis 58, 384, 388 *(s. Ekklesiologie; s. Gemeinschaft; s. Kirchenverfassung; s. Volk Gottes)*

Kleinfamilie 232 *(s. Familienformen)*

Kleingruppen *(s. Circoli minori)*

Klima-Sünden 138

Klimawandel 157

Kluft zwischen Morallehre und Praxis 36

Klugheit 184, 234, 236 *(s. Applikation; s. Praktische Vernunft)*

Körper 247, 340, 342 *(s. Leib/Leiblichkeit)*

Kollegial/Kollegialität 40, 72, 184, 253, 257, 258, 299, 328, 384, 386, 388

Kommunikation 48, 49, 52, 68, 80, 86

Kommunion 9, 11, 12, 28, 29, 31, 56, 191, 200, 221, 250, 267, 345, 363, 365, 367 *(s. Eucharistie; s. Kommunionempfang; s. Zulassung zu den Sakramenten)*

Kommunionempfang 9-12, 56, 250 *(s. Zulassung zu den Sakramenten)*

Komplementarität 284 *(s. Mann und Frau)*

Konfessionsverbindende/-verschiedene Ehe (s. Interkonfessionelle Ehe)

Konkubinat 348 *(s. Nichtehelich/Eheähnlich; Irreglär; s. Lebensgemeinschaft)*

Konsens 19, 69, 164, 278, 300, 305, 316, 371 *(s. Synodaler Konsens)*

Konsistorium 12, 332

Konsultorenkollegium 385

Kontinuität 52, 123, 124, 139

Konzil 385 *(s. I. Vatikanisches Konzil; s. II. Vatikanisches Konzil; s. Trienter Konzil)*

Kosmologisches Denken 157, 159, 160

Kosmologische Liebe 168

Kreativität 16, 73, 129, 146

Kreuz 100, 130, 260

Krieg 31, 35, 180, 197, 198, 205

Krieg der Theologen 31 *(s. Meinungsverschiedenheit; s. Streit/Ringen/Kampf; s. Verschiedene Interpretationen/ Vorschläge)*

Krise 30, 197, 198, 231, 292, 294, 295, 335, 338, 342, 387

*Kriterien der Gewissensbildung/Unterscheidung
291, 295, 372, 381 (s. Entscheidungsfindung/-prozess; s. Unterscheiden/ Unterscheidung; s. Gewissensbildung)*

Kultur/Kulturkreis 46, 64, 93, 137, 138, 144, 149, 150, 177, 186, 188, 194, 195, 197, 198, 204, 226, 227, 228, 229, 240, 262, 267278, 284, 285, 294, 299, 307, 307, 308, 309, 310, 316, 318, 326, 329, 339, 341, 348, 350, 356, 391, 392, 397 (s. Kulturspezifisch; s. Inkulturation; s. Interkulturell)

Kulturspezifisch 228, 229, 267, 307, 315

Kultur der Begegnung 88, 92, 98

Kunst der Begleitung 25, 27, 60, 81, 82, 149 (s. Begleiten/Begleitung)

Kurienreform 34, 332 (s. Kardinalsrat; s. Reform)

Laien 27, 35, 36, 72, 271

Lateinamerika/Lateinamerikanisch 147, 153, 154, 243, 309 (s. Mittelamerka/ Mittelamerikanisch)

Laudato si' 138, 139, 141, 142, 145, 146, 157-160-162, 167, 168, 170, 172, 219, 225, 232, 243, 302, 312, 329, 352, 458

Lebensformen 59, 325, 349 (Verschiedenheit von Lebensformen; s. Partnerschaftsformen; s. Familienformen)

Lebensgemeinschaft 10, 22-24, 28, 47, 51, 55, 283, 317, 346 (s. Familienformen; s. Partnerschaftsformen)

Lebenswirklichkeit 22, 46, 47, 68, 82, 88, 138, 146, 148, 149, 153, 154, 180, 184, 199, 201, 210, 255, 267, 269, 325, 346, 349, 353, 391 (s. Moderne/Reale Welt; s. Realismus; s.

Realitätsnähe; s. Wahrnehmen/Wahrnehmung; s. Wirklichkeit)

Lehrautorität/-verantwortung 331, 355, 358, 388, 397

Lehre /Lehren 8, 9, 12, 18, 19, 29, 31, 36, 47, 56, 58, 59, 61, 62, 77, 80, 87, 92, 96, 98, 100, 112, 117-119, 121-124, 126, 128, 129, 132, 134, 137, 139, 144, 145, 150, 153, 155, 156, 160, 162, 170, 182-184, 191, 213, 249, 296, 311, 315, 317, 335, 336, 338, 344, 346, 350, 353, 355, 356, 364, 387, 394 *(s. Lehr-/Dogmenentwicklung; s. Sehen-Mitleid haben-Lehren; s. Tradition)*

Lehr-/Dogmenentwicklung 122, 125, 132, 255, 328, 334, 342, 348, 352, 353, 357 *(s. Geschichtliche Entwicklung; s. Tradition)*

Lehrschreiben (s. Apostolisches Schreiben/ Lehrschreiben)

Leib/Leiblichkeit 117, 217, 245, 247, 284, 285, 292, 335, 337-342 *(s. Körper; s. Leibfeindlichkeit; s. Phänomenologie der Leiblichkeit; s. Theologie des Leibes; s. Theologie der Leiblichkeit; s. Leib-Seele-Einheit)*

Leibfeindlichkeit 335, 337, 338 *(s. Leib/ Leiblichkeit; s. Sexualfeindlichkeit)*

Leib-Seele-Einheit 284, 285, 340 *(s. Körper; s. Leib/Leiblichkeit; s. Theologie des Leibes; s. Theologie der Leiblichkeit)*

Leid/Leiden   46, 166, 168, 189, 299, 303, 317, 377, 378

LeidenschaftLeidenschaftlich 35, 60

Leitbegriffe 371, 378 *(s. Denkform; s. Schlüssel/-wörter/-begriffe/-gedanken)*

Lernort (s. Familie als Lernort des Glaubens)

Liebkosen/Liebkosung Gottes 161, 167

Liebe 8, 23, 25, 29, 30, 28, 43, 97-101, 119, 129, 130, 133, 135, 137, 143, 145, 152, 154, 158, 161, 162, 164, 166-170, 172, 173, 176, 177-179, 183, 208, 210, 213, 217, 235, 241, 244, 245, 247-249, 252, 253, 263, 264, 269, 275, 276, 284, 286, 289, 291, 297, 301, 311, 312, 313, 315, 321, 322, 324, 330, 337, 341, 348-350, 352, 354-356, 364, 365, 367, 368, 373-376, 377, 378, 379, 383, 395, 396, 459
(s. Barmherzig/ Barmherzigkeit; s. Liebe Gottes; s. Liebevoll; s. Gottesliebe; s. Nächstenliebe; s. Zärtlich/Zärtlichkeit; s. Zärtliche Liebe)

Liebe Gottes 25, 30, 97, 99, 133, 135, 145, 146, 158, 161, 162, 165, 167-170, 245, 263, 264, 269, 276, 312, 313, 324, 330, 349, 352, 363, 364, 367, 376, 378, 392, 459 *(s. Liebe; s. Barmherzig/Barmherzigkeit; s. Großzügigkeit Gottes; s. Zärtlich/Zärtlichkeit)*

Liebevoll 71, 74, 81, 94, 152, 158, 169, 241, 303, 315, 378, 393, 394 *(s. Liebevolle Umarmung; s. Liebevoller Blick)*

Liebevolle Umarmung 245 *(s. Umarmen/ Umarmung; s. Zärtlich/Zärtlichkeit; s. Zärtliche Liebe)*

Liebevoller Blick 152, 169, 183, 213, 217, 303, 315, 353, 393 *(s. Barmherziger Blick; s. Positiver/Achtungsvoller/Wertschätzender Blick)*

Lineamenta 69, 83, 89, 91, 315

Lumen gentium 8, 24, 47, 261, 263, 329, 333, 384, 397

Lust 249, 337, 237, 373, 374 (s. Sexualität/ sexuell; s. Sexualfeinlichkeit; s. Sexualmoral/ -ethik)

Mann 99, 187, 190, 237, 272, 284, 285, 289, 301, 337, 347 (s. Frau; s. Mann und Frau)

Mann und Frau 99, 237, 284, 285, 289, 337, 347 (s. Komplementarität; s. Frau; s. Mann)

Mainstream 19, 146, 156 (s. Anpassung an Zeitgeist; s. Lebenswirklichkeit)

Medizin der Barmherzigkeit 25, 28, 393 (s. Salböl der Barmherzigkeit)

Mehrheit 12, 20, 36, 55, 60, 64, 66-68, 91, 97, 128, 141, 207, 211, 279, 300, 306, 326, 358 (s. Abstimmung; s. Einfache/Qualifizierte Mehrheit; s. Eintimmig/ Einstimmigkeit; s. Einmütig/ Einmütigkeit; s. Ergebnisse der Synode; s. Zweidrittelmehrheit)

Mehrheit der deutschen Bischöfe 12, 97, 134 (s. Mehrheit)

Mehrheitsfähigkeit 66, 69, 279

Meinungsverschiedenheit 84 (s. Krieg der Theologen; s. Streit/ Ringen/Kampf; s. Verschiedenheit der Interpretationen/Vorschläge)

Menschwerdung 159, 167, 340 (s. Jesus Christus)

Migration 35, 151, 189, 198, 205, 222, 223, 242, 294, 299 (s. Flüchtlinge; s. Vertreibung)

Misericordia et misera 367

Misericordiae vultus 8, 129, 130, 132-135, 153, 165, 166, 168, 171, 173, 315, 395

Mission/Missionarisch 6, 8, 40, 41, 55, 121, 144, 173, 175, 176, 181, 197, 240, 241, 314, 322, 323, 330, 381, 387, 389, 395-397 (s. Zustand permanenter Mission)

Mission impossible 241

Mitleid 27, 170, 153, 182, 183, 213, 263, 264, 394 (s. Sehen-Mitleid haben-Lehren)

Mittelamerika/Mittelamerikanisch 34, 389

Moderne/Reale Welt 6, 122, 136, 144, 173, 175, 176, 240, 314, 330, 336, 363 (s. Lebenswirklichkeit; s. Realismus; s. Realität/Realitätsnähe; s. Wahrnehmen/Wahrnehmung; s. Wirklichkeit)

Moral/Moralisch 9, 23, 32, 36, 42, 128, 135, 170, 181, 228, 229, 253, 278, 285, 286, 299, 300, 301, 335, 336, 339, 341, 343, 345, 347, 355

Moralisches Gesetz 9, 345 (s. Gesetz; s. Moral/Moralisch; s. Natürliches Gesetz)

Moralisierung 373 (s. Moral/Moralisch)

Motu proprio Apostolica sollicitudo (s. Apostolica sollicitudo)

Mut 21, 80, 318 (s. Ermutigung; s. Freimut)

Mystik 161, 169, 170, 172

Nachhaltige Entwicklung 139, 157

Nächstenliebe 378 (s. Liebe)

Nachsynodales Schreiben 7, 138, 206, 234, 243, 328, 329, 330, 335, 339, 341, 342, 347, 348, 349, 351, 352, 353-357, 368, 371, 372, 374, 375, 383, 390, 392, 393 (s. Amoris Laetitia)

Natur 138, 160, 161, 170 (s. Natürliches Gesetz; s. Naturrecht/Naturrechtlich; Naturwissenschaft/-lich; s. Dualismus von Natur-Gnade)

Naturehe 240

Natürliche Methoden 36, 37, 48, 124 (s. Empfängnisregelung; s. Familienplanung)

Natürliches Gesetz/Naturgesetzlich 9, 345, 395 (s. Gesetz; s. Naturrecht/Naturrechtlich)

Naturrecht/Naturrechtlich 22, 28, 340, 341, 350, 372, 390, 393, 395 *(s. Begründungsansätze ethischen Handelns; s. Natur; s. Natürliches Gesetz/Naturgesetzlich)*

Naturwissenschaft/-lich 139, 141, 157

Neuausrichtung 315, 385-387, 396, 397 *(s. Bekehrung des Papstamtes; s. Papstamt; s. Primat; s. Primatsausübung)*

Neues Testament 143, 144 *(s. Bibel/Biblisch; s. Heilige Schrift)*

Neuevangelisierung 52, 54

Nichtehelich/Eheähnlich 9, 10, 22, 24, 28, 55, 100, 283, 311, 317, 330, 345, 346 *(s. Irregulär; s. Familienformen; s. Konkubinat; s. Lebensgemeinschaften; s. Partnerschaftsformen; s. Segnung; s. Vorehelich)*

Nichtsakramentale Ehe 286, 300

Nichtrezeption 11 *(s. Rezeption)*

Nichtzulassung 119, 134 *(s. Ausschluss; s. Zulassung zu den Sakramenten)*

Not/Nöte 37, 61, 122, 150, 200, 213, 292, 294, 377 *(s. Arm/Armut)*

Normen/Normativ 23, 229, 239, 269, 270, 310, 359 *(s. Werte)*

Offen/Offenheit 9, 11, 16, 17, 22, 34, 37, 41, 53, 55, 56, 61, 62, 65, 69, 78, 79, 84, 86, 88, 127, 146, 178, 186, 191, 195, 196, 204, 211, 214, 220, 221, 228, 232, 252, 266, 270, 290, 293, 316, 377 *(s. Transparent/Transparenz)*

Offenbarung 133, 145, 162, 185, 235, 255, 286

Offenbarungskonstitution (s. Dei verbum)

Offene Türen und Fenster 34, 61, 63, 65, 121, 178, 179, 319

Offener Prozess 146 (s. Prozess)

Öffentlichkeitsarbeit 13, 49, 67, 344 (s. Pressekonferenz)

Ökologisch/Ökologie 138, 139, 140, 142, 146, 157, 159, 172, 197 (s. Ökologische Umkehr; s. Schöpfungsverantwortung)

Ökologische Umkehr 157, 172

Ökologie-Enzyklika 138, 139, 142, 146 (s. Laudato si')

Ökumene/Ökumenisch 29, 40, 262, 328

Ökumenismusdekret (s. Unitatis redintegratio)

Ökumene-Enzyklika 262, 328 (s. Ut unum sint)

Ordensleute 27

Orthodoxe Kirche 21, 48, 161

Ortskirche 13, 38, 41, 62, 67, 69, 81, 86, 89, 98, 269, 307, 310, 324, 331, 332, 342, 349, 355, 356, 384, 397 (s. Kirche; s. Kirchenprovinz/-region; s. Teilkirche; s. Weltkirche)

Pädagogik 93, 153, 213, 335, 338, 341, 393-395 (s. Göttliche Pädagogik; s. Pädagogik Jesu Christi; s. Pädagogik der Liebe/Gnade; s. Sexualpädagogik)

Pädagogik Jesu Christi 93, 213 (s. Göttliche Pädagogik; Pädagogik der Gnade)

Pädagogik der Liebe/Gnade 8, 395 (s. Göttliche Pädagogik; s. Pädagogik Jesu Christi)

Papst (s.o. Personenverzeichnis)

Papstamt 78, 176, 261, 328, 386, 387, 396 (s. Bekehrung des Papstamtes; s. Neuausrichtung; s. Papsttum; s. Primat; s. Pastor Aeternus)

Papsttum 386, 387 (s. Bekehrung des Papstamtes; s. Neuausrichtung; s. Papstamt; s. Primat)

Papstwahl 121, 166, 174, 360, 362, 396

Paradigma/Paradigmenwechsel 132, 395, 461

Parrhesia 22, 125, 184, 186, 211 (s. Demut; s. Freimut; s. Freiheit; s. Mut)

Partnerschaftsformen 23, 96, 100, 102, 349, 373 (s. Familienformen)

Pastor aeternus 263, 329 (s. s. Bekehrung des Papstamtes; s. Neuausrichtung; s. Papstamt; s. Primat)

Pastoral 5, 8, 22, 24, 27, 30, 33, 35, 38, 40, 41, 44, 46, 55, 58, 62, 66, 68, 83, 85-88, 92-97, 116, 118, 121, 125, 134, 137, 146, 150, 152, 159, 160, 168, 170, 172, 180, 184, 199, 204, 208, 212, 222, 223, 228, 237, 238, 239, 240, 242, 243, 249, 262, 266, 267, 268, 283, 285, 287, 294, 305, 310, 311, 314, 315, 317, 319, 329, 330, 347, 352, 354, 355, 366, 368-370, 373, 375-376, 377, 383, 385, 387 (s. Beziehungspastoral; s. Ehepastoral; s. Ehevorbereitungspastoral; s. Familienpastoral)

Pastorale Wende/Umkehr 8, 83, 86, 87, 97, 152, 315

Pastoralkonstitution (s. Gaudium et spes)

Pastoralrat 333, 385 (s. Synodale Kirche; s. Synodale Gremien; s. Synodale Strukturen)

Peripherien 43, 88, 92, 102, 109, 117, 127, 135, 149, 154, 170, 393

Permanente Mission 8, 383, 389, 395-397 (s. Mission; s. Zustand permanenter Mission)

Pfarrgemeinderat (s. Gemeinderäte)

Phänomenologie des Leibes 339 (s. Körper; s. Leib/Leiblichkeit; s. Theologie des Leibes; s. Theologie der Leiblichkeit; s. Leib-Seele-Einheit)

Philosophische Ethik 302, 350 *(s. Ethik/Ethisch; s. Moral/Moral; s. Theologische Ethik)*

Plan Gottes 26, 229, 322, 349, 355, 458 *(s. Heilsplan; s. Schöpfungsplan)*

Pluralisierung/Pluralismus/Pluralität 23, 93, 331, 373 *(s. Diversität; s. Diversität und Einheit in der Synodalität; s. Symphonie der Verschiedenheit; s. Verschiedenheit der Kulturen; s. Verschiedenheit von Lebensformen; s. Vielfalt/Vielfältig)*

Polygamie 47, 143, 294

Pontifikat 39, 122, 123, 152, 159, 160, 297, 359, 386, 387 *(s. Papstamt)*

Positiver/Achtungsvoller/Wertschätzender Blick 27, 57-59, 81, 95, 100, 164, 311, 393 *(s. Barmherziger Blick; s. Liebevoller Blick)*

Praktische Vernunft 302, 395 *(s. Applikation; s. Klugheit; s. Praktische Wahrheit; s. Tugendethik; s. Verantwortungsethik)*

Praktische Wahrheit 310 *(s. Applikation; s. Praktische Vernunft; s. Unterscheidung)*

Praeparatio 149, 220

Pressekonferenz 12, 14, 15, 28, 33, 35, 37, 39, 40, 44, 48, 50, 51-53, 55, 57, 59, 63, 64, 67, 69, 138, 140, 146, 184-186, 189-194, 196-200, 202, 204, 206, 224, 225, 231, 232, 241, 243, 244, 246, 247, 265, 267, 270, 272, 277, 281, 296, 298, 298-300, 303, 305, 308, 326, 347

Primat 78, 258, 261, 262, 264, 328, 386, 396 *(s. Bekehrung des Papstamtes; s. Neuausrichtung; s. Papstamt; s. Pastor aeternus)*

Primatsausübung 261, 386, 396 *(s. Primat; s. Prinzip und Fundament der Einheit der Vielfalt)*

Prinzip und Fundament der Einheit der Vielfalt 263, 329, 384, 397 *(s. Einheit in Viefalt; s. Papstamt; s. Primat; s. Primatsausübung)*

Prinzip der Gradualität 23, 36, 392

Prinzip der Synodalität 351, 354 *(s. Synodales Prinzip)*

Priester/Priestertum 27, 43, 221, 263, 365, 366

Priesterrat 385 *(s. Synodale Gremien; s. Synodale Strukturen; s. Synodale Kirche)*

Prozess (s. Dynamischer Prozess; s. Geistlicher Prozess; s. Offener Prozess; s. Synodaler Prozess; s. Entscheidungsfindung/-prozess)

Qualifizierte Mehrheit (s. Einfache/Qualifizierte Mehrheit)

Quelle 33, 129, 153, 161, 165, 178, 184, 244, 334, 357, 369, 375

Realismus 87, 92, 198 *(s. Lebenswirklichkeit; s. Realitätsnähe; s. Wahrnehmen/Wahrnehmung)*

Realität/Realitätssnähe 25, 33, 35-37, 72, 87, 92, 93, 122, 150, 196-201, 302, 308, 313, 357, 373 *(s. Lebenswirklichkeit; s. Moderne/ Reale Welt; s. Realismus; s. Wahrnehmen/ Wahrnehmung)*

Realitätsflucht 72 *(s. Realität/Realitätsnähe)*

Regard positif 57, 59 *(s. Positiver Blick)*

Reife/Reifen/Reifung 27, 70, 144, 148, 238, 288, 364, 378 *(s. Entfaltung; s. Gradualität; Graduelle Reifung/ Stufen /Verwirklichungsformen; s. Schrittweise Annäherung/ Entdeckung/Öffnung/ Reifung; s. Graduelle Reifung; s. Schrittweise Annäherung / Entdeckung/ Öffnung/ Reifung; s. Stufen/Grade/ Wachstums-/Vervollkommnungsstufen;*

s. Wachsen/Wachstum; s. Vervollkomm-nung)

Reform 332, 333, 343, 351, 384

Reformation im Geist der Synodalität 8, 83, 314, 352, 353 *(s. Ecclesia semper reformanda; s. Reform; s. Weg der Synodalität)*

Relatio post disceptationem 40, 44-46, 48, 49, 51, 54, 55, 57, 60, 68, 80, 85, 86, 95, 150, 202, 274

Relatio finalis 193, 205, 232, 282, 293, 298, 305, 306, 311

Relatio Synodi 59, 61, 63, 66-70, 78, 80-85, 87, 91-95, 98, 119, 122-124, 127, 150, 163, 164, 199, 228, 233, 325, 348

Revolution/Revolutionär 8, 76, 82, 138, 139, 164-166, 172, 218, 219, 264, 313, 331

Revolution der zärtlichen Liebe 8, 164-167, 172, 264, 313, 352, 353 *(s. Zärtliche Liebe)*

Rezeption 11, 83, 139, 339, 341, 358, 372, 374, 384

Ringen 41, 59, 78, 82, 117, 180, 195, 256, 274, 279, 290 *(s. Krieg der Theologen; s. Meinungsverschiedenheit; s. Streit/Ringen/Kampf; s. Verschiedene Interpretationen/Vorschläge)*

Rota romana 370 *(s. Vatikangerichtshof)*

Sacra virginitas 124

Sakrament/ Sakramental 10, 12, 20, 26, 28, 31, 48, 66, 96, 117, 120, 125, 127, 136, 168, 188, 200, 221, 235, 242, 244, 250, 267, 286, 291, 292, 296, 344, 346, 349, 353, 363-366, 371, 373, 376, 377, 379-381, 395

Sakrament der Buße (Bußsakrament)

Sakrament der Ehe (s. Ehesakrament)

Sakrament der Eucharistie (s. Eucharistie)

Sakrament der Taufe (s. Taufe)

Sakramentenempfang 267, 296, 345, 379, 381 (s. Zulassung zu den Sakramenten)

Sakramentenordnung 379 (s. Sakrament/ sakramental)

Salböl der Barmherzigkeit 129, 133, 171, 393 (s. Medizin der Barmherzigkeit)

Samen des Wortes Gottes 95, 135, 149, 172 (s. Semina verbi)

Scheidung 20, 311, 371, 377 (s. Geschiedene; s. Trennung, s. Wiederverheiratet Geschiedene)

Schisma 130, 131

Schlupfloch 121, 165

Schlüssel/-wörter/-begriffe/-gedanken 22, 65, 68, 81, 82, 94-98, 101, 102, 117-119, 128, 135, 136, 150, 172, 223, 244, 252, 348, 351, 371, 378 (s. Denkform; s. Leitbegriffe)

Schönheit 58, 161, 321, 322, 458, 459

Schöpfung 141, 146, 158, 160, 162, 167, 172, 240, 284, 312, 394 (s.u.)

Schöpfungsenzyklika 157, 160, 167, 170, 172, 302, 312, 352 (s. Laudato si'; s. Ökologie-Enzyklika)

Schöpfungsgedanke 160

Schöpfungsgeschichte 140

Schöpfungslehre 8 (s. Schöpfungstheologie)

Schöpfungsliebe 164

Schöpfungsordnung 149, 160, 163, 289 (s. Erlösungsordnung; s. Schöpfungslehre)

Schöpfungsplan 124, 178, 312 *(s. Plan Gottes)*

Schöpfungsspiritualität 157, 159, 161, 170, 172

Schöpfungstheologie/schöpfungstheologisch 8, 159, 161-163, 167, 232, 302, 313, 315, 319, 349, 351, 353, 393

Schöpfungsverantwortung 172, 329

Schrei des Volkes 16

Schrittweise Annäherung,/Entdeckung/Öffnung/ Reifung 148, 149, 236, 392 *(s. Entfaltung; Graduelle Reifung/ Stufen /Verwirklichungsformen; s. Reife/ Reifen/Reifung; s. Stufen/ Grade/ Wachstum-/Vervollkommnungsstufen; s. Wachsen/ Wachstum; s. Vervollkommnung)*

Schwere Sünde 9, 12, 345 *(s. Sünde/Sünder; s. Todsünde)*

Seele *(s. Leib-Seele-Einheit)*

Segnung 128, 393 *(s. Nichtehelich/Eheähnlich)*

Sehen/Hinsehen 153, 182, 183, 213, 381, 391, 393, 394 *(s. Hören; s. Sehen-Mitleid haben-Lehren; s. Wahrnehmen/Wahrnehmung; s. Zuhören)*

Sehen-Mitleid haben-Lehren 153, 182, 183, 213, 394 *(s. Begleiten-Unterscheiden-Einbeziehen; s. Hören-Maß nehmen-Deuten/Unterscheiden; s. Dreischritt)*

Selbsthingabe 100 *(s. Hingabe)*

Selbstlosigkeit 177

Seligsprechung 13, 73, 156

Semina verbi 82, 95, 149, 172 *(s. Samen der Botschaft Christi)*

Sendung 6-8, 74, 176-179, 282, 325, 329, 336, 387

Sensus fidelium 125 *(Glaube/Glauben)*

Sexualität/Sexuell 10, 11, 21, 22, 30, 32, 33, 36, 165, 172, 186, 188, 209, 229, 246-253, 284, 326, 336, 337, 340, 342, 343, 346, 350, 365, 369, 374, 375 *(s. Homosexualität; s. Lust; s. Sexualfeindlichkeit; s. Sexualmoral/-ethik; s. Sexualerziehung/-pädagogik)*

Sexualerziehung/-pädagogik 128, 247, 335, 336, 338, 341, 350, 374

Sexualfeindlichkeit 338 *(s. Leibfeindlichkeit)*

Sexualmoral/-ethik 248, 335, 336, 343, 374

Soteriologie 160 *(s. Erlösungslehre)*

Soziallehre /-ethik 139, 157, 158, 288

Spiritualität 22, 33, 157, 161, 170, 172, 249, 299, 347, 370 *(s. Ehespiritualität/ Eheliche Spiritualität; s. Familienspiritualität; s. Schöpfungsspiritualität)*

Sprache 11, 18, 28, 32, 40, 58, 67, 79, 80, 82-84, 95, 126, 148, 149, 184, 186, 190, 194, 207, 213, 215, 216, 220, 221, 242, 247, 268, 273, 277, 281, 284, 326, 337, 345, 349, 351, 369, 373, 375, 382 *(s. Bekehrung der Sprache, s. Kirchensprache; s. Sprachfähigkeit)*

Sprachfähigkeit 79, 80 *(s. Kirchensprache; s. Sprache)*

Sprachgruppen (s. Circoli minori)

Sprachlosigkeit 11, 18

Spuren Christi/der Botschaft 95, 135

Streit/Streiten 82, 200, 256, 319 *(s. Streit/Ringen/ Kampf)*

Streit/Ringen/Kampf 31, 33, 41, 59, 78, 82, 84, 117, 180, 186, 187, 195, 200, 243, 244, 256, 274, 279, 290, 317, 319, 339

(s. Kampf/ Kämpfen; s. Krieg der Theologen; s. Meinungsverschiedenheiten; s. Ringen; s. Streit/Streiten; s. Verschiedenheit der Interpretationen/Vorschläge)

Strom/Fluss der Barmherzigkeit 152, 153, 155, 164, 165, 167, 171, 315, 330, 393 *(s. Barmherzig/ Barmherzigkeit)*

Stufen/ Grade/Wachstums-/Vervollkommnungsstufen 58, 126, 135, 137, 145, 151, 172, 209, 236, 237, 252, 352, 392 *(s. Entfaltung; s. Gradualität; s. Graduelle Reifung/ Stufen/ Verwirklichungsformen; s. Reife/ Reifen/ Reifung; s. Schrittweise Annäherung / Entdeckung/ Öffnung/ Reifung; s. Wachsen/ Wachstum; s. Vervollkommnung)*

Stufenehe 278 *(s. Vorehelich)*

Südafrika/Südafrikanisch 28, 50, 271 *(s. Afrika/Afrikanisch)*

Südamerika/Südamerikanisch 389 *(s. Mittelamerika/Mittelamerikanisch; s. Lateinamerika/ Lateinamerikanisch)*

Sünde /Sünder 9, 10, 12, 32, 133, 138, 160, 172, 178, 216, 263, 276, 303, 320, 337, 338, 345, 347, 367, 379 *(s. Erbsünde; s. Klima-Sünden; s. Schwere Sünde; s. Todsünde)*

Symphonie der Verschiedenheit 149, 263, 330 391 *(s. Diversität; s. Diversität und Einheit in der Synodalität; s. Einheit; s. Verschiedenheit der Kulturen; s. Verschiedenheit von Lebensformen; s. Vielfalt/Vielfältig)*

Synodale/Synodenväter 13, 15-17, 22, 31, 40, 41, 45, 50, 51, 52, 54, 64-66, 69, 80, 86, 137, 179, 181, 183-185, 190, 194, 199, 204, 208, 211, 212, 217, 221, 228, 240, 243, 244, 246,

248, 253, 257, 267, 270, 273, 281, 282, 293, 300, 306, 329

Synodale Gremien 385 *(s. Synodale Kirche; s. Synodale Strukturen)*

Synodale Kirche 257, 327, 353, 355, 359, 387, 395-397 *(s. Synodale Gremien; s. Synodales Prinzip; s. Synodaler Prozess; s. Synodale Strukturen; s. Synodaler Weg; s. Synodalität; s. Weg der Synodalität)*

Synodale Bewegung/Neuausrichtung 385 *(s. Synodale Kirche)*

Synodaler Konsens 371 *(s. Konsens)*

Synodales Prinzip/Prinzip der Synodalität 8, 351, 354, 396 *(s. Synodaler Prozess; s. Synodaler Weg; s. Synodalität)*

Synodaler Prozess 6, 8, 13, 17, 18, 34, 38, 40, 41, 46, 50, 55, 56, 62, 63, 69, 70, 83, 96, 97, 120, 121, 125, 126, 136, 146, 147, 164, 167, 173, 175, 181, 193, 220, 281, 307, 314, 324, 325, 327, 330, 336, 341, 346, 347, 356, 358, 363, 364, 369, 394, 396, 397 *(s. Synodaler Weg; s. Synodales Prinzip; s. Synodalität)*

Synodale Strukturen 332, 384 *(s. Synodale Gremien; s. Synodale Kirche)*

Synodaler Weg 20, 46, 58, 67, 79, 80, 82, 84, 144, 198, 215, 216, 256, 268, 275, 278, 309, 313, 316, 318, 319, 326, 327, 331, 334, 351, 358, 367, 369, 372, 375, 383, 384, 389, 391, 393, 396 *(s. Synodale Kirche; s. Synodaler Prozess; s. Synodales Prinzip; s. Synodalität; s. Weg der Synodalität)*

Synodalität 8, 305, 308, 315, 326, 327, 328, 331-334, 351-353, 354, 357, 383, 384, 386, 388, 391, 396 *(s. Geist der Synodalität; s. Syno-*

dales Prinzip/Prinzip der Synodalität; s. Synodaler Weg; s. Synodaler Prozess; s. Reformation im Geist der Synodalität; s. Weg der Synodalität)

Synode (s. Bischofssynode; s. Familiensynode; s. Synodaler Prozess, s. Synodalität)

Synodenergebnis (s. Ergebnis der Synode)

Synodenrat 19, 26, 255, 300, 343

Synodensprachen 60, 77, 137, 207

Tag der Schöpfung 161, 167

Taufe/Taufkatechumenat 285, 287, 370 (s. Sakrament der Taufe)

Teilkirche 8, 72, 116, 125, 126, 130, 137, 138, 145, 148, 181, 197, 198, 206, 228, 233, 252, 257, 262, 278, 307, 314, 329, 341, 344, 346, 364, 384, 397 (s. Kirche; s. Kirchenprovinz/-region; s. Ortskirche; s. Weltkirche)

Theologen 8, 17, 31, 155, 156, 161

Theologie des Leibes 338-340 (s. Leib-Seele-Einheit; s. Körper; s. Leib/Leiblichkeit; s. Theologie der Leiblichkeit)

Theologie der Leiblichkeit 335, 341 (s. Leib-Seele-Einheit; s. Körper; s. Leib/Leiblichkeit; s. Theologie des Leibes)

Todsünde 10, 12, 172, 338, 345, 347, 379 (s. Schwere Sünde; s. Sünde/Sünder)

Tradition 39, 48, 64, 100, 107, 110, 123, 124, 157-160, 176, 199, 222, 223, 278, 285, 307, 315, 333, 340, 350, 356, 375 (s. Lehre/Lehren; s. Lehr-/Dogmenentwicklung; s. Geschichtliche Entwicklung; s. Traditionalisten)

Traditionalisten 79 (s. Fundamentalistisch; s. Tradition)

Transparenz/Transparent 13, 18, 19, 49, 52, 63, 67, 69, 76, 77, 84, 193, 271 (s. Offenheit)

Trauer 46, 282, 315, 319

Trennung 20, 144, 311 (s. Geschiedene; s. Scheidung; s. Wiederverheiratet Geschiedene)

Treue 23, 24, 31, 161, 177, 178, 184, 253, 262, 289, 316, 348, 373

Trienter Konzil 99, 125

Tugend/-ethik/-lehre 301, 302, 395, 395, 461 (s. Begründungsansätze ethischen Handelns)

Türen und Fenster (s. Offene Türen und Fenster)

Überraschungen Gottes 71, 184

Umarmen/Umarmung 169, 208, 241, 245, 301, 303, 312, 313 (s. Liebevolle Umarmung; s. Liebkosen/Liebkosung; s. Zärtlich/ Zärtlichkeit; s. Zärtliche Liebe)

Umfrage/Befragung 11, 13, 19, 32, 62, 76, 86, 98, 121, 148, 172, 198, 211, 228, 233, 249, 252, 281, 283, 307, 316, 323, 336, 338, 344, 346, 348, 369, 376, 383, 395, 397 (s. Fragebogen; s. Synodaler Prozess)

Umkehr 79, 80, 152, 157, 172 (s. Pastorale Wende/ Umkehr; s. Ökologische Umkehr)

Umwelt-Enzyklika (s. Laudato si')

Unauflöslichkeit 20, 31, 118, 119, 127, 134, 201, 236, 348, 364, 365, 367, 377, 460

Unehelich (s. Irregulär; s. Nichtehelich/Eheähnlich)

Ungerechtigkeit 20 (s. Gerechtigkeit)

Unitatis redintegratio 24

Universalkirche 387, 388 (s. Weltkirche)

Unterscheiden/Unterscheidung 46, 68, 70, 84, 141, 146, 183, 207, 229, 256, 285, 291, 292,

295, 305, 310, 311, 334, 351, 364-366, 369, 371, 372, 377-381, 394, 395 (s. Begleiten-Annehmen-Unterscheiden; s. Entscheidungsfindung/-prozess; s. Kriterien der Gewissensbildung/ Unterscheidung; s. Begleiten-Unterscheiden-Einbeziehen)

Unterschiedlichkeit kultureller Prägungen (s. Verschiedenheit der Kulturen)

Unveränderlich 156 (s. Lehr-/ Dogmenentwicklung)

Unvollkommen/Unvollkommenheit 23, 97, 100, 151

Urteilsbildung 390 (s. Ethische Urteilsbildung)

Ut unum sint 262, 328, 329, 387

Vatikangerichtshof 370

Verändern/Veränderung 19, 32, 49, 52, 58, 73, 75, 76, 86, 122, 124, 125, 129, 244, 277, 280, 295, 313, 323, 328, 344, 347

Verantwortungsethik 341, 395 (s. Begründungsansätze ethischen Handelns; s. Beziehungsethik; s. Praktische Vernunft)

Verantwortete Elternschaft 10, 21, 124, 253, 290, 346 (s. Empfängnisregelung; s. Familienplanung; s. Weitergabe des Lebens)

Verdunkeln/Verdunkelung 67, 118, 119, 134, 320, 364 (s. Irrtum; s. Verwirrung; s. Zweifel/ Zweifelos)

Vergebung 29, 152, 166, 177, 216, 311 (s. Bußsakrament/Sakrament der Versöhnung; s. Versöhnung)

Verhältnisanalogie 97 (s. Analogie)

Verheutigung 115, 118, 129, 134, 135 (s. Aggiornamento)

Verhütung/Verhütungsmittel 36, 252, 290 (s. Empfängnisregelung; s. Familienplanung; s. verantwortete Elternschaft; s. Weitergabe des Lebens)

Verkünden/Verkündigung 37, 41, 61, 88, 93, 97, 119, 121, 132, 135, 148, 149, 168, 175, 191, 208, 255, 279, 288, 311, 328, 342, 352, 361, 364, 385 ,395, 396 (s. Evangelium; s. Freude des Evangeliums/der Verkündigung)

Verkündigungsbulle (s. Misericordiae vultus)

Verletzte/Verletzung 93, 152, 178-180, 282, 343, 458

Vermittlungsproblem 11

Verschiedene Interpretationen/ Vorschläge 29, 79, 84, 241, 243, 274, 279, 350, 355, 364, 377

Verschiedene Stufen/Grade 58, 126, 137 (s. Stufen/Grade/Wachstums-/Vervollkommnungsstufen)

Verschiedenheit der Kulturen 139, 144, 149, 186, 188, 193, 197, 204, 215, 226, 241, 263, 271 285, 294, 308-310, 315, 316, 326, 329, 330, 356, 392, 397 (s. Diversität; s. Diversität und Einheit in der Synodalität; s. Kultur/ Kulturkreis; s. Symphonie der Verschiedenheit; s. Viefalt; s. Einheit)

Verschiedenheit von Lebensformen 59, 80, 98, 126, 137, 232 (s. Partnerschaftsformen; s. Familienformen)

Verschiedenheit der Situationen 204, 205, 212, 243, 291, 378 (s. Unterscheiden/ Unterscheidung)

Verschwörung 192, 195, 219, 226 (s. Hermeneutik der Verschwörung)

Versöhnung 247, 292, 295, 371, 380 *(s. Bußsakrament/Sakrament der Versöhnung; s. Vergebung)*

Vertiefen/Vertiefung 12, 19, 55, 56, 69, 86, 97, 101, 117, 123-125, 128, 129, 190, 217, 237, 248, 279, 286, 291, 294, 296, 297, 319, 347, 376, 381

Verrechtlicht 396 *(s. Kanonistisch/Verrechtlicht)*

Vertreibung 35, 198 *(s. Migration)*

Vervollkommnung 160, 164, 325, 341, 352, 392 *(s. Entfaltung; s. Gradualität; s. Graduelle Reifung/ Stufen /Verwirklichungsformen; s. Reife/ Reifen/ Reifung; s. Schrittweise Annäherung / Entdeckung/ Öffnung/ Reifung; s. Stufen/Grade/Wachstums-/Vervollkommnungsstufen; s. Wachsen/Wachstum)*

Verwirrung 119, 134, 156, 308, 326, 364 *(s. Verdunkeln/ Verdunkelung; s. Irrtum)*

Verwundung/Verwundbarkeit/Verwundet 65, 94, 161, 180, 322 *(s. Feldlazarett; s. Zerbrechlichkeit/ Zerbrochen)*

Vielfalt/Vielfältig 23, 62, 144, 150, 172, 185, 188, 189, 190, 194, 216, 264, 279, 286, 326, 337, 369, 377, 384, 388 *(s. Diversität; s. Diversität und Einheit in der Synodalität; s. Symphonie der Verschiedenheit; s. Verschiedenheit der Kulturen; s. Verschiedenheit von Lebensformen)*

Volk Gottes 13, 16, 62, 63, 64, 97, 135, 196, 197, 201, 211, 261, 351, 384, 389, 395, 396 *(s. Ekklesiologie; s. Kirche im Aufbruch; s. Synodale Kirche; s. Schrei des Volkes Gottes)*

Vorbereitungsdokument (s. Instrumentum laboris)

Vorehelich 47, 128, 172, 209, 250, 278, 283, 317, 348 (s. Nichtehelich/Eheähnlich; s. Familienformen; s. Konkubinat; s. Lebensgemeinschaften; s. Partnerschaftsformen)

Wachsen/Wachstum 23, 73, 135, 149, 172, 255, 357, 379 ,392 (s. Entfaltung; s. Gradualität; s. Graduelle Reifung/ Stufen / Verwirklichungsformen; s. Reife/ Reifen/ Reifung; s. Schrittweise Annäherung / Entdeckung/ Öffnung/ Reifung; s. Wachsen/Wachstum; s. Vervollkommnung)

Wahrheit 14, 23, 24, 47, 58, 78, 96, 142, 164, 176, 177, 179, 208, 234, 235, 255, 310, 385 (s. Praktische Wahrheit)

Wahrnehmen/Wahrnehmung 19, 33, 43, 56, 76, 80, 86, 100, 128, 142, 144, 146, 148, 152, 153, 160, 183, 200, 201, 213, 237, 290, 304, 313, 349, 359, 351, 366, 391, 394   (s. Hören; s. Lebenswirklichkeit; s. Moderne/Reale Welt; s. Realismus; s. Realität/ Realitätsnähe; s. Sehen/Hinsehen; s. Wirklichkeit; s. Zuhören)

Wahrnehmen - Rückbindung an Botschaft Christi - Unterscheiden 351, 394   (s. Dreischritt; s. Begleiten-Unterscheiden-Einbeziehen; s. Hören-Maß nehmen-Deuten/Unterscheiden; s. Sehen-Mitleid haben-Lehren

Wandel 16, 27, 76, 144, 155, 156, 159, 285, 342

Weg der Synodalität 357, 383, 384, 387, 396 (s. Synodaler Weg; s. Synodalität)

Weg ist das Ziel   130, 253, 392, 397

Weltfamilientreffen 194

Weitergabe des Lebens 56, 94, 210, 289 (s. Empfängnisregelung; s. Familienplanung; s. Verantwortete Elternschaft)

Weltjugendtag 8, 121, 152, 166, 173, 314

Weltkatechismus 9, 10, 11, 26, 240, 250, 255, 345

Weltkirche 56, 57, 62, 77, 128, 137, 148, 173, 197, 230, 257, 279, 299, 309, 330, 342, 350, 387, 388 *(s. Kirche; s. Ortskirche; s. Teilkirche)*

Werte 18, 96, 101, 118, 163, 175, 178, 197, 382 *(s. Normen/Normativ; s. Wertestudien)*

Wertestudien 101, 461

Wertschätzen/Wertschätzung 10, 23-25, 28, 47, 51, 55, 58, 80, 100, 124, 127, 128, 135, 149, 151-153, 160, 164, 190, 213, 216, 217, 228, 234, 249, 268, 283, 285, 311, 318, 325, 351, 353, 368, 393, 395 *(s. Anerkennen/ Anerkennung; s. Annahme/Annehmen; s. Hören; s. Positiver/Achtungsvoller/Wertschätzender Blick; s. Sehen/Hinsehen; s. Wahrnehmen/Wahrnehmung; s. Zuhören)*

Wertschätzender Blick *(s. Positiver/ Achtungsvoller/Wertschätzender Blick)*

Wiederverheiratet Geschiedene 10, 11, 28, 32, 47, 48, 51, 55, 66, 85, 91, 94, 96, 97, 117-120, 127, 134, 134, 150, 172, 180, 186, 191, 197, 200, 201, 208, 221, 228, 229, 250, 267, 279, 283, 290, 292, 300, 306, 318, 330, 345, 346, 349, 363-365, 368, 371, 378, 379, 380, 390, 395 *(s. Geschiedene; s. Trennung/ Scheidung; s. Zivilehe/Zivilrechtliche Ehe; s. Zulassung zu den Sakramenten)*

Wirklichkeit 18, 22, 46, 47, 68, 72, 82, 88, 94, 127, 135-138, 142, 145, 146, 148, 149, 153, 154, 163, 164, 180, 184, 187, 199, 201, 210, 213, 255, 267, 269, 303, 325, 346, 349, 353, *(s. Lebenswirklichkeit; s. Moderne/Reale*

Welt; s. Realismus; s. Realität/Realitätsnähe; s. Wahrnehmen/ Wahrnehmung)

Wissen 16, 140, 142, 156, 166, 185, 286 (s. Glaubensfrage; s. Wissenschaft/-lich)

Wissenschaft/-lich 17, 90, 140-142, 157, 274, 303 (s. Naturwissenschaft/-lich; s. Wissen)

Wort der deutschen Bischöfe 368, 373, 375, 383 (s. Deutsche Bischöfe; s. Deutsche Bischofskonferenz; s. Mehrheit der deutschen Bischöfe)

Wunder (s. Zeichen und Wunder)

Zärtlich/Zärtlichkeit 129, 133, 134, 158, 161, 164-173, 183, 258, 263, 264, 275, 298, 313, 352, 353, 393, 394, 396, 459, 460 (s. Barmherzig/ Barmherzigkeit; s. Liebevoll; s. Liebkosen/ Liebkosung; s. Umarmen/Umarmung; s. Zärtliche Liebe)

Zärtliche Liebe 8, 164, 165-169, 172, 275, 313, 352, 396 (s. Liebe; s. Revolution der zärtlichen Liebe; s. Zärtlich/Zärtlichkeit)

Zeichen der Zeit 73, 131, 146, 304, 318, 334, 353 (s. Aggiornamento; s. Ecclesia semper reformanda; s. Verheutigung; s. Lebenswirklichkeit)

Zeichen und Wunder 344, 353, 374

Zeitgeist (s. Anpassung an Zeitgeist.; s. Mainstream; s. Verheutigung; s. Zeichen der Zeit)

Zentralkomitee der Deutschen Katholiken 84, 121, 126, 131, 137, 139, 142, 324, 355, 457 (s. Synodale Gremien; Synodale Kirche)

Zerbrechlichkeit/Zerbrochen 151, 154, 197, 369, 370, 372, 377, 380 (s. Verwundung/ Verwundbarkeit/Verwundet)

Zeugnis 41, 101, 118, 119, 135, 168, 215, 245, 256, 258, 283, 316, 364 (s. Verkünden/Verkündigung)

Zivilehe/Zivilrechtliche Ehe 12, 94, 118, 148, 209, 242, 290, 306, 349, 371, 377, 380, 382 (s. Wiederverheiratet Geschiedene; s. Begleitung)

Zuhören 16, 53, 78, 177, 181, 206, 278, 386, 391, 393 (s. Hören; s. Hören-Maß nehmen-Deuten/Unterscheiden; s. Sehen/Hinsehen; s. Wahrnehmen/Wahrnehmung)

Zulassung zu den Sakramenten 10, 12, 30, 31, 48, 66, 96, 97, 117, 120, 127, 134, 165, 169, 200, 201, 216, 221, 229, 242, 244, 279, 292, 346, 349, 364-367, 371, 379, 395 (s. Einbeziehen/Einbeziehung; s. Inklusion; s. Integration/Integrieren; s. Wiedverheiratet Geschiedene; s. Zivilehe/Zivilrechtliche Ehe)

Zustand permanenter Mission 8, 383, 389, 395-397 (s. Kirche im Aufbruch; s. Mission/ Missionarisch; s. Permanente Mission)

Zweidrittelmehrheit der Synodalen 65-67, 91, 134, 306, 326, 358 (s. Einfache/ Qualifizierte Mehrheit; s. Mehrheit; s. Mehrheit der Synodalen; s. Mehrheitsfähigkeit)

Zweifel/Zweifellos 36, 234, 248, 300, 359, 363, 365, 372, 377, 385 (s. Dubia; s. Irrtum; s. Verwirrung)

Zweites Vatikanisches Konzil (s. II. Vatikanisches Konzil)

Zwischenbericht / Zwischenrelatio (s. Relatio post disceptationem)

Abkürzungsverzeichnis

Apostolische Lehrschreiben / Konzilsdokumente

AL   *Amoris laetitia*
AS   *Apostolica sollicitudo*
CC   *Casti connubii*
DV   *Dei verbum*
EG   *Evangelii gaudium*
FC   *Familiaris consortio*
FR   *Fides et ratio*
GS   *Gaudium et spes*
HV   *Humanae vitae*
LG   *Lumen gentium*
LS   *Laudato si'*
MM   *Misericordia et misera*
MV   *Misericordiae vultus*
PC   *Perfectae caritatis*
UR   *Unitatis redintegratio*
US   *Ut unum sind*
SV   *Sacra virginitas*

Weitere Abkürzungen

AH   *Arbeitshilfe der Deutschen Bischofskonferenz*
CIC   *Codex Iuris Canonici*
DBK   *Deutsche Bischofskonferenz*
DH   *Denzinger-Hünermann*
KKK   *Katechismus der Katholischen Kirche*
ScG   *Summa contra gentiles*
STh   *Summa Theologiae*
ZDK   *Zentralkomitee der Katholiken*

Gebet zur Heiligen Familie *(aus: Amoris laetitia)*

Jesus, Maria und Josef,
in Euch betrachten wir
den Glanz der wahren Liebe,
an Euch wenden wir uns voll Vertrauen.

Heilige Familie von Nazareth,
mache auch unsere Familien
zu Orten innigen Miteinanders
und Räumen des Gebetes,
zu echten Schulen des Evangeliums
und zu kleinen Hauskirchen.

Heilige Familie von Nazareth,
nie mehr gebe es in unseren Familien
Gewalt, der Halsstarrigkeit und Spaltung:
wer Verletzung erfahren
oder Anstoss nehmen musste,
finde bald Trost und Heilung.

Heilige Familie von Nazareth,
lass allen bewusst werden,
wie heilig und unantastbar die Familie ist,
und welche Schönheit sie besitzt im Plan Gottes.

Jesus, Maria und Josef,
hört und erhört unser Flehen.

Amen.

Gebet für unsere Erde *(aus: Laudato si')*

Allmächtiger Gott,
der du in der Weite des Alls gegenwärtig bist
und im kleinsten deiner Geschöpfe,
der du alles, was existiert,
mit deiner Zärtlichkeit umschließt,
gieße uns die Kraft deiner Liebe ein,
damit wir das Leben und die Schönheit hüten.
Überflute uns mit Frieden,
damit wir als Brüder und Schwestern leben
und niemandem schaden.

Gott der Armen, hilf uns,
die Verlassenen und Vergessenen dieser Erde,
die so wertvoll sind in deinen Augen, zu retten.
Heile unser Leben,
damit wir Beschützer der Welt sind und nicht Räuber,
damit wir Schönheit säen
und nicht Verseuchung und Zerstörung.
Rühre die Herzen derer an, die nur Gewinn suchen
auf Kosten der Armen und der Erde.
Lehre uns, den Wert von allen Dingen zu entdecken
und voll Bewunderung zu betrachten;
zu erkennen, dass wir zutiefst verbunden sind
mit allen Geschöpfen
auf unserem Weg zu deinem unendlichen Licht.

Danke, dass du alle Tage bei uns bist.
Ermutige uns bitte in unserem Kampf
für Gerechtigkeit, Liebe und Frieden.

Ehe als ‚größte Freundschaft' *(aus: Amoris laetitia)*

Nach der Liebe, die uns mit Gott vereint, ist die eheliche Liebe die »größte Freundschaft«. Es ist eine Vereinigung, die alle Merkmale einer guten Freundschaft hat: Streben nach dem Wohl des anderen, Gegenseitigkeit, Vertrautheit, Zärtlichkeit, Festigkeit und eine Ähnlichkeit zwischen den Freunden, die sich im Laufe des miteinander geteilten Lebens aufbaut. Doch die Ehe fügt alldem eine unauflösliche Ausschließlichkeit hinzu, die sich in der festen Absicht ausdrückt, das gesamte Leben miteinander zu teilen und aufzubauen. (AL 123)

Die Ehe ist auch eine Freundschaft, welche die der Leidenschaft eigenen Merkmale einschließt, jedoch stets auf eine immer festere und intensivere Vereinigung hin ausgerichtet ist. Denn sie ist »nicht nur zur Zeugung von Kindern eingesetzt«, sondern damit die gegenseitige Liebe »ihren gebührenden Platz behalte, wachse und reife«. (AL 125)

Die eheliche Freude, die sogar mitten im Schmerz erlebt werden kann, schließt ein zu akzeptieren, dass die Ehe notwendig ein Miteinander von Wonnen und Mühen, von Spannungen und Erholung, von Leiden und Befreiung, von Befriedigung und Streben, von Missbehagen und Vergnügen ist, immer auf dem Weg der Freundschaft, die die Eheleute dazu bewegt, füreinander zu sorgen: Sie »gewähren sich [...] gegenseitige Hilfe und gegenseitigen Dienst«. (AL 126)

Schriften des Autors zum Freundschaftsbegriff

Revolution der zärtlichen Liebe. Vademecum zur Familiensynode und zum Jahr der Barmherzigkeit, Norderstedt 2015.

Ehe und Familie. Lernorte des Glaubens, Würzburg 2014.

Freundschaft. Die Erlösungslehre des Thomas von Aquin, Würzburg 2012 (ergänzte 2. Aufl. von: Freundschaft als Paradigma der Erlösung. Eine Reflexion auf die Verbindung von Gnadenlehre, Tugendlehre und Christologie in der Summa Theologiae des Thomas von Aquin, Würzburg 1997).

Über ‚amor' und ‚caritas' in der Summa Theologiae des Thomas von Aquin, Universität Bonn, 1992.

Zeitschriftenbeiträge

Freundschaft ist heilig!, in: Christ & Welt. Beilage der Wochenzeitung DIE ZEIT, 7/2015, 6.

Eine Art Freundschaft. Die Ehe im Kontext der Pluralität heutiger Partnerschaftsformen, in: Herder Korrespondenz 66, 11/2012, 574-579.

Aufriss einer Theologie der Ehe, in: Materialbrief Gemeindekatechese 3+4/2012, Dt. Katecheten-Verein München 2012, 3-11.

Freundschaft – Wertekonsens und religionspädagogische Leitkategorie, in: Jugendpastoral heute. Chancen und Aufgaben, Kevelaer 2004, 70-80.

Von Freundschaft her den Glauben denken. Jugend- und Wertestudien in religionspädagogischer Perspektive, in: MThZ 53, 2002, 121-135.

Thomas von Aquin. Wegbereiter einer neuen Erlösungslehre, in: Freiburger Zeitschrift für Philosophie und Theologie 47, 2000, 135-149.